JN232246

地域・都市再生のマネジメント

阿部博人【著】
Hiroto ABE

中央経済社

はじめに

日本の独立とそのための文明を説いた福沢諭吉は『文明論之概略』で，経済のための政府の歳出は一概に無益ではないが，他の文明国に異なり，国財の蓄積と費散を同一様の事として同一様の心を以て処置していないと指摘し，日本の貧しさは財の乏しさではなく，財を理する智力に乏しいのだという。

現代の日本の文明は，明治の文明よりどれほど成長しているであろうか。公的債務の途方もない累積は国財の蓄積と費散の失敗であり，政府と国民に国財を理する智力が乏しいことに起因する。

日本は財政破綻の懸念とともに高齢化と人口減少に直面している。このような厳しい財政，経済，社会の状況において，仕事と生活の場である地域と都市の再生と活性化が喫緊の課題となっている。公的債務の累積と人口減少という制約の下，その行程は困難なものと思われる。一方，自立とイノベーションの思想と理論が喚起され，PPP/PFIなど新たな手法が見出され先行事例が蓄積されるなど，その展望が開かれつつあるともいえる。

地域・都市再生の目的は住民の幸せにある。幸せとは各人の置かれた状況や考え方によって異なるが，戦争や事件がなく，平和が保たれ，安心と安全が実現されることであり，将来世代をも配慮する持続可能なものでなくてはならない。経済的な豊かさだけではなく，コミュニティにおける社会的なつながりも望まれ，地球温暖化対策をはじめとする環境保全も課題であり，経済，社会，環境の３つの側面での豊かさが問われている。

一方，幸せの実現に向け，各人と各地域が利己的に行動すると，地域と国全体が「闘争のアリーナ」となってしまう。保育所と高齢者施設のどちらを建設すべきか，福祉の充実か経済の振興かといった選択はトレード・オフ，ゼロ・サムになりがちである。最大多数の最大幸福の弊害を克服する上で，丁寧な対話と十分な合意形成が重要になる。そのためには，地域の課題を俯瞰し，諸施策を網羅し，施策のオプションの優劣を明確にする必要がある。

本書のはじめでは，公的債務累積と人口減少の問題に言及し，地域と都市の再生と活性化の論点と視点を整理する。各章では，さまざまな方面からその政策，手法，事例を取り上げる。

井上ひさしの『吉里吉里人』は東北の一村落が吉里吉里国として藤原清衡の黄金をもとに分離独立する顛末を描く。農政批判，金本位制とタックスヘイヴン，医学立国など政治，経済，国家論，日本語論を縦横無尽に展開するこの奇想天外なユートピア小説はジェイン・ジェイコブズの名著とともに，地方創生と地域活性化のあり方を示唆している。

本書は井上ひさしやジェイン・ジェイコブズの発想に倣い，地域の自立的で持続可能な社会経済の発展を論究する。

アルフレッド・マーシャルが説いた“cool head, but warm heart”は，経済学に限らず，生き方・考え方，仕事や政治・経営においても大切な姿勢であろう。

本書の執筆にあたっては，多くの視察・取材先の担当者にお世話になり，また，原稿の確認をいただいた。厚く御礼を申し上げる。

2019年２月

阿部　博人

地域・都市再生のマネジメント論

目次

第1章

日本の論点

1　財政問題

1-1　公的債務の累積

日本の財政は危機的な状況にある。本書のはじめに日本の財政の状況について，財務省の「日本の財政関係資料」（平成30・2018年３月）から概観する[1]。日本の普通国債残高（国の公債残高）は年々増加の一途をたどり，平成30（2018）年度末には883兆円に上ると見込まれ，これは税収の約15年分に相当する。借入金や地方債務残高などの長期債務残高は平成30（2018）年度末に1,107兆円（対GDP比196％）に達する見込みとなっている。

債務残高の国際比較を見ると，1990年代後半から財健全化を進めた主要先進国と比較すれば，その深刻な状況がわかる。政府の総債務残高から政府が保有する金融資産（国民の保険料からなる年金積立金等）を差し引いた純債務残高で見ても，主要先進国で最悪の水準である。財政収支の国債比較では，2008年秋のリーマンショックの影響により主要各国はそろって悪化するものの，2010年代に入ると他の主要各国が財政収支を改善する中，日本は大幅な赤字が続いている。

国債価格が暴落し財政危機に陥ったギリシャの公債発行残高はGDP比で200％ほどであるが，日本は240％に達している。

図表１-１　債務残高（対GDP比）

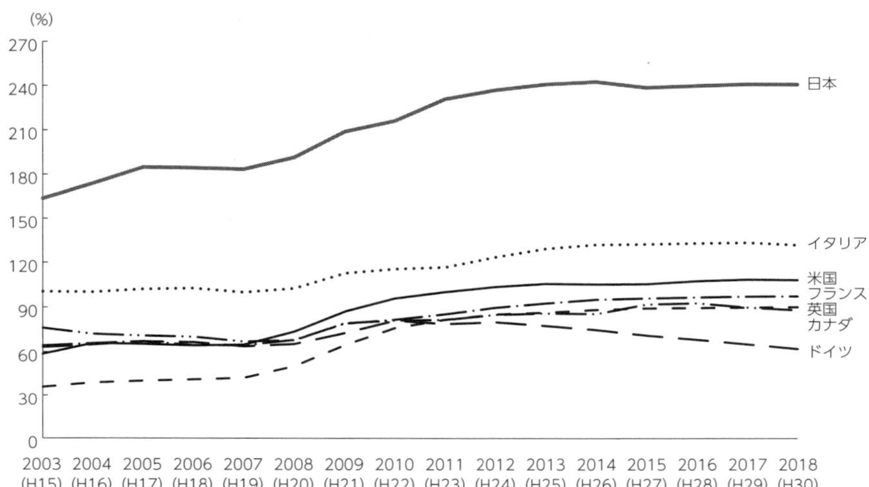

出所：財務省「日本の財政関係資料」平成30年３月

図表１-２　純債務残高（対GDP比）

出所：同前

平成30（2018）年度一般会計予算における歳入約97.7兆円のうち税収は約59兆円で，残り3分の1を公債金に依存している。一般会計歳出では社会保障関係費と国債費が年々増加する一方，政策的経費の割合は年々減少し，社会保障関係費が33.7%，国債の元利払いが23.8%，地方交付税交付金等が15.9%となっている。

平成2（1990）年度は赤字（特例）公債発行から脱却し歳入と歳出がバランスしたが，以降，公債費が増加し借金が積み上がっていく。平成3（1991）年度の税収は61.8兆円（決算時59.8兆円）であるのに対して，平成30（2018）年度の税収は59.1兆円であり，歳出は70.3兆円から97.7兆円へ増加し，社会保障費は12.2兆円（17.4%）から33.0兆円（33.7%）へ増加し，国債費は16.0兆円から23.3兆円へ増加している。税収の内訳と推移を見ると，所得税と法人税が減少している。

図表1-3　税収の内訳と推移

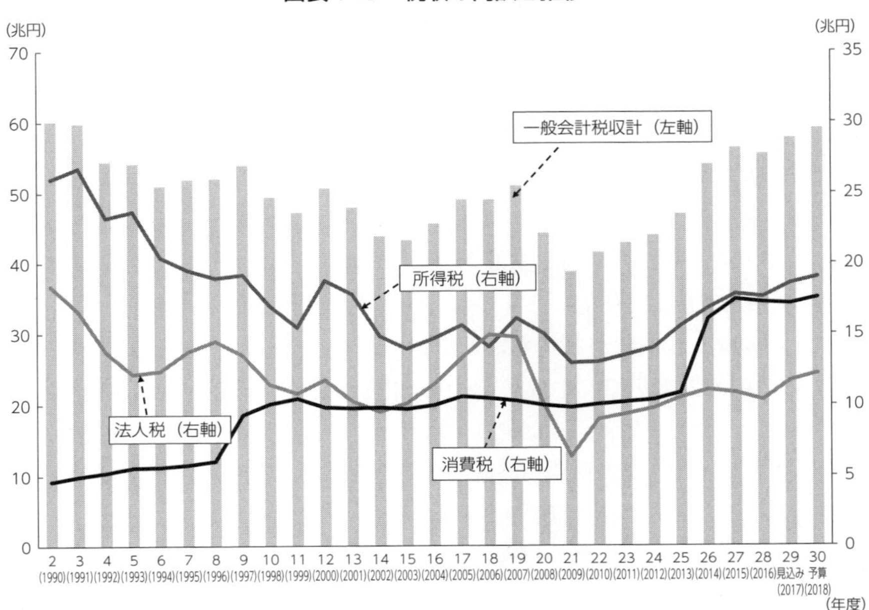

出所：同前

財政構造を30のOECD諸国と比較すると，政府の総支出は（平成27・2015年，対GDP比）は24位で下位にあり，政府の社会保障支出は15位で中程度であるのに対し，租税収入は28位，財政収支は－4.5％で28位と低く，社会保障費以外の支出は29位と最低水準となっている。

租税負担率と社会保障負担率を加えた国民負担率（対国民所得比）は，OECD34カ国の中で，28位と低水準にある。受益と負担の大きなかい離が，財政赤字と累積債務の原因である。

社会保障以外の歳出分野では，一般政府の総固定資本形成（平成27・2015年，対GDP比）について，日本は大きく低下しているが，ドイツ1.5％，英国2.1％，米国2.1％，フランス2.9％に対し，3.2％と依然高い水準にある。

財政赤字の拡大と債務残高の増大は，将来世代に付け回され，世代間の不公平となっている。しかし，日本の政治と選挙がシルバー民主主義といわれるように，受益者の負担増は図られない。

問題は財政破綻のおそれである。同資料で財政赤字の問題点の４つ目に，「財政への信認低下による金利上昇」があげられ，「債務残高の増大により政府財政への信認が損なわれることとなれば，金利の急騰がもたらされ，経済への悪影響が出ます。」「例えば，国債を大量に保有する金融機関に含み損が生じ，金融システムが不安定化するとともに，国債の買い手がいなくなり政府の資金調達が困難となります。」（傍点は同資料の下線による）と指摘している。

この記述を検討する前に，さらに財政状況について見てみよう。平成28（2016）年度の一般政府債務と家計金融資産の推移では，家計金融資産が1,808兆円，金融総資産から住宅ローン等の負債を差し引いた家計金融純資産は1,491兆円，一般政府総債務が1,270兆円となっている。家計金融純資産と一般政府債務の差額は221兆円で，平成30（2018）年度予算で公債金が約34兆円であることから，このまま推移すれば後６年ほどで一般政府債務は家計金融純資産を超えることになる。金融機関が国債を購入するのは，預金の運用であり，預金の範囲内であり，６年後には金融機関は国債を購入しなくなる。なお，平成30（2018）年３月末の個人金融資産にあたる家計（自営業者を含む）は前年度比2.5％増の1,829兆円であり，負債は318兆円で純資産残高は1,511兆円となっている[2]。

なお，部門別の資金過不足を年度で見ると，次のグラフとなっている。

図表1-4　部門別資金過不足

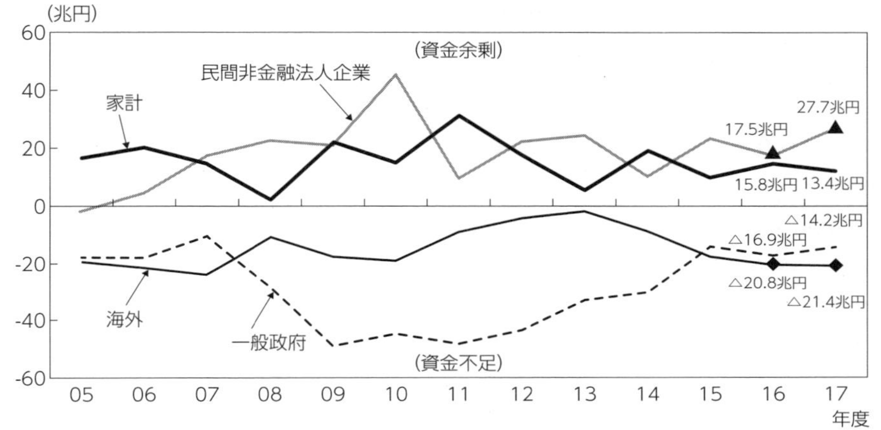

出所：日本銀行調査統計局「2018年第１四半期の資金循環」（速報）

1-2　国債の保有者

各国の国債発行状況をみると，2017年３月時点でアメリカ15兆8,738億ドル（１米ドル＝110円で約1,758兆円）は国内が62％で海外が38％を引き受け，イギリス２兆1,567ポンド（１ポンド＝145円で約312兆円）は以下同じく74％と26％，ドイツ２兆1,148億ユーロ（１ユーロ＝125円で約270兆円）は54％と46％，フランス２兆1,851億ユーロ（約280兆円）は42％と58％，イタリア１兆9,109億ユーロ（約234兆円）は65％と35％，ギリシャ587億ユーロ（約７兆円）は62％と38％となっている。

日本の国債は主に国内で消化されているが，外国人投資家は売買を積極的に行うことから，国債流通市場でのプレゼンスは相当程度に大きいと説明される。平成29（2017）年12月の海外投資家の国債保有割合は11.2％で，国債流通市場における海外投資家売買シェアの現物は31.9％，先物は57.4％となっている[3]。

日本国債の海外比率は低く内国債であることから，一部に，ギリシャのようには国債の暴落と金利の上昇はなく，日本の財政は破綻しないという主張がある。しかし，外国人投資家の保有残高は約120兆円で，イギリス，ドイツ，フランス，イタリアの国債発行残高の３分の１から２分の１に相当する巨額なもので，この外国人投資家の動向は日本国債の命運に大きく影響する。

平成30（2018）年3月末の国債等の残高1,097兆円の保有者内訳では，日本銀行が41.8%，預金取扱機関が17.1%，保険・年金基金が21.7%，公的年金が4.3%，海外が10.9%，家計が1.1%，その他が3.0%となっている[4]。国債流通市場でなお一層存在感を示しているのが，日銀である。金利が上昇すれば，日銀の財務を悪化させる。

日銀の出口戦略が議論され始めているが，日銀が国債の購入を減らすかやめれば，国債の買い手は海外しかないであろう。日銀の国債購入はいわば財政ファイナンスであり，財政規律に反するものである。一方，日銀は政府のいわば子会社で，親子関係で借金を増やすのは，国債は資産でもあるから，そもそも日銀の国債購入と政府の借金は国内においては財政上の問題を発生させないという見方もある。しかし，財務規律は疑われる。

1-3 資産と債務

平成28（2016）年度「国の財務書類」によれば，資産合計が672.7兆円で前年度比0.4兆円増加に対し，負債合計は1,221.6兆円で前年度比28.5兆円の増加で，負債が資産を548.9兆円上回っている[5]。

国の借金に見合う資産があるとし，いわゆる埋蔵金も話題となる。しかし，資産が売却できるものでなければ，借金の返済には充てられない。

資産・負債差額のマイナス548.9兆円は超過費用の累積であり，債務残高（特例公債残高）に相当する。資産・負債差額の大きな要因は超過費用の累積であり，財源合計から業務費用を差し引いた超過費用（平成28・2016年度は124.4兆円－144.5兆円で20.1兆円のマイナス）は公債の発行等で賄われる。特例公債残高の推移と資産・債務差額の推移は同傾向にある。

資産，負債の科目の中には運用資産と調達財源がほぼ連動しているものがあり，有価証券は政府短期証券，貸付金は財投債と預託金，運用寄託金は公的年金預り金といった原則として対応関係にある負債が存在する。有形固定資産，出資金，その他は現金化が想定できないものが相当程度含まれているとされるが，181.6兆円の有形固定資産は河川や道路といった公共用財産いわば土木インフラである[6]。霞が関の国の庁舎等はセール・リースバックで売却すること

図表1-5　平成28（2016）年度末の国の資産と負債

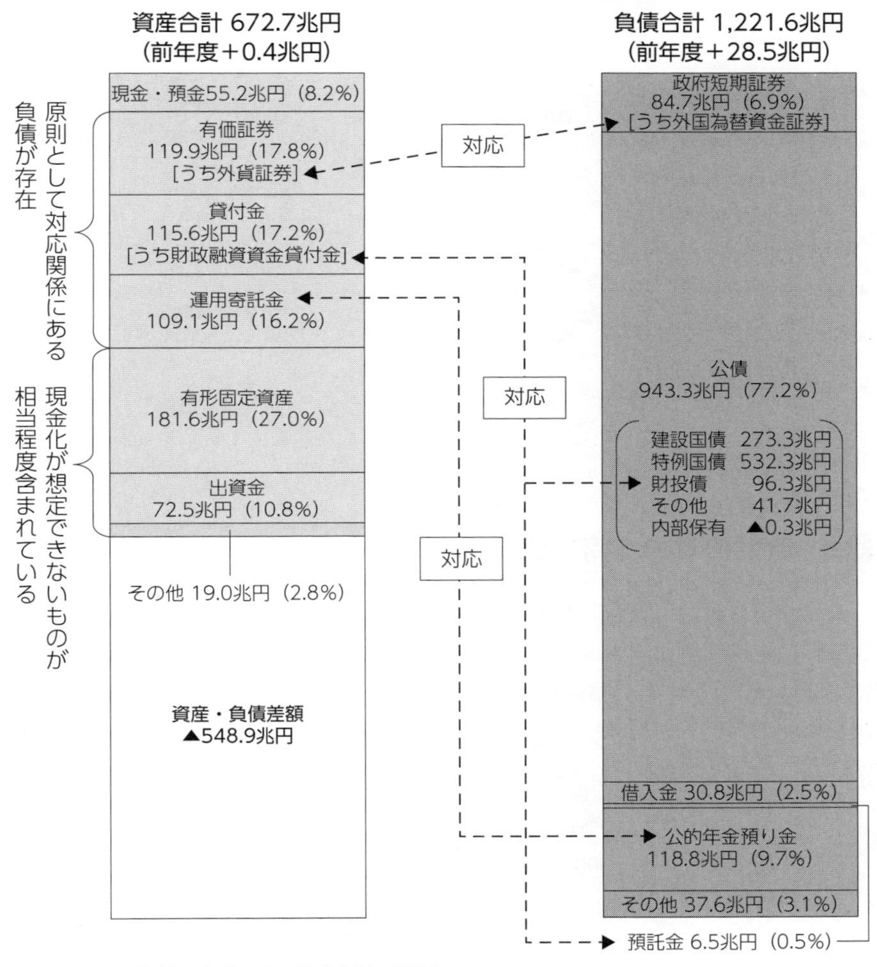

出所：財務省「平成28年度　国の財務書類の骨子」

はできるが，道路などを料金徴収制にして民間に売却する以外は，国の有形固定資産の現金化は難しい。

もっとも，政府の資産には徴税権という見えない資産があるともいわれる。

図表1-6　資産・負債差額の推移

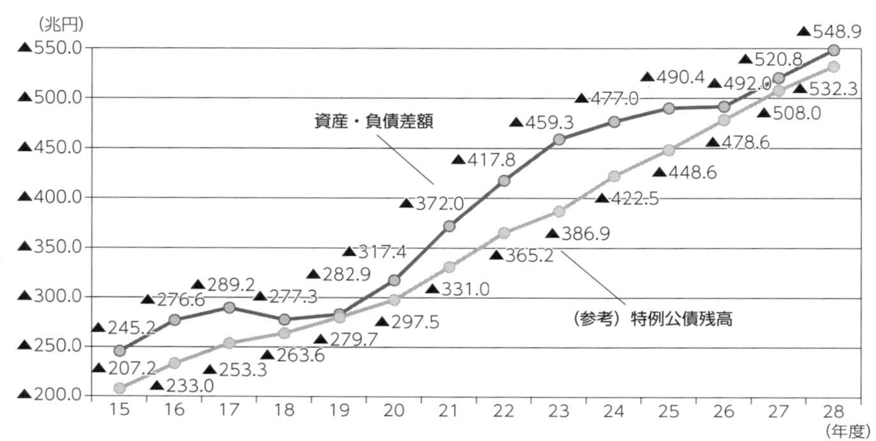

出所：同前

1-4　社会資本の維持・更新費用

高度経済成長期に整備した公共施設と土木インフラといった社会資本が老朽化し，国土交通省によれば2011年度から2060年度までの50年間に必要な更新費用は約190兆円となり，全体必要額の約16％にあたる約30兆円の更新ができないと試算している。また，2013年度の維持管理・更新費用は約3.6兆円であるのに対し，2023年度は約4.3兆円から5.1兆円，2033年度は約4.6兆円から5.5兆円に上るとしているが，根本祐二氏は現在のストックを更新するための投資額は今後50年間で年間８兆1,000億円を要すると試算している[7]。

公会計として複式簿記による財務４表の作成が進められているが，これまで行政においては減価償却という概念はなく，耐用年数を過ぎた公共施設等の更新のための費用を用意する内部留保もなされていない。社会資本の維持・更新費用は，国と地方自治体の隠れ債務ともいえる。

東日本大震災からの復興費用，福島第一原発の事故処理費用[8]，その他外交・安全保障支出も大きな財政負担となる。

1-5 OECDの警告

OECDエコノミック・アウトルック100（2016年11月）の日本への提言では「日本の財政への信認を維持するためには，消費税率を漸増していく道筋を含む，より詳細かつ信頼のおける財政健全化計画の履行が不可欠である。こうした計画により，政府歳出の半分以上を占める公的社会支出の増加を遅らせるべきである」とされ[9]，2017年OECD対日経済審査報告書（2017年４月）は「財政の持続可能性への信認を強めるため，具体的な歳出削減策，増税策を含む，より詳細な中期的な財政健全化の道筋にコミットすべき。消費税率を徐々に引き上げる」などとしている[10]。

OECDエコノミック・アウトルック102（2017年11月）では「政府の債務はGDP比220％を超えOECD諸国の中で過去最高水準に達しており，深刻なリスクをもたらしている。満期10年未満の国債利回りがマイナスに達する中，債務の負担は足下では限定的となっているが，これは日本銀行による債券購入の結果であり，同行はいまや政府債務の41％を保有するに至っている。持続可能な財政を実現するためには，経済成長を持続的に強化する方策とともに，消費税率の漸進的な引き上げや社会の急速な高齢化の中での社会保障支出の抑制を含めた，より詳細な健全化の道筋を提示することが必要である」と述べ，OECD諸国で過去最高水準の政府債務の深刻なリスクを指摘している[11]。リスクとは財政破綻，あるいはハイパーインフレととらえられよう。

1-6 IMFの警告

IMFの2017年対日４条協議終了にあたっての声明（2017年６月19日）は，「中期的な財政健全化計画は，漸進的なアプローチをとり，構造的プライマリーバランスを経済状況に応じて対GDP比で年平均0.5％改善させるべきである。同計画は消費税率の段階的，かつ事前に公表された引き上げに重きをおき（0.5％または１％の幅で定期的に，可能な限り早く開始し，少なくとも15％に達するまで），単一税率を維持すべきである。社会保障費の急増が財政の持続性に深刻な圧力をもたらすことを避けるため，抜本的な改革を通じて社会保障費を抑制すべきである」としている[12]。

また，IMFブログ（2017年5月30日）は，「日本では財政上の懸案が政策不確実性の主因」とし，「アベノミクスに対する信認を維持するのは難しいようである。財政政策目標はすでに信頼性を失っている」と述べている[13]。

財政再建に取り組まなければ，財政への信認低下による金利上昇のほか，インフレになった場合の金利上昇も懸念される。インフレをコントロールできなくなった場合のハイパーインフレに至った場合は，政府債務はインフレ税で消えて財政上の問題はなくなるが，経済と国民生活は深刻な事態となる。

1-7　経済成長とプライマリーバランス

政府は基礎的財政収支（PB：プライマリーバランス）黒字化の目標時期について，2020年度の達成は困難となったとし，2025年度を目指すとしてきたが，内閣府は平成31（2019）年1月に，全要素生産性（TFP）上昇率など生産性の改善で成長率を高く想定したケースで，2026年度になるとの試算を示した。

内閣府の「中長期の経済財政に関する試算」（平成31・2019年1月30日経済財政諮問会議提出）において，財政再建に向けての経済シナリオでは2020年代前半に実質2％，名目3％以上の成長率の「成長実現ケース」と，足元の潜在成長率並みで将来にわたって推移し中長期的に実質1％程度，名目1％台後半程度の成長率の「ベースラインケース」の2つのケースを想定している。

2019年10月に消費税率を10％に引き上げても，その増収分は教育負担の軽減・子育て層支援・介護人材の確保等と財政再建とに，それぞれ半分ずつ充当され，あわせて消費税の軽減税率制度が実施される。

成長実現ケースでは，2025年度のPB赤字は対GDP比で0.2％で1.1兆円の赤字となり，PB黒字化の時期は2026年度となる。ベースラインケースのPB赤字は2025年度に1.1％（6.8兆円の赤字）となり，2028年度までの試算期間内PB黒字化の達成は困難と見込まれる。この試算は東日本大震災の復旧・復興対策に係る経費と財源の金額を除いたベースを示す[14]。

図表1-7　国・地方の基礎的財政収支（対GDP比）

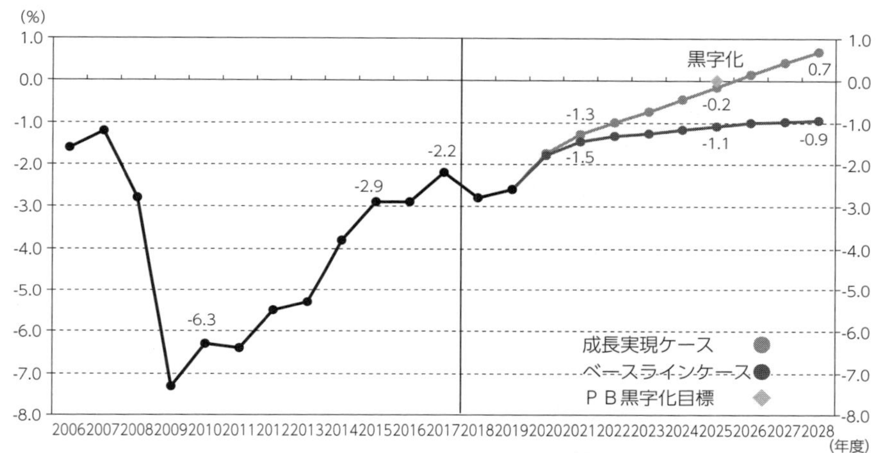

出所：内閣府「中長期の経済財政に関する試算」（平成31年１月30日経済財政諮問会議提出）

この試算の問題は当初から批判があるように，成長実現ケースの高い成長率の想定である。

図表1-8　国・地方の公債等残高（対GDP比）

出所：同前

国・地方の公債等残高は，成長実現ケースで2026年度に1,148.0兆円であり対名目GDP比で162.7％となっており，ベースラインケースで1,161.3兆円であり対名目GDP比は182.0％となっている。復旧・復興対策経費と財源の金額を含んだベースでは，2026年度の成長実現ケースは1,152.0兆円（対名目GDP比163.2％），ベースラインケースは1,165.3兆円（同182.6％）となる。

なお，「長期金利の上昇に伴い，低金利で発行した既発債のより高い金利による借換えが進むことに留意が必要」としている。

財務省の試算では2019年度以降，金利が１％上昇すると，2021年度には国債費は3.3兆円増加し29.8兆円となる。２％の上昇では6.7兆円の増加で33.3兆円となる。税収の伸びを大きく上回っている。対前年度伸率については，国債の利払費は社会保障関係費を上回る。財政赤字は毎年30兆円以上になる[15]。

1-8　先進国・地域で最低の経済成長率

IMFの2018年７月の世界経済見通し（WEO）の改訂で，世界経済は2018年と2019年にそれぞれ3.9％の成長を実現すると2018年４月のWEOと同じく予測したが，経済成長にさらなるばらつきが見られるようになり，アメリカの関税引き上げによる貿易摩擦が指摘され，ユーロ圏，日本とイギリスは下方修正された。日本は2018年４月と比べ0.2％低く1.0％で，先進国・地域の2.4％の中で最低となっている。日本の下方修正は第１四半期の民間消費と投資が予測よりも低水準にとどまったことにより，マイナス成長となったことを受けたものとされる。

2019年は据え置かれたが0.9％で，やはり先進国・地域，世界で最低となっている[16]。経済的なファンダメンタルズと政治的な不確実性がリスクとなり，国ごとの経済成長率にばらつきをもたらす。国内経済の成長は内需のほか貿易に左右され，多国間の経済要因・非経済要因に依存する。IMFは世界経済の下振れリスクが優勢となったとしている。ベースラインケースからの下振れが想定される。

1-9　政府債務残高対GDP比への批判

財政健全化を放棄することもできないので，基礎的財政収支に代わり，政府債務残高対GDP比を財政健全化目標にすることが示されるようになった。政府債務残高対GDP比を下げること自体その意義は否定できないが，政府債務残高対GDP比を下げるには，名目金利が名目経済成長率よりも低ければよく，財政収支の改善ではなく，金融政策で政府債務残高GDP比は下げられる。このような発想に対しては，東京財団の税・社会保障調査会で土居丈朗氏が，「2020年の政府債務残高対GDP比を180％にするという目標を掲げても，名目成長率が高まらなければ目標は達成できず，名目成長率が３％以下なら，結局2020年までに基礎的財政収支を黒字化しなければ，その目標は達成できない」としている[17]。

また，森信茂樹氏は骨太方針2017年に「債務残高対GDP比の安定期な引き下げ」を追加することは，2020年度PB黒字化の事実上の放棄，財政ポピュリズムと批判している[18]。

なお，経済財政諮問会議の経済・財政一体改革の中間評価（平成30・2018年３月）では，2020年度のPB黒字化目標達成は困難となったとし，平成30（2018）年度のPB赤字対GDP比は平成27（2015）年７月試算の▲1.7％程度に対し，平成30（2018）年１月試算では▲2.9％程度に悪化とし，PB改善の進捗の遅れの要因としては，本予算に追加した補正予算の影響，成長低下に伴い税収の伸びが緩やかだったこと，消費税率引上げの延期の影響をあげている[19]。

1-10 補正予算の問題

PB改善の進捗の遅れの要因としてあげられた補正予算は，追加歳出を安易に行う手段として問題視されている。補正予算は予算（当初予算）成立後に，「特に緊要となった経費の支出」のために内閣が国会に提出できる。財政民主主義の観点から，超過支出禁止の原則に基づいて，予算計上額以上の支出はできない。しかし，突発的な自然災害など予見し難い事態への対応として，財政法第29条で補正予算を編成することができる。実際には，予見し難い事態というよりも，経済情勢の悪化や何らかの政策目的のため行う財政支出拡大で補正予算が編成されることが多い。

平成29（2017）年度一般会計補正予算（第１号）は災害復旧等・防災・減災事業で１兆2,567億円のほか，生産性革命・人づくり革命に4,822億円，総合的なTPP等関連政策大綱実現に向けた施策で3,465億円，その他喫緊の課題等への対応で6,219億円が計上され，追加歳出の合計は2兆7,073億円に上る。生産性革命ではモノづくり・商業・サービス経営力向上支援に1,000億円，TPP等関連では農地のさらなる大区画化・水田の畑地化等の農業農村整備事業に984億円，その他喫緊の課題等では東京パラリンピック競技大会開催準備に300億円などとなっている。これらは喫緊の課題に要する歳出であるか，明瞭性，厳密性，拘束性といった財政の原則に反するものとなっていないか，補正予算のあり方が問われている[20]。

1-11 経済界の提言

経済界は財政の状況に対して厳しい認識を持って，財政健全化への提言を行っている。一般社団法人日本経済団体連合会は平成30（2018）年4月17日に「わが国財政の健全化に向けた基本的考え方」を公表している。同提言では収支改善に向けた基本的な考え方の総論として「経済再生による税収増だけに頼ることなく，収支改善の効果が確実に見込める歳出を洗い出して改革を徹底して行い，歳出の伸びを抑制すべき。」（傍点は同提言による）とし，歳出改革については社会保障給付そのものの伸びの抑制策の実行と地方財政での歳出規模や基金残高の適正化をあげている。また，2019年10月の消費税率10％への引き上げの着実な実行と，税率10％超への消費増税も有力な選択肢の1つとして国民的な議論の喚起を求めるとしている[21]。

公益社団法人経済同友会は平成30（2018）年5月14日に「新たな財政健全化計画に関する提言～2045年度までの長期財政試算を踏まえて～」を公表している。同提言ではより現実的な成長率を前提とした歳出・歳入改革が必要として，財政健全化の基本は「出ずるを制する」として社会保障制度の抜本改革が不可欠とし，経団連同様に消費税率10％への引き上げを確実に実行し，ポスト10％の引き上げを速やかに検討開始すべきとしている。財政規律確保のために財政状況をチェックする第三者機関の設置，補正予算の基準の明確化と管理強化，財政健全化法の制定を唱えている[22]。

独立財政機関はベルギー，オランダ，オーストリア，アメリカ，韓国，カナダ，スウェーデン，イギリス，アイルランド，ポルトガル，オーストラリア，イタリア，スペイン，フィンランド，フランスなどで設置されている。

この２つの提言はともにベースラインケースを念頭に置き，社会保障関係費を中心とした歳出抑制，消費税率10%への引き上げの着実な実行と10%超の引き上げに言及している。経済団体が経済成長を保守的にとらえている点に留意すべきである。

1-12　シュンペーターの財産課税

シュンペーターは『租税国家の危機』で，租税国家には宿命的な財政的給付能力の限界があるとし，国民の意志がますます大きい共同経済的支出に向かって進むと述べる。そして，ますます大きい財源が私人がそのために創り出したわけではない目的に使用され，さらに，ますます大きい権力が国民のその意志の背後に立つようになれば，租税国家は危機に至り崩壊すると論じた[23]。

日本の公債累積は国民の受益と負担の乖離に大きく起因するが，国民に負担を求めず政権にあろうとする政と財政を自らのものにしようとする官に責めがある。日本の公債累積はシュンペーターが財政史に見出されるとした国民の精神，文化段階，社会構造の現れにほかならない。

シュンペーターの唱えた財産課税に対して，日本の現行制度では一般財産税として相続税と贈与税があり，個別財産税としては固定資産税などがあげられる。預金などへの財産税は戦後の復興時を除き実施されていない。

また，相続税に関しては各国で公平性の観点からさまざまな議論がなされ，制度の違いがあり，相続税がない国もある。日本は最高税率が高いとされるが，近年，最高税率の引き上げと基礎控除の縮減など相続税の強化が図られている。しかし，東京都内に持家のある家計はすべて富裕層とはいえず，相続税を強化する対象ではない。所得と資産の両者に留意し，富裕層を的確にとらえ，慎重に検討する必要がある。

1-13　ケインズの将来消費支出

日本の現在の経済の問題は何のか。経済はプラス成長にあり，大量の失業はなく，有効求人倍率は高く，不景気とはいえない。アベノミクスは為替に尽きるが，円安の効果とさらに外需に依り輸出産業は好景気といえる。デフレは脱却したといわれる一方，インフレにはなっていない。ほどよいインフレは可能なのか，インフレはコントロールできるのか，ハイパーインフレのおそれはないのか懸念されるが，経済成長にはインフレが必要とされる。

経済成長には，輸出産業よりもGDPの約６割を占める家計消費支出の方が大きく影響する。所得に対する不安から基調としては消費支出を減らし，貯蓄に回す金額を増やすという消費者の支出への慎重な姿勢は変わらない。消費者物価は上昇の傾向にあり，不動産の高騰など内需は回復しているともいわれる。

総務省の家計調査によれば，２人以上の世帯の消費支出（実質）は平成27（2015）年は前年比マイナス2.3％，平成28（2016）年はマイナス1.7％，平成29（2017）年はマイナス0.3％であり，実収入（名目）は平成27（2015）年は1.1％（実質0.1％），平成28（2016）年は0.2％（同0.3％），平成29（2017）年は1.3％（同0.7％）となっている[24]。

消費者物価指数は平成27（2015）年は前年比0.8％（総合）の上昇，平成28（2016）年はマイナス0.1％，平成29（2017）年は0.5％で，平成30（2018）年３月は前年比で1.1％の上昇となっている[25]。日銀の２％目標には遠く，２％目標の妥当性と見通しの不明が問われているが，実現は困難との見方が多い。総需要が総供給を上回り，経済が成長する緩やかなインフレへの展望は開かれていない。

ケインズは「新規の資本投資が当期の資本マイナス投資を上回るには，将来の消費支出が増えるという期待が不可欠です」，「長期的な習慣としての消費性向が弱まるたびに，消費需要だけでなく，資本需要も必ず弱まってしまうのです」と述べている[26]。資本マイナス投資とは減価償却や除去費用をいい，消費性向の増大の期待が公共投資の有益性に限らず，民間投資と産業拡大に不可欠なものである。日本においては，当面の所得に対する不安のみならず，将来の社会への不安が根底にあり，消費性向は増大せず，消費需要のみならず，資本需要も弱まっていると考えられる。やはり「期待」の役割が大きい。

なお，日本政策投資銀行による平成30（2018）年度設備投資計画調査によれば，製造業の投資動機は平成12（2000）年頃より維持・補修がウェイトを高め平成29（2017）年度実績では26.7％となっているが，能力増強が24.2％と前年比増で，平成30（2018）年度計画では27.1％へさらに上昇する[27]。

1-14 長期停滞論

元米国財務長官でハーバード大学のローレンス・サマーズ氏は需要不足（貯蓄過剰）による長期停滞論を唱えた。低インフレと低金利で，GDP水準の低さを供給サイドからではなく，需要サイドから論じる長期停滞論が，日本の実感なき景気回復を説明している。

ケインズは「長期的にみると，われわれはみな死んでいる（In the long run we are all dead)」といった[28]。現実を見据えたケインズのこの有名な言葉は，インフレとデフレを避け物価変動を安定させる短期的な施策の重要性を意図する。長期的な安定と成長を主張し大量の失業と不況に無力な古典派経済学を批判するものであり，有効需要創出の意義とケインズの意志を表している。

有効需要の創出には従来は公共事業がまさに有効とされてきたが，短期的な景気の浮揚と失業率の改善には効果があったものの，今日の日本では乗数効果は疑問とされ，財政悪化の要因と指摘される。長期的には次世代は生きており持続可能性を実現しなければならず，貯蓄ではなく，むしろ消費の喚起によって長期的な停滞を克服することが可能となろう。そのためには，財政への信頼と将来への希望が最大の課題である。

1-15 物価水準の財政理論

「物価上昇率２％の安定的な持続」が達成できず，日銀の量的・質的金融緩和政策の効果が問われている中，「物価水準の財政理論（Fiscal Theory of the Price Level：FTPL)」が注目されている。ノーベル賞経済学者でプリンストン大学のクリストファー・シムズ教授が日本を訪れ平成29（2017）年２月１日に，デフレ脱却を目指す日本政府は消費税の引き上げをインフレ目標が達成できるまで延期するよう提言した。シムズ氏は平成28（2016）年８月に米カンザスシティ連銀主催のジャクソンホール会議でFTPLについて講演し，以後，シムズ理論として知られる。

FTPLは中央銀行が行う金融政策が物価を決定するという従前の考え方に対して，金融政策と財政政策の関係性に注目し，物価水準の決定を財政政策に求めるものである。本説では，政府が増税と歳出削減をしないとコミットすれば

（財政を再建せず拡大し国債を増やす），インフレを予想し，家計は生涯所得の上昇により消費を増やし，物価が上昇し，長期財政収支は均衡し財政は再建される。

FTPLと日本での成立は，家計の将来に関する認識に依っている[29]。佐藤主光氏は「難しいのは人々がこのシナリオを信用するかどうか」であり，「仮に脱デフレが確認できるまで消費税の増税などを先延ばしするとして，脱デフレを見通せないまま財政が悪化，公債残高が増え続けたならば，人々の将来不安は増すばかりだろう」と述べている[30]。

累積する公債への信認という問題もある。シムズ理論で財政は再建されるか，財政はますます悪化するかは，家計の政策に対する正しい認識と合理的な行動に依っている。人間は合理的には行動せず，将来への期待は傾向としてむしろ悲観的となっていると思われる現状では，シムズ理論はリスクの大きな実験であるといえる。

現在の日本の国民の意識は，「長期的にはわれわれは死んでいるが，さらに長期的には，われわれの子供と孫の時代には累積債務と社会保障の負担が大きくのしかかるので，消費は控え，貯蓄に回そう」というものであろう。消費は増大せず，公共投資を増やしても，外需要因以外に民間投資は増大せず，経済は成長しないことになる。

長期停滞を克服するには，ケインズ政策はもはやさほど有効ではなく，シムズ理論はリスクが大きく，財政政策は財政赤字を拡大するに留まる。国民の将来の悲観を取り除かなければならない。イノベーションによる供給サイドの改革のほか，社会保障改革と消費増税を柱とする財政再建こそが長期停滞を解決する。

1-16　財政破綻後

実質２％，名目３％の経済成長は楽観的であり，日本経済団体連合会と経済同友会の提言やIMF世界経済見通しでも示されているように，非現実的と見た方がよい。

PB黒字化と大幅な公債費比率引き下げには，消費税率の30%～40%台への引き上げが必要ともいわれている。2028年度以降は長期国債の低利発行の恩恵はなく，成長率＞金利の維持は困難で，長期的には金利＞成長率が成り立つ。市場金利の上昇で，国債の利払い費が膨らみ，財政はさらに圧迫される。公債比率は維持できず，発散すれば，財政は破綻する。金利が上昇すれば，国債が暴落し，円の価値が大きく下がり，ハイパーインフレとなる。

プリンストン大学の清滝信宏氏は日本の財政の持続可能性はかなり危ないとし，財政破綻に備えたコンティンジェンシープラン（緊急時の対応計画）を作り国民の合意を取り付けるべきだと説く。プランは支出カット，税収増，インフレによる国債減価という３つの政策をどのような割合で発動するかがポイントになるという。支出カットと税収増は当然であろうが，問題はインフレによる国債減価である。国債減価は政府にとっては望ましいかもしれないが，保有する金融機関と日銀の資産を棄損し，経済・金融に深刻な状況をもたらす。

清滝氏は日本の貯蓄率が下がり自国だけでは債務の償還や借り換えができなくなり，外国人が大量に国債を買う時がきて，金利の急上昇を引き金として財政危機がやってくるとする。財政の持続可能性は政府の責任とした上で，金利が上昇した時に日銀に国債を買わせて上昇を抑えるなどは無理なことであり，財政の持続可能性について長期的な目処を立てるしかないという[31]。財政の危機と破綻は思い切った支出カットと税収増・増税がなされなければ，自然な成り行きである。

ハイパーインフレと財政破綻時にとられる施策はいかなるものかを想定し，財政破綻後の社会・経済の復興のシナリオをも地域と都市の課題と位置付け取り組む必要がある。地域と都市の復興の情景は「国破れて山河あり」に例えられよう。

2　人口問題

2-1　人口減少と高齢化

総務省統計局の平成30（2018）年７月20日公表の人口推計によれば，平成30（2018）年２月１日現在で総人口は１億2,660万９千人で，前年同月に比べ18万１千人（0.14％）の減少と７年連続で減少している。日本人人口は１億2,449

万５千人で，前年同月に比べ40万３千人（0.32％）の減少となり，減少幅は７年連続で拡大している[32]。11年連続の自然減少であり，減少幅は拡大している。日本人は７年ぶりの社会増加で，外国人は５年連続の社会増加となっている。

65歳以上人口は3,529万人で前年同月に比べ51万３千人の増加となり，割合は27.9％で過去最高となっている。15歳未満人口は1,553万７千人で，前年同月に比べ17万９千人の減少となり，割合は12.3％で過去最低となっている。生産年齢人口の15歳～64歳人口は7,578万１千人で，前年同月に比べ51万５千人の減少で，割合は59.9％で平成４年（69.8％）以降，低下を続けている。75歳以上人口は1,763万７千人で，平成27（2015）年以降，15歳未満人口を上回っている。

平成22（2010）年より総人口の減少が顕著に続く一方，65歳以上人口の割合は上昇が続き，年少人口と生産年齢人口が減少し，高齢者人口が増加し，人口減少，少子化，高齢化が進んでいることがわかる。

国立社会保障・人口問題研究所の「日本の将来推計人口」（平成29・2017年推計）によれば，出生中位推計で2040年に１億1,092万人，2053年には１億人を割って9,924万人となり，2065年には8,808万人になると推計されている[33]。

年齢３区分別人口推移では年少人口も生産年齢人口も減少していくが，増加の老年人口も2045年頃より減少に転じる。

2-2　都道府県別人口

先の人口推計（平成29・2017年10月１日現在）によれば，都道府県別人口では，東京都，愛知県，沖縄県，埼玉県，千葉県，神奈川県，福岡県の７都県が増加し，東京都が0.73％と最も高く，次いで埼玉県が0.28％，沖縄県が0.26％などとなっている。人口が増加した７都県のうち６都県は自然減少・社会増加となり，沖縄県のみ自然増加・社会減少となっている。東京都及び愛知県は自然増加から自然減少に転じている。

減少は40道府県となっており，秋田県（－1.40％），青森県（－1.16％）など５県で人口減少率が１％を超えている。

総務省統計局の「住民基本台帳人口移動報告　平成29（2017）年結果」（平成30・2018年１月29日公表）によれば，都道府県間移動者数は２年ぶりの増加，東京圏は22年連続の転入超過で転入超過数は11万9,779人で前年比1,911人増加し，２年ぶりの増加となっている（名古屋圏及び大阪圏は５年連続の転出超過)。全国の市町村のうち７割以上が転出超過となっている。東京都の転入超過数は７万5,498人で２年ぶりの増加（1,321人）となった[34]。

堅調な景気動向で東京23区への転入超過数が２年ぶりに前年を上回り，臨海部や都心部の再開発で人口流入が進んでいる。

図表１-９　３大都市圏の転入超過数の推移（日本人移動者）(1954～2017)

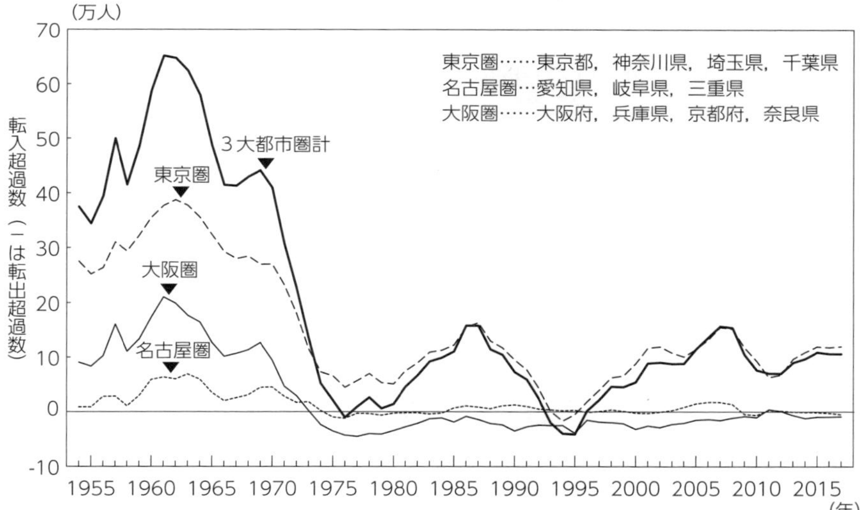

出所：総務省統計局「住民基本台帳人口移動報告　平成29年（2017年）結果」

2-3　婚姻件数

婚姻件数は平成20（2008）年の72万6,106件から平成29（2017）年の60万7,000件へ減少傾向にあり，また，晩婚化が進んでいる[35]。

平成29（2017）年の出生数は94万1,000人で，減少傾向にある中，平成28（2016）年の97万6,978人から３万5,978人減少している。合計特殊出生率に関しては，平成26（2014）年の1.42から平成28（2016）年の1.45，平成28（2016）年の1.44へと増加している。合計特殊出生率が増加しても，出生数が減少しているのは，女性の人口が減少していることに起因する。人口減少に歯止めをかけるには，１人の女性が一生の間に産む子供の平均数である合計特殊出生率を上げなければならない。合計特殊出生率を上げるには，有配偶率と有配偶出生率を上げる必要がある。女性の年齢階級別出生数と出生率は，30～34歳が最も高く，25～29歳，35～39歳，20～24歳，40～44歳と続き[36]，晩婚化すれば出生数と出生率が下がる傾向となろう。

政府は希望出生率を1.8とする目標を掲げ，関連施策を推進しているが，いわゆる結婚の奨励と子育て支援の充実が課題となる。しかし，人口減少が抑制され，増加するのはかなり先のことになろう。

経済成長率は，労働，資本，技術の３つの要素で決定されるので，人口減少は経済成長にマイナスに作用する。労働は量的側面の労働人口と質的側面の年齢構成や教育水準からなるが，労働投入の寄与度の低下を示す労働人口の減少が潜在成長力低下の大きな要因となっている。人口オーナスは労働（雇用），資本（高齢化による貯蓄率の低下）を通じて経済成長率を低下させるので[37]，労働生産性の向上とともに，合計特殊出生率を上げ人口減少に歯止めをかけなければ，経済成長は容易ではない。

3　東京の再生

3-1　東京と地方

地方とは一般的に東京をはじめとする大都市ではない圏域であり，地方自治法に定める地方公共団体とは都道府県と市町村をいう。地方創生の政策においては，特に地方の定義などはなされていない。地方とは東京ではない圏域や都市，あるいは田舎ともイメージされる。

地域は多義的であり，多様に用いられる。地理学や経済学において，地域の概念に関して論じられてはいるものの，定説はない[38]。東京にも地域はあり，地方にも地域がある。地域を活性化させるために，地域のとらえ方を限定する考え方もある。本書では，地域を広域的な観点から行政単位ではなく，地勢によって隣接する空間から区別され，資本と労働の移動が小さい圏域を表す。

都市は大都市から人口20万人程度までの市を想定している。政令指定都市のほか，県庁所在地と中核市が該当する。都道府県の中でコンパクトシティとして，都市としての規模と機能を担える地域となる。後述する多様性を実現できることも要件となる。

3-2 東京都の人口

東京都の平成31（2019）年1月1日現在における総人口（推計）は1千385万7,443人で，平成30年中で10万3,384人増加しており，平成9（1997）年以降23年連続で増加している。平成30年中の人口増減については，社会増減が7万7,908人の増加（うち日本人は8万1,323人の増加，外国人は3,415人の減少），自然増減が9,594人の減少（うち日本人は1万1,940人の減少，外国人は2,346人の増加）となっている。

地域別人口増減でみると世田谷区が対前年度比8,800人増と最も多く，次いで品川区の7,078人，大田区の6,193人，中央区の5,679人，江東区の5,282人となっている。

地域別の人口は区部が956万9,121人，市部が420万5,936人，郡部が5万7,033人，島部が2万5,353人となっている。人口増減は区部が9万3,633人の増加で，市部は1万4,237人の増加，町村部は575人の減少となっており，特に区部への転入が多い。

男女別では男性が672万970人（構成比49.3％），女性が691万6,378人（同50.7％）であり，男性は前年度比4万5,966人増加し，女性は6万1,329人増加であり，女性の人口増加数は男性の人口増加数を上回って推移[39]している。

首都圏の年齢別構成については，全国と比較して15～64歳人口の割合が高く，65歳以上の高齢者人口の割合が低くなっている。一方，高齢者の増加率を見ると，2045年の高齢者は平成27（2015）年と比較して，全国は15.7％，東京圏は31.9％増加し，高齢者の全国シェアは2045年時点で首都圏は35.1％，東京圏は29.1％に上昇する見込みである[40]。

東京都の人口は社会増が続くが，特に区部の増加が多い。総人口で全国の約35％を占める東京都の高齢者の増加率は全国比で15ポイント以上高い。保育所入所待機児童問題と高齢化問題が最も深刻なのが，東京都である。増田レポートでも指摘されているように，東京都の高齢者介護施設と介護職員は圧倒的に足りない。

3-3 不合理な偏在是正措置

東京都は「地方間の財政力格差の是正を名目に，地方自治体の課税権や受益と負担の関係を無視して都市の財源を地方に回しても，真の地方の自立にはつながらない」，「東京に税収が偏在しており，財政力格差の是正が必要との主張は，多くの誤解によるものである」，「東京がその活力を高め，日本全体を牽引していくためには，取り組むべき課題が山積している」としている。

そして，都の財源を奪う不合理な偏在是正措置として，平成20（2008）年度からの地方法人特別税（法人事業税の暫定措置），平成26（2014）年度からの法人住民税の地方交付税原資化をあげ，都の減収額を平成27（2015）年度で3,000億円，累計で約1.3兆円を都から奪い，地方に配分していると示している[41]。地方法人特別税は消費税率10％段階で廃止予定であるが，代替措置が講じられる可能性があるとし，地方法人税は消費税率10％で規模を拡大する方向で検討されていると懸念している。

不合理な税制改正としては，財政調整を目的とした法人二税の分割基準の見直し，さまざまな問題を抱える企業版ふるさと納税，東京を狙い撃ちにした地方拠点強化税制をあげている。

不合理な偏在是正措置への反論は，次のとおりである。

(1) 地方税の原則に反する
　反論①地方税の応益性の原則に反する
(2) 国自らが目指している方向性と逆行する
　反論②頑張る地方自治体ほど報われない
　反論③地方交付税の不交付団体が増えない
　反論④地方自治体間の対立を生む
(3) 国の主張には問題がある
　反論⑤税収格差のみによる比較は一面的である
　反論⑥「財源超過額」は配分技術上の数字にすぎない

反論⑦都は財政基盤の強化に向けた取組を進めてきた

(4) 都の財政需要を考慮していない

反論⑧都には大都市としての膨大な財政需要がある

反論⑨都には少子高齢社会に対応するための膨大な財政需要がある

反論⑩都の財政需要は今後さらに増加する

法人二税は企業が地方自治体から受ける行政サービスの対価として納税する「応益性の原則」を根拠としている。国はこの原則と関係ない基準で財源を配分しているといえる。

地方交付税による財政調整後の，住民１人当たり一般財源は，東京都は全国平均以下で，最大の県は東京都の約２倍になっている（平成25・2014年決算で，東京都は21.3万円，全国平均は23.1万円，最大県は41.8万円)。

東京外かく環状道路をはじめとする便益が広く全国に及ぶ都市インフラの整備，首都直下地震をはじめとする自然災害リスクへの備え（東京都長期ビジョンにおける３カ年事業費は合計１兆2,790億円)，保育サービスの整備（全国の約４割にのぼる待機児童数)，他の道府県を大きく上回る高齢者人口の増加，保育所・特別養護老人ホーム施設整備に要する地方圏の10倍以上もの用地取得・コスト，右肩上がりの社会保障関係経費などの指摘は妥当であり，不合理な偏在是正措置によって，財源が失われているといえる。

東京都は不合理な偏在是正措置を直ちに撤回し地方税に復元すべきとする一方，地方の役割に見合った税財源の拡充が必要とし，国から地方への税源移譲等を主張している。そして，法人住民税の国税化（地方交付税原資化）に反対し，特別区も税源偏在是正論議についての同様の主張を公表している。

特別区長会は平成30（2018）年２月16日に「税源偏在是正措置に対する特別区緊急共同声明」を発表している。同声明では，地方税である法人住民税法人税割を一部国税化し，消費税率10％段階でさらに拡大する法改正を行うと，これにより特別区は平成30（2018）年度分だけで約628億円，消費税率10％段階においては1,000億円を超える規模の減収が予想されるとしている。また，平成30（2018）年度税制改正において地方消費税積算基準の不合理な見直しが強行され，特別区の減収額は約380億円，10％段階においては約312億円に達する見込みとしている。ふるさと納税も合わせ，特別区全体の影響額は1,300億円超，消費税率10％段階では2,000億円に迫る規模であり，特別区における人口50万人程度の財政規模に相当する衝撃的な額としている。「地域間の税収格差の是正は，本来，地方交付税で調整されるべきであり，特別区を狙い撃ちし，地方自治体間に不要な対立を生むような制度は認められません」という主張は，特別区の財政需要を無視した地方偏重の政治に異を唱えるものとなっている[42]。

このような国の地方法人課税の見直しの動きに対する東京都の反論にも関わらず，2019年度税制改正大綱で，地域間の財政力の格差を是正する新たな措置が講じられることとなった。新たな措置では，法人事業税を対象に総額約６兆円の３割ほどをいったん国税にし，人口数に応じて都道府県に再配分される。東京都の減収額は年約4,200億円となり，法人事業税と法人住民税を合わせた減収額は年約9,000億円となる。

この地方法人課税の新たな偏在是正措置に関して，東京都は反対を表明している。東京都の見解では，平成元（1989）年以降，不合理な税制度の見直しで東京都は30年間で累計約６兆円という巨額の財源の捻出を余儀なくされ，平成28（2016）年度の税制改正大綱で地方法人課税における偏在是正措置は決着済みであるとする。そして，すでにふれたような財政需要の増大，国際競争力を高める投資の必要性とその効果は東京にとどまらないとの推計に基づき，東京は日本経済の牽引役としての役割を担い，その活力を削ぐような税制度の見直しは日本の成長にプラスにならないという[43]。

「地方法人課税に関する検討会」は，地域間の財政力格差等に対応するため，新たな偏在是正措置を講じることが必要であるとし，法人事業税を対象に，新たな税（国税）として一部を分離し譲与税を基本として考えることが適当であり，十分な偏在是正効果を得られない場合には交付税原資化を視野に入れて検討する必要があるとしている[44]。

この法人事業税の一部を新たな国税とし，新譲与税または交付税原資化するという新たな偏在是正措置は，地方税財政制度を大きく変更するものである。地方譲与税や地方交付税は「依存財源」であり，不交付団体にはいわば自動的に配賦される。租税収入配分が国税と地方税で６対４であるのに対し，国の歳出と地方の歳出の配分は４対６であり，国と地方の事務事業と税収の比率が逆転し，そのギャップを国の裁量が埋めている。東京都の見解でも示されているが，日本の地方自治制度が，自治としての財政運営の自主性の確保ではなく，国から地方への財源の移転を前提として成り立っている。「地方分権」を実現すべく，国と地方の役割と国・地方間の税財源の見直しを行い，国のあり方と地方税財政制度を抜本的に見直す必要がある。この度の地方法人課税の偏在是正措置で，このような議論がなされているとはいえない。

これまでの地方交付税とは別に，大規模に東京から地方へ税配分がなされる要因としては東京はいわばサラリーマンの都市で，国会議員が東京の利益のための集票行動をする必要はなく，また，地方の首長の数の方が圧倒的に多いことがあげられよう。

3-4 東京の都市力

一般財団法人森記念財団都市戦略研究所による「世界の都市総合力ランキング2017」では，東京は第3位となっている[45]。同ランキングは経済，研究・開発，文化・交流，居住，環境，交通・アクセスの分野で評価し，トップ10は1位：ロンドン，2位：ニューヨーク，3位：東京，4位：パリ，5位：シンガポール，6位：ソウル，7位：アムステルダム，8位：ベルリン，9位：ホンコン，10位：シドニーとなっている。東京は平成28（2016）年にトップ3位に入ったが，文化・交流における海外からの訪問者数のスコアが年々向上している一方，経済においては「市場の規模」や「市場の魅力」のスコアが低下し1位から4位へ順位を落としている。

このように上位にランキングされる調査がある一方，IMD World Competitiveness Ranking 2017 では日本は63カ国中26位であり，東京の将来展望には厳しい見方もある[46]。

東京（東京～横浜地域）の自然災害リスクはスイス・リー社の2014年報告書では世界の10都市・地域のうち最も高い[47]。国連「世界リスク報告書2016年版」では日本は「自然災害に見舞われる可能性」では世界4位で，対策を講じている結果，総合的な評価の「世界リスク評価」では17位であるが，先進国中では極めて高い[48]。首都直下地震による被害想定について死者は約9,700人とされ，人的被害・物的被害等が想定され，地震対策が取り組まれているが，想定以上に甚大な被害が生じ，経済的な損失と事業継続の困難性も予想され，対策は十分とは言い難い[49]。

なお，土木学会は南海トラフ地震と首都直下地震の長期的な経済被害を推計し，前者は20年累計で1,240兆円，後者は731兆円としている。また，公共インフラ対策による減災額と減災率を試算し，南海トラフ地震は509兆円で41%，首都直下地震は247兆円で34%とし，対策の合計事業費は南海トラフ地震で38兆円以上（税収縮小回避効果は54兆円），首都直下地震は10兆円以上（同26兆円）としている[50]。

3-5　東京への流入と地方からの流出

地域間の人口移動については，大都市圏では人口の自然増加が続いているものの，地方圏では社会減少と自然減少の両面から人口減少が進んでいる。また，都道県内移動が高まり，さらに，都道府県庁所在地に人口が集中する傾向にあり，その道府県所在地の多くでも人口減少がみられる。

小峰隆夫氏は日本経済研究センターの「大都市研究会」報告で，全国では東京への集中が生じているが，各ブロック（北海道，東北，九州など）ではブロック中心都市（札幌，仙台，福岡など）へ集中が進んでおり，「各府県では府・県の中心（府・県庁所在地）へ」，「各地域では中心都市へ」，多層的に集中が進んでいるとし，東京一極集中に疑問を呈している。また，多層的集中が起きているのは，サービス化，情報革命，高齢化などの経済社会の流れの中で，集中の利点が高まっているからだという[51]。

まち・ひと・しごと創生法の第１条の目的のはじめに「少子高齢化の進展に的確に対応し，人口減少に歯止めをかけるとともに，東京圏への人口の過度の集中を是正し」とある。少子化，高齢化，人口減少への対応とともに，いわゆる東京一極集中の是正が，目的とされている。東京一極集中はなぜよくなく，是正すべきか，是正できるのか。「まち・ひと・しごと創生ビジョンについて」（平成26・2014年12月27日閣議決定）では，「東京圏への人口の集中が，日本全体の人口減少に結び付いている」とし，「こうした人口移動は，厳しい住宅事情や子育て環境などから，地方に比べてより低い出生率にとどまっている東京圏に若い世代が集中することによって，日本全体としての人口減少に結び付いていると言える」とあるが，小峰氏らは東京一極集中が日本全体の人口減少に結び付くわけではないと指摘している。

若年層ほど東京圏の転入超過数が多く，大都市に魅力を感じる傾向にある[52]。要因は後述するジェイコブズの唱える「多様性」であろう。地方が「多様性」を実現できなければ，地方からの若年層の流出を止めることは容易ではない。東京集中を推進する方が経済理論上は望ましいとされ[53]，むしろ，東京・東京圏のさまざまな問題を解決し，集中・集積のメリットをさらに高めていくことも求められよう。

いずれにしても，東京は流入を拒むことはできず，地方が流出を止めなければならない。特に女性の流出である。

中山間地や離島等，地方中枢拠点都市から相当距離がある市町村・条件不利地域の自主財源は概ね１割程度であり，都道府県が補完するには限界があるとの指摘通り，公共施設・土木インフラの維持・更新の財政負担はできない。

首都直下地震の被害を縮小するためには，東京一極集中を避け，また，政府予算を東京の公共インフラ対策に振り分ける必要がある。多層的集中化とコンパクトシティを進め，自治体のネットワーク化と集約化によって，地方は維持される。

3-6　広域連携

第30次地方制度調査会「大都市圏制度の改革及び基礎自治体の行政サービス提供体制に関する答申」（平成25・2013年６月25日）は，地方圏の新たな広域連携の在り方を示した。

第31次地方制度調査会「人口減少社会に的確に対応する地方行政体制及びガバナンスのあり方に関する答申」（平成28・2016年３月16日）は，中山間地や離島等の条件不利地域の厳しい状況を指摘し，市町村間の広域連携が困難な地域に対する都道府県の補完を１つの方策として有効としながらも，限界があるともしている。また，三大都市圏の基本的な認識の箇所であるが，公共施設の老朽化が述べられ，また「広域連携は自律的に調整されていくことが基本であるが，現状においては，三大都市圏において水平的・相互補完的，双務的に適切な役割分担に基づく広域連携が十分に進捗しているとは言いがたい」とある。

三大都市圏に限られたことではないであろう。

改正地方自治法が平成26（2014）年５月に公布され，大都市制度改革とともに，広域連携を一層推進するための「連携協約」と「事務の代替執行」の制度が創設された。地方中枢拠点都市圏は「連携中枢都市圏」となり，連携中枢都市圏の意義は「地域において，相当の規模と中核性を備える圏域において市町村が連携し，コンパクト化とネットワーク化により，人口減少・少子高齢化においても一定の圏域人口を有し活力ある社会経済を維持するための拠点を形成」することにあるとされる[54]。平成30（2018）年４月１日現在で，宣言連携中枢都市は30市，連携中枢都市圏は28圏域，圏域を構成する市町村数は253市町村となっている。

まち・ひと・しごと創生総合戦略においても連携中枢都市圏と「地域連携による経済・生活圏」の形成が記されている。先行的モデルとしては盛岡市，姫路市，倉敷市，広島市，福山市，下関市，北九州市，熊本市，宮崎市の９圏域での取組みが推進されている。

地方創生では，石川県と福井県が繊維企業の連携開発・販路開拓に取り組む。また，鳥取県と島根県の中海・宍道湖・大山圏域市長会（松江市，出雲市，安来市，米子市，境港市，大山圏域）が県境を越えた広域連携による地方版総合戦略を策定している。

地方圏への人口定住を促進する政策として，「定住自立圏構想」があり，平成30（2018）年４月１日現在，宣言中心市は134市，定住自立圏は121圏域，ビジョン策定中心市が118市となっている[55]。

このように広域連携が推進されている一方，すでにふれたように課題も指摘され，広域連携・広域調整がなされない事例もある。

広域連携の新たな観点として，総務省の「自治体戦略2040構想研究会」が第二次報告を公表し，新たな自治体行政の基本的な考え方として圏域マネジメントと二層制の柔軟化をあげている[56]。これは個々の市町村が行政のフルセット主義から脱却し圏域単位での行政をスタンダードにし，また，都道府県と市町村の二層化を柔軟にし，核となる都市がない地域では都道府県が市町村の補完・支援に本格的に乗り出すことが必要とするものである。基礎自治体の機能と事業を根本的に考え直す構想であり，その是非について議論がなされようが，人口減少と厳しい財政状況にあっては自治体行政の改革の方途となる。自治体行政のみならず，さらに，道州制にも踏み込まなければ，国・都道府県・市町村の三層制の問題は解決されない。

3-7 農山村等

大野晃氏が65歳以上の高齢者が人口の過半数を占める「限界集落」の概念を提示して以来，人口減少の深刻な過疎地域のあり方が議論されてきている。限界集落に対する否定的なイメージから住民の反発もあり，今日では政府は「基礎的条件の厳しい集落」や「維持が困難な集落」等と表現しているが，事態は変わってはいない。国土交通省と総務省による平成27（2015）年度の「過疎地域等条件不利地域における集落の現況把握調査」によれば，平成22（2010）年度調査時から人口が減少した集落が約８割を占め，世帯数が減少した集落は約５割を占めている[57]。

一方，平成22（2010）年頃より「田園回帰」とも呼ばれる潮流が過疎地域に生まれ，過疎地域の集落の約４割，山間地や行き止まりにある集落にも約３割の転入者があるとされる[58]。農山村や離島への移住が増えた事例が知られるようになった。地域起こしと人口の社会増に向けての大きな課題として仕事，住居，子育てがあげられる。

徳島県神山町はアートとITで町起こしを行い，若者の移住が増えた。鳥取県智頭町は林業等で活性化を図り，森のようちえんで知られる。鳥取県八頭町は大江ノ郷自然牧場の「天美卵」とパンケーキ，地元食材によるレストランが話題となり，また，町は「八頭イノベーションバレー」構想を掲げ，閉校した隼小学校の校舎を活用しIT企業やデザイン関連等のサテライトオフィスや本社移転を誘致し，また地域活動の拠点として利用するプロジェクトを進めている。

離島としては，長崎県海士町が第３セクターによる漁業や観光の振興，島留学で地方創生の成功事例と評価されている。

農山村・中山間地域や離島等の過疎地域と集落は，自然環境や国土の保全などの機能を担うとされる。人口を維持し，地域を活性化させるため地方自治体は多様に取り組み，国の政策が実施されている。しかし，自然が豊かで，子育て支援に補助金を支出するだけでは，移住者は増えない。地域間の競争に勝つには，地域独自の創意工夫が欠かせない。老朽化したインフラの更新問題もあり，厳しい地方財政を好転させることはできない。「自治体戦略2040構想研究会」が提言するよう，各自治体と地域の取組みとともに，自治体と地域の構造をより根本的にとらえ直すことも必要になっている。

4　地域・都市再生の諸手法

4-1　サステナブルな都市

サステナブル・ディベロップメント（sustainable development）は，「将来の世代の人々が自らのニーズを満たす能力を危険にさらすことなく，現状のニーズを満たす発展」と説かれる[59]。サステナビリティ（sustainability）とは，地球資源，環境問題に限らず，健康や社会が維持され，持続されることを意味する。

都市と地域の発展にとってもサステナビリティが要件となる。リチャード・ロジャースとフィリップ・グラムチジャンは，サステナブルな都市の側面として，公正な都市，美しき都市，創造的な都市，エコロジカルな都市，ふれあいの都市，コンパクトで多核的な都市，多様な都市をあげ，「サステナブルな都市という考え方は，経済的，物理的な目的と同様に，私たちの都市が，私たちの社会的，環境的，政治的そして文化的な目的にも適合する必要があるという認識に基づいている」と唱えている[60]。サステナブルな都市は経済的に成り立ち，物理的に維持されるとともに，社会，環境，政治，文化においても適合することが求められている。これらの側面のいずれかが欠けても，都市・地域は持続できない。

サステナブルな都市・地域は，コンパクトシティである。コンパクトシティが望ましく，早急に実現すべき理由の第１は，高齢化が進み車社会から高齢者が車を運転できない社会となり，中心市街地や公共交通の結節点に居住すれば生活の利便性が高まるということである。第２は，道路・橋りょうや上下水道等のインフラの老朽化である。更新費用と維持管理費は厳しい財政状況で賄えず，もはやこれらネットワークを維持できない。中山間地域等に集落や住居がある場合，その世帯のためのインフラ維持のための費用がかかる。中心市街地への移転が必須であろう。第3が，中心市街地の活性化，商業・サービス業等の賑わいである。人口の中心市街地への集中によって，経済が活性化し，文化や芸術の機会もより活発になる。

日本でも立地適正化計画が推進され，富山市が先進的な取組みをしている。

4-2 ジェイン・ジェイコブズ

地域活性化や都市問題が盛んに論じられるようになって，ジェイン・ジェイコブズがあらためて注目されている[61]。ジェイコブズは深い洞察によって，都市，経済，倫理や環境等に対して，幅広く論じ，その代表的著作『発展する地域　衰退する地域　地域が自立するための経済学』で，「かつては輸入していた財を，自力でつくる財で置換することによって，都市がいかに成長し経済的に多様化するかについて」論じ[62]，経済の自立こそが地域を発展させると説いている。貿易でいう輸入は，国内経済においては地域外からの購入に言い換えられる。自立する経済に反するのは，「自力で経済的変化を創造せず遠方の都市で生じた力に対応するだけの経済」で「受動的経済」とよんでいる[63]。

地域経済のための輸入置換（import-replacing）または輸入代替（import-substitution）は，イノベーションによる。置換し代替する財とサービスが存在しなければ，イノベーションによって創造するしかない。ジェイコブズは生産財とサービスのイノベーションには「臨機応変の改良を意味するインプロビゼーション（improvisation）」を必要とするという。

輸入置換・輸入代替とは地域が他地域から購入していたものを地域で賄える他のものへ置き換えその代替とするということである。つまり，地域で生産できるものは生産して消費するという地産地消に相当する。地産地消からさらには他地域へ販売するという，いわば稼ぐ地域経済をも意味している。新たに生産するには，イノベーションか臨機応変な改良が必要となる。この輸入を置換する都市はジェイコブズが指摘するように，数多くの生産財やサービスを置換し，置換によって，経済が多様化し拡大する。関連する財やサービスを置換するだけではなく，置換へのマインドが他の財やサービスの置換をも促すことになる。

E・F・シューマッハーはスモールの思想と中間技術の意義を説いた名著『スモール　イズ　ビューティフル　人間中心の経済学』で，地域主義と縮小都市に言及し，小さなことのすばらしさを論じている[64]。地域主義をふまえた小さな都市はコンパクトシティにほかならないが，「仕事の機会がないと，都市部への人口の流入は，止めることはおろか，減らすことさえおぼつかない」としている[65]。政策的に都市を縮小させコンパクトシティを形成し，移住を促そうにも，仕事がなければ都市部からの転入は図れない。雇用の場があってはじめて，豊かな自然での暮らしや子育てが可能になる。

ジェイコブズの唱える輸入置換・輸入代替とは，そのような意味で地域の産業を振興させることになる。

4-3　経済の自立

産業振興によって雇用を増やすには，労働集約的なサービス業が有効であり，医療・福祉等のサービス業分野が有望であるが，人口集積の度合いに左右される。

製造業は自動車メーカーなどにみるように，集積のメリットが大きく，豊田市のようにいわゆる企業城下町を形成する。近年，北関東自動車道，新名神高速道路などの交通インフラの整備が進んだルートに，集中よりも分散化して工場や物流倉庫の立地が進んでいる。北陸新幹線の開通で，東京から富山県や福井県へ本社や事務・研究部門等を移転させる動きがみられる。新たに整備された交通インフラのルートに位置する自治体は，その恩恵を受けることができる。そのような外生的な要因がない自治体は，農業の六次産業，地産地消，地域外への販売による産業振興に取り組まなければならない。その際，地域内の古くからある製造業や技術を見直し，内発的発展に結びつけることが考えられる。水俣市はRESASに先立ち，産業連関・地域経済循環分析によって，産業振興の戦略を策定している。

兵庫県朝来市，愛媛県松山市，愛媛県新居浜市なども産業連関表を作成し，地域経済を循環させる取組みを始めている[66]。

イノベーションとは，シュンペーターの唱えた「新結合」にその概念が始まるように[67]，技術革新をいうのではない。サイエンティフィック・アイデアやテクノロジーに限らず，ビジネス・イノベーションも新しい産業・経済を起こす。スティーブ・ジョブズが強調した「点と点を結びつける（connect the dots)」であり[68]，六次産業化もイノベーションにほかならない。

ジェイコブズは「発展とは，自前でやる（do it yourself）過程である」という一方，「発展のための借款，交付金，補助金によってできることとできないことの区別を理解することが，重要になる。これらのものは，うまく利用すれば，すみやかに必要な変化をもたらし，すぐに現実的な改善を生み出すことができる。しかし，そこで期待できるのは，借款，交付金，補助金を使うということだけである」[69]と「衰退の取引」に異議を唱える。内発的発展はジェイコブズのいう自生的秩序と自発的な協働によって可能となり，重要なのはよいコミュニケーションとやる気である[70]。

国からの補助金ありきでは，自立的な地域活性化にはなりえない。地方交付税制度も地方の行財政改革を実効性あるものにしない。基準財政需要とはいかなることなのか，国と地方のあり方，道州制も合わせ根本的再検討を要するであろう。

4-4 資金の地域循環

輸入置換，財政とサービスの地産地消において，金融の果たす役割は極めて大きい。金融の形態は融資と投資・出資であるが，融資は金利，投資・出資は配当で利益が還元される。地域の事業において，地域の企業が担い手となれば，地域の企業の利益となる。地域金融機関がその事業・地域企業に融資すれば，地域住民からの預金が投入され，その金利は預金者と地域金融機関の利益となる。投資・出資に関しては，市民ファンド，特に地域住民による投資・出資となれば，その配当は地域住民の利益となる。

地域のための事業の資金が，地域で賄われれば，資金が循環する。資金を地域で動かすことができれば，資金の波及効果も地域で得られる。地域住民による投資・出資は，地域住民の地域発展への貢献への意志でもある。ジェイコブズは資金が動けば都市も動くといい[71]，セルジュ・ラトゥーシュは再ローカリゼーションを説くなかで「地域で集められた預金の融資を受ける地元企業を通じて住民のニーズを満たす生産物を域内で生産することである」と述べている[72]。

今後は，ブロックチェーンによる地域通貨も普及するであろう。

4-5 差別化

マイケル・Ｅ・ポーターの競争戦略論によると，「競争の基礎は独自の活動」で，その本質は「差別化」である。そして，戦略的ポジショニングとして，製品種類ベースのポジショニング，ニーズベースのポジショニング，アクセスベースのポジショニングの３つをあげ，維持可能な戦略的ポジショニングの確立には，「トレードオフ」と「フィット」が重要とされる[73]。これらを，総合戦略に反映されているか，チェックすれば，戦略としての質を評価できる。

また，「戦略を導く明確で知的なフレームワーク」と「積極的に選択を行う意志を持った強力なリーダーシップ」が不可欠とされる。

地方版総合戦略の内容は従前の総合計画等でまとめられているケースも少なくなく，自治体によってはKPIなどで総合計画等との違いを示すのに腐心している様子もうかがえる。

地方版の人口ビジョンと総合戦略は，地方間の競争にほかならない。箱根に出かける観光客は，日光を選択しなかったのかもしれない。北海道へ出かける観光客は，九州を選択しなかったのかもしれない。Ｕターン・Ｉターンの移住も遠方の自治体あるいは隣接する自治体との間で選択される。差別化を本質とする戦略が問われている。

4-6 マーケティング

地域の埋もれた資源はマーケティングによって，地域経済と観光に資する商品やサービスとなる。マーケティングとは，社会的課題と顧客・消費者のニーズをとらえ，シーズにさらに付加価値を加え，社会からの要請と期待に応え，市場を創造する一連の活動である。

マーケティングは顧客・消費者志向で，さらには社会を志向する価値創造活動であり，宣伝や販促はマーケティングのプロセスの一部に過ぎない。ピーター・Ｆ・ドラッカーは，マーケティングとは営業，販売活動を不要にすることで，いわば自然に売れてしまう状態をつくることだと説いている。

ブランドとは金銭や数値では表されない認知され確立されたイメージであり，ブランディングとはブランドへ育て維持管理する競争優位のための取組みである。

マーチャンダイジングは顧客・消費者に応える商品の販売であり，価格や数量や販売のタイミングが課題となる。商品の提供という側面に限らず，商品の開発でもあり，最近では小売業だけではなく，製造業においても取り上げられるようになった企業活動である。

マーケティング，ブランディング，マーチャンダイジングは地域活性化の有効な手法であり，さまざまな取組みが見られるようになった。

一方，マーケティングを地域・商品の実力以上にやり過ぎる弊害も見受けられる。厚化粧で地域・商品をよく見せ一見さんに提供するのではなく，リピーターに耐えられる地域・商品の本質を伝える活動が問われている。

4-7 経営

経営は理論と実務においてさまざまに議論されるが，事業目的，継続性，計画，決定，実行，管理，組織といった要素で構成される。企業，会社では営利が目的となるが，非営利組織も経営を行う。英米では企業経営をbusiness administration というのに対し，行政はpublic administrationと呼ばれるよう同じく経営とされる。また，New Public Management という考え方が普及し，公民連携が推進されるようになった。行政にあっては，入りと出（歳入・予算と歳出・決算）をチェックするだけの運営から，効果と効率を図り，最小のコストで最高の行政サービス水準を実現する経営が求められるようになった。PPP/PFIで用いられるVFM（Value for Money）も経営の指標といえる。

松下幸之助は政治も経営と唱えた。企業であれ，政治・行政であれ，その経営に共通する最も重要なものは，責任である。ドラッカーは経営の本質とは責任にほかならないという。そして，経営とはたんに「私的な職能」ではなく，「社会的な職能」と強調している[74]。

責任とは後述する社会的責任で述べるように，対応する（response）ことで，社会からの要請や期待に応えることである。マックス・ヴェーバーは『職業としての政治』において政治家の重要な３つの資質として，情熱，責任感，判断力をあげている。これらの資質は政治家のみならず，広くリーダーに必要な資質といえる。ウェーバーはまた政治家にとって大切なのは将来と将来に対する責任といい，心情倫理に対比して，（予見しうる）結果の責任を負うべきだとする責任倫理を説いている[75]。

経営とは持続可能性に対する責任であると，要約できる。

4-8 多様性

現代の社会経済における大きなテーマは多様性である。企業・組織での人材活用では，ダイバーシティ（Diversity）がワーク・ライフ・バランスとともにCSRの主要な施策となっている。ダイバーシティはDiversity and Inclusionと用いられるように，多様性とその包摂の重要性を示唆する。

地域の発展においても，多様性が重視される。ジェイコブズは多様性の自滅が都市を衰退させるとし，「都市は多様性の，天然の経済的発生装置であり，新事業体の天然の経済的育成装置だとさえ言えますが，だからといって都市が存在するだけで自動的に多様性を生み出すということではありません」といい[76]，多様性の生み出す４条件を次のようにあげている[77]。

1．その地区や，その内部のできるだけ多くの部分が，２つ以上の主要機能を果たさなくてはなりません。（略）
2．ほとんどの街区は短くないといけません。（略）
3．地区は，古さや条件が異なる各種の建物を混在させなくてはなりません。（略）
4．十分な密度で人がいなくてはなりません。（略）

ジェイコブズはさらに都市の多様性における公共建築物の意義を説いている。

4-9 ソーシャル・キャピタル

地域の発展と都市の再生には，経済的側面とともに社会的側面があり，経済的統合と社会的統合が課題となる。リチャード・ロジャースとフィリップ・グラムチジャンは「コンパクト・シティは，密度のある社会的な多様性をもった都市であり，そこでは経済的・社会的活動が重なり合い，近隣界隈のまわりにコミュニティの焦点ができる。」とし[78]，リチャード・ロジャースとアン・パワーは「土地，環境，よい運営，経済の発展，公共交通と社会的統合。これらが都市を再び機能させるための解答である。」といい[79]，コンパクトシティとは，都市のネイバーフッドを再生する試みでもあると説いている。「ネイバーフッド」とはリチャード・ロジャースが重視する要素で，「近隣界隈」と訳されるが，コミュニティにおける人間関係や社会的なつながりを意味するものである。

物理的な都市環境，経済の仕組み，社会の枠組みがそろってはじめて，地域は発展し都市は再生する。リチャード・フロリダも同様に，経済学的要因と社会学的要因をあげている[80]。

社会的統合と社会の枠組みを検討するにあたっては，ソーシャル・キャピタルの理論を援用できる。ソーシャル・キャピタルは特にロバート・パットナムが唱えたことで知られ[81]，一般的には社会的ネットワークとされる。ソーシャル・キャピタルは多義的であり，多面的であり，その概念や指標が論じられる中で，OECDがウェルビーイング（幸福度）を測定する観点から，そのリソース（又はキャピタル・ストック）はナチュラル・キャピタル，ヒューマン・キャピタル，エコノミック・キャピタルの側面を含むとし，ソーシャル・キャピタルを取り上げている[82]。

地域のサステナビリティは地域が経済的な目的とともに社会的，文化的な目的に適合することで実現される。経済のほか文化芸術，そしてスポーツが地域密着型で盛んになれば，ソーシャル・キャピタルがより充実したものになる。

4-10 日本の幸福度

OECD「より良い暮らし指標（Your Better Life Index）」は，住宅，収入，雇用，共同体，教育，環境，ガバナンス，医療，生活満足度，安全，仕事と生活の両立という11の分野で豊かさを比較することができるようになっている。『地域別幸福度白書』では，政策決定のための地域・地方幸福度測定の共通枠組みとして，人々の物理的な生活条件（所得，雇用，住宅）と生活の質（健康，教育，環境，安全性，サービスの利用しやすさ，市民参加）を形成する９つの側面をあげ，これらの側面による幸福成果のバランス向上は地域の強靭性を高める一助になり得るとしている。ソーシャル・キャピタルは経済発展と環境問題の克服に貢献する。

2017年版の日本の幸福度は，雇用は安定しているものの，仕事のストレスは高く，平均所得も家計の調整済み可処分所得平均もOECD平均を下回っている。平均寿命はOECD諸国中最高であるが，自分の健康状態の認識を良好または非常に良好とする人口の割合はOECD平均の約半分となっている。成人の技能と15歳の学生の認識能力はOECD諸国中最高水準にあるが，投票率と政府への発言権があると感じる成人の比率はOECD諸国中下位３分の１に入る。生活に対する満足感である主観的幸福はこの10年間で10段階評価で平均6.4から5.9に低下している。

4-11　ポラニーの大転換

経済と社会を分けて論じることへの批判もある。カール・ポラニーは『大転換』において，市場経済の自己調節的メカニズムの限界を示し，市場は広義の経済の一部であり，経済はより広い社会の一部であるとし，経済と社会の一体性を説いた。ポラニーは「市場経済は，労働，土地，貨幣を含めたすべての生産のための要素を包摂しなければならない（市場経済においては，貨幣もまた生産活動の必須の要素であり，その市場メカニズムへの包摂は，これから見るように広範な制度的帰結をもたらす）。しかし，労働は，いかなる社会においてもそれを構成する人間存在それ自体であり，また，土地は，社会がその中に存在する自然的環境そのものにほかならない。労働と土地を市場メカニズムに包摂することは，社会の実体そのものを市場の法則に従属させることを意味するのである」といい[83]，また，「生産は人間と自然の相互作用である。もしもこの過程が交易と交換の自己調整的メカニズムによって組織されるべきであるとしたら，人間と自然は，交換メカニズムの支配下におかれなければならない。つまり，人間と自然は供給と需要に従わねばならず，これら２つは売るために生産された財と同様の商品として扱われなければならないのである」という[84]。

ジョセフ・スティグリッツが同書の序文で，この古典的著作が直接現代の諸問題を論じているかのように感じられるといい，社会的関係の重要性が次第に認識され，今では，われわれは社会的関係資本（social capital）について論ずるようになっていると述べているように，ポラニーの思想と警鐘はさらに深められ，受け継がれている。

宇沢弘文は社会的共通資本を説き，自動車の社会的費用を明らかにしたようにその定式化に試み，地域文化の維持における社会的共通資本の果たす役割を重視した。

一方，ローンでのアパート経営が流行り，仮想通貨が投資の対象になるなど，土地と貨幣はますますその商品性を高めている。人間は商品ではないが，労働力としていわば取引によって雇用され，その技能と生産性によって評価される。市場経済はなお拡大している。

しかし，企業・組織と個人の倫理と社会的責任が問われるようになり，社会，経済，環境の課題に対する処方箋も総合的に実行されるようになった。

4-12　企業の社会的責任

組織の社会的責任に関する国際規格ISO26000が平成22（2010）年11月に発行した。企業に限らない組織の社会的責任の定義において「健康及び社会の繁栄を含む持続可能な発展に貢献する」，「ステークホルダーの期待に配慮する」ことなどが示されている。社会的責任の中核課題として組織統治，人権，労働慣行，環境，公正な事業慣行，消費者課題，コミュニティへの参画及びコミュニティの発展の７つがあげられている。企業はステークホルダーエンゲージメントに基づき，コミュニティへの参画とコミュニティの発展に貢献しなければならない。ISO26000 のdevelopment は開発ではなく，発展と訳されている[85]。

4-13　大学の役割

大学は地域の知的インフラであり，人材の育成，技術開発，産学連携の拠点となっている。しかし，少子化で学生数が減少し，健全な経営で研究成果を上げ，地域で存続していくことが難しくなってきている。大学は自ら差別化を図るとともに，地域全体が大学の意義を認め発展させていくことが求められる。

文部科学省は地方圏から東京圏への転入超過は大学入学時と大学卒業・就職時の若い世代に集中しているとし，地方の大学への支援を行っている。地（知）

の拠点大学による地方創生推進事業は，地方の大学群と地域の自治体・企業やNPO/民間団体等が協働し，地域産業を自ら生み出す人材を育成し，若年層人口の東京一極集中の解消を目指すものである。

従来の地（知）の拠点整備事業（大学COC事業，COC：Center of Community）の要件に，自治体の教育振興基本計画と計画における地方大学の役割の記載，地域の複数大学・中小企業・ベンチャー企業・NPO等との連携が追加されている。成果を事業協働地域における雇用創出と事業協働地域への就職率向上としている。

地方が取り組むべき対策の方向性が「より多くの地方の若者が，地方大学等へ進学」，「地方大学等を卒業したより多くの若者が，就職時に地元企業等を選択」，「都市部の大学等に進学した若者も，就職時に地方へ還流」と示され，地方公共団体と地元産業界の協力による学生の奨学金返還を支援するための基金の造成及び地方公共団体と地方大学の連携（ともに特別交付税措置がなされる）が図られる。平成27（2015）年度は42件が選定されている。

地方大学は地域経済の活性化，研究開発，人材供給等の面で期待されており，自治体等との包括連携協定提携も進んでいる。

一方，地方の私立大学については，少子化が進み経営が厳しくなり，自治体が財政負担をして公立化に踏み切る動きがある。若者が残り，地元への経済波及効果が見込めるためであるが，大学の運営費の一部が国から地方交付税交付金として配分されるので，公立化が可能となる。国の財政再建が問われている中，地方の私立大学に限らず，教育と研究水準から真に残すべき大学のあり方が課題となろう。

文部科学省は平成29（2017）年6月9日に閣議決定された「まち・ひと・しごと創生基本方針2017」において，「大学生の集中が進み続ける東京23区においては，大学の定員増を認めないことを原則とする」，「本年度から，直ちに，こうした趣旨を踏まえた対応を行う」とされたことを踏まえ，平成29（2017）年9月29日に東京23区の大学と短大の定員増加を一部の例外を除き認めないことを告示した[86]。

この告示に対して，日本私立大学連盟は，「学問の自由や教育を受ける権利に対する重大な制約となり得る」とし，「謙抑的な内容であり，かつ，短期間の一時的な措置とすべきである」との意見を提示している[87]。

東京都の小池百合子知事は「大学の定員増を抑制することと，地方創生を推進することは別の問題であり」，若者の地方定着には「東京23区の大学の定員の抑制を行っても，効果が得られない可能性が高く，ましてこの規制は，学問の自由や教育を受ける権利の制約となりかねない由々しきもの」と反対を表明している[88]。

4-14 医療

地域医療構想が都道府県ごとに策定され，地域においては今後さらに医療需要を推計し，特に二次医療圏の医療機関と医療機能の計画を立てていくことになっている[89]。

リチャード・フロリダが「教育と医療部門といった部門への極端な集中は，地域経済にとって究極的には好ましいことではない。多くの雇用と良質のサービス提供が確保できる反面，地域所得の増加は微々たるものしか期待できない」[90]と述べるように，教育と医療は地域経済において雇用の場を提供する一方，地域外からの収入を期待できない。

医療は社会保障制度と国の医療・福祉政策に大きく依存するので，地域が独自に構想し実施するには制約がある一方，住民の健康と生命は地域の最も大切なものであり，地域にはその責任が問われている。

長野県あるいは佐久市のように，食生活改善や地域医療への取組みによっては，健康長寿が実現でき，医療費・後期高齢者医療費が削減できる[91]。

4-15 PPP/PFI

公共のあり方をとらえ直し，地域の課題を解決し行政を改革する考え方と手法として，PPP/PFIが推進されている。PPP/PFIは行政コストを削減し，行政サービス水準を向上させる手法であり，民間企業の事業機会も増え，地域経済を発展させる。一方，日本では歴史的に公共は官が担うものとされ，欧米に遅れ，今なおPPP/PFIではなく行政主体の公共事業を選択することも少なくない。

公については，ハンナ・アーレントが『全体主義の起源』と並ぶ主要著作とされる『人間の条件』で，「公的領域」（the public realm）と「私的領域」（the private realm）の概念を区別した貢献が大きい。アーレントによれば，公的領域は「活動」と「言論」による自由な場であり，私的領域は「労働」に支配される。そして，「私的でもなく公的なものでもない社会的領域の出現は比較的新しい現象であって，その起源は近代の出現と時を同じくし，その政治形態は国民国家に見られる」という。また，活動と言論がともに成り立つ基本的条件に，「多種多様な人々がいるという人間の多数性」をあげている[92]。

公共は市民と民間企業が主体で，行政は市民と民間企業の代理人であり，PPP/PFIを多種多様に実現することが望まれる。

4-16 民主主義の経済理論

現代の民主主義は間接民主主義で代議制を形態とする。国民は投票により政治家（国会議員・地方議員・首長）を選び，政治家は選挙民の負託を得て，政策をつくり，実行する。政治家は「落選すれば，ただの人」で，選挙で当選しなければ，政治家になれない。政党は第１党にならなければ，過半数の議席を得なければ，政権につけない。

代議制民主主義における政党の行動原理を経済学的に論じたのが，アンソニー・ダウンズであり，『民主主義の経済理論』を著した[93]。ダウンズは政党（政府・政治家）を合理的行動主体と仮説し，党員は「政権を握ることにより生ずる所得，名声，権力を獲得するためにだけ行動する」とし，政党は「票を失うことの最も少ないような資金調達行動によって，最大の得票が得られるような支出行動をとる」という。政治的支持を最大化しようと，得票を最大化しようとする。

市民の投票行動も合理的市民仮説に基づき，政府活動からの効用所得を最大化しようと，政党を比較する。

志があって，社会全体の最善のために行動する政治家もいる。しかし，議席を得なければ，政策を実現できない。そこで，候補者は得票を最大化するため，有権者に最も支持される公約を掲げる。いずれの候補者・政党も国民・市民に負担増となる公約は示さず，公共の事業・支出によって利益供与を図り，得票の最大化に努める。増税に慎重になり，利益集団を形成しない給与所得者の負担を重くし，財政ファイナンスで支出を増加させる。歳出の削減はなされず，財政は再建されない。

政治家も有権者も地域の利害だけを考えるのではなく，広く日本の財政と次世代負担の軽減を念頭に，責任ある行動をしなければならない。

4-17 貧困地域の成長

R.J.バロー/X.サラ-イ-マーティンによれば，「貧しい地域は裕福な地域よりも１人当たりで急速に成長する傾向がある」とされる[94]。貧しい地域は裕福な地域よりも成長へのいわばのり代が大きく，発展途上国はいったん成長軌道に乗ると，先進国よりも急速に成長することが理解できる。１国内で考えると，１人当たりの所得が平均よりも少ない地域の地方が，大都市よりも成長する傾向にあると置き換えられ，そこで，大都市圏よりも地方に公共投資を行う方が合理的であるとする考え方が成り立つ。さらには地方の財源を地方交付税で補填し，住民１人当たりの一般財源額を増加させる主張にも及ぶであろう。

一方，移住については「純移住率は１人当たりの産出量あるいは所得の初期水準に対してプラスに反応することが示される」としつつも，「移住は収束性の議論で僅かな役割しか果たしていない」としている。移住は地域の経済にプラスにはなるが，それほどには経済を成長させないということになる。

4-18 移動費用下落の効果

空間経済の分析の視点から，単位当たりの移動費用の下落はストロー効果から，市場の集中度と総余剰の両方を高め，経済全体の効率性に有益な効果を持つ。しかし，すべての地域の発展は意味せず，一部の地域の発展と一部の地域の衰退をもたらし，移動費用の下落は「国土の均衡ある発展」という政策には有益ではないともされる[95]。

EU（欧州連合）が誕生し，欧州共通通貨ユーロが導入され，ドイツなどは発展し，スペインやギリシャは衰退した。日本全体の地方創生は，経済の効率性とは対立する。新幹線や高速道路が整備されると，恩恵に与る地域は発展するが，そうではない地域は衰退し，衰退する地域は結局は補助金や交付税で維持されることになる。衰退が避けられない地域，あるいは消滅可能性地域について維持しようとすると，経済の効率性とは対立し，従来通りに補助金や交付税を支出していれば財政は再建できない。財政が再建できなければ，日本全体が衰退する。防災のための分散を図りつつも，市場の集中度を高め，道州制やコンパクトシティを推進する施策が喫緊の課題となっている。

4-19 費用対効果

地域活性化への投資は，常にその効果を検証しなければならない。効果が投資以上に認められなければ，政策を実施し，財政支出をする意義はない。総合戦略の策定及び実行の後には，コスト・ベネフィットあるいはコスト・アウトカム分析が必要となる。企業経営の指標の１つであるROI（Return on Investment，投資収益率／投下資本利益率／投資回収率）に相当する。移住・経済振興等の支援・補助金等のコストに見合った人口の社会増と自然増，地域経済の発展と経済波及効果，税収増などこれらKPIが達成されれば，便益が得られ効果があったとなる。コストの明確化，成果の定量的・定性的な把握，戦略の適宜の見直しが欠かせない。

経済成長は不確実性の問題であり，財政破綻はリスクとして懸念される。ジェイコブズの唱えるように，「自前でやる」気概と政策，何よりも民間の企業家活動が求められる。

〈注〉

1　財務省「日本の財政関係資料」平成30年３月
https://www.mof.go.jp/budget/fiscal_condition/related_data/201803.html

2　日本銀行調査統計局「2018年第１四半期の資金循環」（速報）2018年６月27日
www.boj.or.jp/statistics/sj/sjexp.pdf

3　財務省「国債の海外IR等について」平成30年６月15日
https://www.mof.go.jp/about_mof/councils/gov_debt_management/proceedings/material/d20180615-3.pdf

4　日本銀行調査統計局「2018年第１四半期の資金循環」（速報）2018年６月27日公表

5　財務省「平成28年度　国の財務書類」平成30年３月
https://www.mof.go.jp/budget/report/public_finance_fact_sheet/fy2016/national/index.html

6　平成28年度「国の財務書類」のポイントで詳述され（p18），公共用財産の資産計上額は過去の用地費や事業費を累計することにより取得原価を推計した価額から減価償却相当額を控除する方法などによって算出されており，現金による回収可能額を表すものではないとされる。
http://www.mof.go.jp/budget/report/public_finance_fact_sheet/fy2015/national/index.html

7　根本祐二「社会資本老朽化に伴う更新投資財源不足問題とPFI/PPPの活用の提案」内閣府PFI委員会資料

8　福島第一原発の事故処理費用は当初11兆円と試算されたが，2016年12月の政府再試算では22兆円とされるも，2017年３月の日本経済研究センターの独自試算では50兆円から70兆円とされる。国費を投じざるを得ないといわれている。

9　OECDエコノミック・アウトルック100号の概要（内閣府作成・仮訳）平成28年11月28日
http://www5.cao.go.jp/keizai1/kokusai-keizai/oecd.html

10　2017年OECD対日経済審査報告書（４月13日公表）について，平成29年４月13日内閣府国際経済担当
http://www5.cao.go.jp/keizai1/kokusai-keizai/oecd.html

11　OECDエコノミック・アウトルック102号の概要（内閣府作成・仮訳）
http://www5.cao.go.jp/keizai1/kokusai-keizai/oecd.html

12　IMF「2017年対日４条協議終了にあたっての声明」2017年６月19日
http://www.imf.org/ja/News/Articles/2017/06/19/MS061917-Japan-Staff-Concluding-Statement-of-2017-Article-IV-Mission

13　「政策の不確実性は日本経済の逆風に」（イリフ・C・アルバトリ，スティーブン・J・デービス，伊藤新）2017年５月30日
http://www.imf.org/external/ns/loe/cs.aspx?id=104

14　内閣府「中長期の経済財政に関する試算」（平成31年１月30日経済財政諮問会議提出）
http://www5.cao.go.jp/keizai-shimon/kaigi/minutes/2019/0130/agenda.html

15　財務省「平成30年度予算の後年度歳出・歳入への影響試算」平成30年１月
http://www.mof.go.jp/budget/topics/outlook/index.htm

16　IMF「世界経済見通し」2018年７月
https://www.imf.org/ja/Publications/WEO/Issues/2018/07/02/world-economic-outlook-update-july-2018

17　土居丈朗「財政健全化目標を債務残高対GDP比に代えてもぬか喜び」東京財団政策研究所 税・社会保障調査会，2017年５月10日

https://tax.tkfd.or.jp/?post_type=article&p=362&_ga=2.237483395.2036717478.1499226069-319859767.1499226069

18　森信茂樹「連載コラム「税の交差点」第17回：新たな財政目標と財政ポピュリズム」東京財団政策研究所 税・社会保障調査会，2017年6月5日
https://tax.tkfd.or.jp/?post_type=article&p=430&_ga=2.48117924.2036717478.1499226069-319859767.1499226069

19　平成30年第3回経済財政諮問会議資料
http://www5.cao.go.jp/keizai-shimon/kaigi/minutes/2018/0329/agenda.html

20　財務省「平成29年度一般会計補正予算」
https://www.mof.go.jp/budget/budger_workflow/budget/fy2017/hosei1222.htm
財務省「平成29年度補正予算（第1号及び特第1号）等の説明」
https://www.mof.go.jp/budget/budger_workflow/budget/fy2017/sy301222b.htm

21　一般社団法人日本経済団体連合会「わが国財政の健全化に向けた基本的考え方」2018年4月17日
http://www.keidanren.or.jp/policy/2018/032.html

22　公益社団法人経済同友会「新たな財政健全化計画に関する提言～2045年度までの長期財政試算を踏まえて～」2018年5月15日
https://www.doyukai.or.jp/policyproposals/articles/2018/180515a.html
同「財政健全化に向けた取組みについて～長期財政試算を踏まえて～」2018年5月14日
www.mof.go.jp/about_mof/councils/.../01.pdf

23　J・A・シュンペーター『租税国家の危機』（岩波文庫）p48

24　総務省家計調査
http://www.stat.go.jp/data/kakei/sokuhou/tsuki/index.html

25　消費者物価指数　総務省統計局
http://www.stat.go.jp/data/cpi/sokuhou/tsuki/index-z.html

26　J・M・ケインズ『雇用，利子，お金の一般理論』山形浩生訳（講談社学術文庫）p167・p168

27　日本政策投資銀行「2018年度設備投資計画調査の概要」
https://www.dbj.jp/investigate/equip/national/detail.html

28　『ケインズ全集　第4巻　貨幣改革論』（東洋経済新報社）p66

29　小寺剛・出水友貴「物価水準の財政理論と政策に関する諸理論」ファイナンス2017.12がFTPLの概要とともに経済学者の見解を紹介している。
https://www.mof.go.jp/pri/research/special_report/f01_2017_12.pdf

30　佐藤主光「シムズの物価の財政理論（FTPL）と財政再建」東京財団政策研究所 税・

社会保障調査会
https://tax.tkfd.or.jp/?post_type=article&p=245
31　日本経済新聞（2018年８月14日）の清滝信宏氏の時論より引用。
32　総務省統計局「人口推計」（平成30年７月20日公表）
http://www.stat.go.jp/data/jinsui/new.html
33　国立社会保障・人口問題研究所「日本の将来推計人口」（平成29年推計）
http://www.ipss.go.jp/pp-zenkoku/j/zenkoku2017/pp_zenkoku2017.asp
34　総務省統計局「住民基本台帳人口移動報告　平成29年（2017年）結果」
http://www.stat.go.jp/data/idou/2017np/kihon/youyaku/index.htm
35　厚生労働省「平成29年（2017）人口動態統計の年間推計」（平成29年12月22日）
www.mhlw.go.jp/toukei/saikin/hw/jinkou/.../2017suikei.pdf
厚生労働省「平成28年度人口動態統計特殊報告「婚姻に関する統計」の概況（平成29年１月18日）
http://www.mhlw.go.jp/toukei/saikin/hw/jinkou/tokusyu/konin16/index.html
36　総務省統計局「日本の統計2017」第２章　人口・世帯の２-16「女性の年齢階級別出生数と出生率」
http://www.stat.go.jp/data/nihon/02.htm
37　『最新｜日本経済入門［第５版］』（日本評論社）
38　木内信蔵『地域概論－その理論と応用－』（東京大学出版会），水津一朗『地域の構造－行動空間の表層と深層』（大明堂），H・アームストロング・J.テイラー『地域経済学と地域政策』（流通経済大学出版会），宮本憲一・横田茂・中村剛治郎『地域経済学』（有斐閣ブックス）を参照。
39　東京都の総人口等のデータ等は「東京都の統計　人口の動き」を出所としている。
http://www.toukei.metro.tokyo.jp/jugoki/ju-index.htm
40　国土交通省「平成29年度首都圏整備に関する年次報告」（平成30年版首都圏白書）平成30年６月８日
http://www.mlit.go.jp/report/press/toshi03_hh_000035.html
41　東京都『「都市と地方の財政力格差是正論」への反論』平成25年11月１日
http://www.zaimu.metro.tokyo.jp/syukei1/zaisei/251101hanron.htm
東京都「共存共栄による日本全体の発展をめざして～地方税財政に関する東京都の主張～」平成27年９月15日
http://www.zaimu.metro.tokyo.jp/syukei1/zaisei/270915syutyou.htm
42　特別区長会「税源偏在是正議論についての特別区の主張（平成29年度版）」平成29年９月15日

http://www.tokyo23city-kuchokai.jp/katsudo/shucho.html
税源偏在是正議論についての特別区の主張「税源偏在是正措置に対する特別区緊急共同声明」平成30年２月16日
http://www.tokyo23city-kuchokai.jp/katsudo/shucho.html

43　東京都「地方法人課税の「偏在是正措置」に関する東京都の見解」平成30年11月15日及び（追補）平成30年11月21日
http://www.metro.tokyo.jp/tosei/hodohappyo/press/2018/11/15/14.html
http://www.metro.tokyo.jp/tosei/hodohappyo/press/2018/11/22/09.html

44　総務省「地方法人課税に関する検討会　報告書」平成30年11月20日
http://www.soumu.go.jp/main_sosiki/kenkyu/chihou_hojinzei/index.html

45　一般財団法人森記念財団都市戦略研究所「世界の都市総合力ランキング2017」
http://mori-m-foundation.or.jp/ius/gpci/index.shtml
Global Financial Centres Index 21（http://www.montrealinternational.com/wp-content/uploads/2017/03/gfci_21.pdf，2017年３月公表）では東京は５位など。

46　IMDウェブサイト
http://www.imd.org/wcc/world-competitiveness-center/

47　Swissre Mind The risk A global ranking of cities under threat from narural disasters
http://www.swissre.com/library/expertise-publication/Mind_the_risk_a_global_ranking_of_cities_under_threat_from_natural_disasters.html

48　国連大学「世界リスク報告書2016年版」
http://collections.unu.edu/view/UNU:5763

49　首都直下型地震等による東京の被害想定（平成24年４月18日公表）
南海トラフ巨大地震等による東京の被害想定（平成25年５月14日公表）
http://www.bousai.metro.tokyo.jp/taisaku/1000902/

50　土木学会「「国難」をもたらす巨大災害対策についての技術検討報告書」2018年６月７日
http://committees.jsce.or.jp/chair/node/21

51　日本経済研究センター「大都市研究会」報告（2015年７月）の第１章（総論）「老いる都市への対応を考える」
https://www.jcer.or.jp/report/research_paper/detail4909.html

52　総務省行政評価局『地域活性化に関する行政評価・監視結果報告書』

53　『経済セミナー』2016/６・７特集

54　総務省「連携中枢都市圏構想」

http://www.soumu.go.jp/main_sosiki/jichi_gyousei/renkeichusutoshiken/index.html

55 総務省「定住自立圏構想」
http://www.soumu.go.jp/main_sosiki/kenkyu/teizyu/

56 総務省「自治体戦略2040構想研究会　第二次報告」平成30年7月
http://www.soumu.go.jp/menu_news/s-news/01gyosei04_02000068.html

57 国土交通省・総務省「平成27年度過疎地域等条件不利地域における集落の現況把握調査報告書」平成28年3月
http://www.mlit.go.jp/kokudoseisaku/kokudokeikaku_tk3_000010.html

58 総務省「過疎地域等における集落対策のあり方についての提言」平成29年3月30日
http://www.soumu.go.jp/menu_news/s-news/01gyosei10_02000044.html

59 1987年国連「環境と開発に関する世界委員会」（ブルントラント委員会）報告書『Our Common Future（われら共有の未来）』

60 リチャード・ロジャース/フィリップ・グラムチジャン『都市　この小さな惑星の』（鹿島出版会）p167にサステナブルな都市の側面として「—公正な都市。正義・食べ物・いえ・教育・健康・希望を公正に分ちあい，誰もが行政に参加することができる場所。—美しき都市。芸術・建築・景観が想像力をかきたて魂を揺り動かす場所。—創造的な都市。寛容で前向きな試みが，人のもつすべての力をひきだし，急速な変化にも柔軟な場所。—エコロジカルな都市。エコロジカルな影響を最小にする。景観と建造物の調和がとれ，建築とインフラが安全で十分に有効活用される場所。—ふれあいの都市。公共の場所がコミュニティと人の流れを活性化し，電子的にも，直接的にも情報を交換できる場所。—コンパクトで多核的な都市。いたずらに田園に広がらず，隣近所にまとまりのよいコミュニティがあり，近場でことがたりる場所。—多様な都市。様々な活動の重なりあいが活気とインスピレーションを生み，社会生活をいきいきとさせる場所。」と記述。

61 『ジェイン・ジェイコブズの世界1916－2006』別冊『環』22（藤原書店）など

62 ジェイン・ジェイコブズ『発展する地域　衰退する地域—地域が自立するための経済学』（ちくま学芸文庫）p60。原題は「CITIES AND THE WEALTH OF NATIONS：Principles of Economic life」で，この原題からはアダム・スミスへの批判的な見地がうかがえる。

63 同前p58

64 E・F・シューマッハー『スモール　イズ　ビューティフル　人間中心の経済学』（講談社学術文庫）原題は「Small is Beautiful A Study of Economics as if People Mattered」

65 同前p230

66　朝来市，松山市，新居浜市の産業連関表については次のウェブサイトを参照。
朝来市産業連関表
https://www.city.asago.hyogo.jp/0000002521.html
松山市地域経済構造分析業務（松山市産業連関表）
https://www.city.matsuyama.ehime.jp/kurashi/sangyo/shien/renkan.html
新居浜市地域経済構造分析調査について
http://www.city.niihama.lg.jp/soshiki/sanshin/chiikikeizaikouzoubunseki.html

67　シュンペーター『経済発展の理論』（岩波文庫）

68　スティーブ・ジョブズ／スタンフォード大学卒業式スピーチ

69　ジェイコブズ『発展する地域　衰退する地域』（ちくま学芸文庫）p192

70　ジェイン・ジェイコブズ『アメリカ　大都市の死と生　THE DEATH AND LIFE OF GREAT AMERICAN CITIES』（鹿島出版会）p154。「もちろん単なる人口規模以外の特徴も，地区の有効性を高めるには重要です―特に重要なのはよいコミュニケーションとやる気です。」ともある。

71　同前p322

72　セルジュ・ラトゥーシュ『経済成長なき社会発展は可能か？』（作品社）p258

73　マイケル・E・ポーター『競争戦略論Ⅰ』『競争戦略論Ⅱ』ダイヤモンド社

74　P・F・ドラッカー『マネジメント上』（ダイヤモンド社）p11

75　マックス・ヴェーバー『職業としての政治』（岩波文庫）p77～p90

76　ジェイコブズ『アメリカ　大都市の死と生』（鹿島出版会）p171

77　同前p173

78　リチャード・ロジャース/フィリップ・グラムチジャン『都市　この小さな惑星の』鹿島出版会，p33

79　リチャード・ロジャース/アン・パワー『都市　この小さな国の』（鹿島出版会）p275

80　リチャード・フロリダ『クリエイティブ都市経済論 Cities and the Creative Class』（日本評論社）p78

81　ロバート・パットナム『哲学する民主主義』NTT出版，『孤独なボウリング―米国コミュニティの崩壊と再生』柏書房，ロバート・パットナム編著『流動化する民主主義―先進八ヵ国におけるソーシャル・キャピタル』ミネルヴァ書房

82　OECD編著『OECD幸福度白書―より良い暮らしの指標：生活向上と社会進歩の国際比較』（明石書店）2012年12月，同『OECD幸福度白書２』（同）2015年１月，同『OECD幸福度白書３』（同）2016年12月。OECD「よりよい暮らし指標（Your Better Life Index）」について
http://www.oecd.org/tokyo/statistics/aboutbli.htm

文献：『ソーシャル・キャピタル』福祉＋α⑦（ミネルヴァ書房）
83　カール・ポラニー［新訳］『大転換　市場社会の形成と崩壊』（東洋経済新報社）p124
84　同前p238
85　一般財団法人日本規格協会ISO/SR国内委員会ウェブサイト
http://iso26000.jsa.or.jp/contents/
松本恒雄〔監修〕『ISO26000社会的責任に関する手引き　実践ガイド』（中央経済社）
86　文部科学省29文科高第590号（平成29年９月29日）
http://www.mext.go.jp/b_menu/hakusho/nc/1396808.htm
87　一般社団法人日本私立大学連盟パブリックコメント（平成30年１月31日）
http://www.shidairen.or.jp/blog/info_c/others_c/2018/01/31/21926
88　東京都知事小池百合子「東京23区の大学の定員増の抑制に係る緊急声明」平成30年２月２日
http://www.metro.tokyo.jp/tosei/hodohappyo/press/2018/02/02/10_01.html
89　厚生労働省「地域医療構想」及び「地域医療構想について」
http://www.mhlw.go.jp/stf/seisakunitsuite/bunya/0000080850.html
www.mhlw.go.jp/file/04-Houdouhappyou.../0000094397.pdf
90　リチャード・フロリダ『クリエイティブ都市論』（ダイヤモンド社）p132
91　長野県健康長寿プロジェクト・研究事業　研究チーム「長野県健康長寿プロジェクト・研究事業　報告書」平成27年３月
https://www.pref.nagano.lg.jp/kenko-fukushi/kenko/kenko/documents/zentaiban.pdf
92　ハンナ・アーレント『人間の条件』（ちくま学芸文庫）p49とp286。アーレントの『イェルサレムのアイヒマン』（みすず書房）はアイヒマン裁判を通じて人間の悪について考察したものであるが，「恐るべき，言葉に言いあらわすことも考えてみることもできぬ悪の陳腐さ」（p195）と結んでいるが，PPP/PFIを積極的に推進しないのは，同様に思考停止にほかならない。公に関しては，また，ユルゲン・ハーバーマスが『公共性の構造転換』（未来社）が論じ，アーレントともに，思想的影響を与えている。『公共哲学［全10巻］』（東京大学出版会）が現代の科学技術や地球環境等をふまえ，広く公共哲学を整理し論じている。
93　アンソニー・ダウンズ『民主主義の経済理論』（成文堂）
94　R.J.バロー/X.サラ-イ-マーティンは『内生的経済成長論Ⅱ』［第２版］（九州大学出版会）で，新古典派成長モデルの成長式を検討し，「貧困の状態にある経済が裕福な経済より急速に成長し，その結果，１人当たり所得あるいは産出量の水準の点で，貧困の状態にある経済が裕福なものに追いつく傾向がある場合，収束性が成立するといわれる。」（p207）とし，この性質をβ収束性に相応しているとし（「平均への回帰」），第２の収束性の概念は「(たとえば，一組の国家あるいは地域の一人当たり所得あるいは生産物の対数値の標準偏差によって測定される）分散の程度が通時的に低下する場合，成立することになる」δ収束性と呼んでいる。同書p213・p250では「より貧困の状態にある経済は裕福な経済よりも急速に成長し，したがって，絶対的収束性が成立すると結論づけることができるであろう。」とし1880年以降の合衆国の州の動き，1930年以降の日本の都道府県の動き，1950年以降のヨーロッパの8カ国の地域に関する動きを検討している。

95　隅田和人・直井道生・奥村保規編著『都市・地域・不動産の経済分析』（慶應義塾大学出版会）第11章「非対称的な空間競争モデルによる企業・地域の発展と衰退の分析」奥村保規

第2章

産業集積

1　産業クラスター

1-1　コブ・ダグラス生産関数

企業は資金や設備などの資本と労働といった生産要素を投入して生産活動を行い，財やサービスなどの生産物を産出する。産出量を生産要素の投入量に対応して表す関数が生産関数であり，一般的な生産関数は次のように示される。

$$Y=F(K,L)$$

Yは生産量，Fは生産活動，Kは資本，Lは労働を表す。生産関数のモデルはいろいろあり，コブ・ダグラス生産関数が知られている。

$$Y=AK^{\alpha}L^{\beta}$$

αは資本分配率，βは労働分配率を表し，$\alpha+\beta=1$と仮定される。Aは一般的に技術水準を表す。技術の水準あるいは進歩は生産要素の大きな役割を担い，技術が発達すれば生産量が増えることがわかる。生産要素の中で特に技術水準に影響を与えるのが，産業集積である。

1-2　産業集積論

産業集積について最初に論じたのは，アルフレッド・マーシャルであり，

『経済学原理』において，「限界効用」とともに経済地理学の先駆として「産業立地」に言及している[1]。マーシャルは分業の有する空間的，位置的側面の分析を通じて「特定地域への特定産業の集積」をとりあげ，自然的要因，宮廷の庇護，支配者による計画的な導入等によって「地域特化産業」が生まれ，維持されてきたとする。地域集積の要因としては，伝統的技能の定着，補助産業の発達，高度に特化した機械の使用，特化した技能に対する地方市場の存在，特定労働力の過大な需要に対する補完産業の立地，近隣地区に異種産業が集積している場合に不況をやわらげることなどがあげられている。

さらに，地域特化産業の立地移動にも言及し，運輸通信手段の改良が産業の地理的分布を変えるとしている。そして非農業人口の増加，機械の能率の大幅な向上，産業の専門的特化と地域的特化が進んだとし，同種の小企業の多数が同一地区に集積することによって分業のもたらす経済効果がどの程度まで確保されるのかと，大規模生産の内部経済と外部経済について論じている。

また，マーシャルは商業，商店の立地についても考察し，「購買者はささいな買いものなら近くの店で買うが，重要な買いものをするときには，その商品を扱っているすぐれた店がたちならんでいるところへまで，わざわざ出かけて行くであろう」と述べ，そのため，高価でよい品物を扱っている店はある地点へ集積し，日用品を売っているような店にはそのような傾向はないとしている[2]。今日の商業集積論や中心市街地の研究を先取りするものであり，マーシャルはこのように産業集積の効果を明らかにした。

ピオリとセーブルはイタリアの製造業から「柔軟な専門化」を説き起こし，クラフト的生産体制から大量生産体制に移行した19世紀を「第一の産業分水嶺」とし，当時のアメリカは「第二の産業分水嶺」であるとし，大量生産体制の限界を指摘している[3]。

クルーグマンは，産業の地理的集中において，外部経済効果により産業集積の優位性が高まり，一度集積が起こるとその集積が一層強固になるとしている[4]。

サクセニアンは地域を産業システムとしてとらえ，米国のシリコンバレーを「地域ネットワーク型システム」，ボストン・ルート128を「独立企業型システム」であるとし，地域産業システムには地域の組織や文化，産業構造，企業の内部構造等の側面があり，地域を単に生産要素の集合としてとらえるべきではないとしている[5]。

1-3　ポーターのクラスター理論

このようなマーシャルに始まる産業集積論に対し，経営戦略論から産業クラスターを提示したのが，マイケル・E・ポーターである。ポーターによれば，クラスターとは「特定分野における関連企業，専門性の高い供給業者，サービス提供者，関連業界に属する企業，関連機関（大学，規格団体，業界団体など）が地理的に集中し，競争しつつ同時に協力している状態」であり，「ある特定の事業分野における突出した成功に必要な条件」という[6]。企業と機関は共通性と補完性で結ばれる。そして，次のように，大きく３つの形で競争に影響を与える[7]。

1．クラスターを構成する企業や産業の生産性を向上させる。
2．その企業や産業がイノベーションを進める能力を強化し，それによって生産性の成長を支える。
3．イノベーションを支えクラスターを拡大するような新規事業の形成を刺激する。

また，「クラスターは産業よりも幅が広いので，企業間や産業間の重要なつながりや補完性，あるいは技術，スキル，情報，マーケティング，顧客ニーズなどのスピルオーバー（溢出効果）をとらえることができる。（略）こうした結びつきは，競争や生産性，特に新規事業の形成や，イノベーションの方向性やペースを左右する根本的な要素になる」[8]とスピルオーバーによる競争，生産性，新規事業の形成，イノベーションを強調している。

そして，ダイヤモンド・モデルの概念を示し，立地が競争に与える影響について要素（投入資源）条件，企業戦略及び競争環境，需要条件，関連産業・支援産業という４つの相互に関連する影響をあげている。

図表2-1　クラスターのダイヤモンド・モデル（フレーム・ワーク）

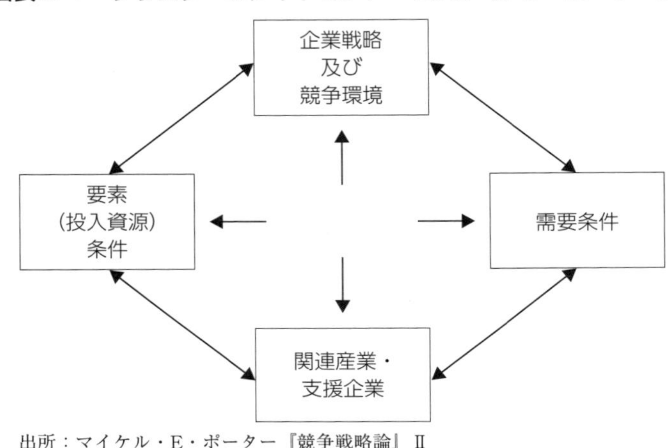

出所：マイケル・E・ポーター『競争戦略論』Ⅱ

要素条件としては天然資源等の有形資産のほか，情報等がある。ポーターは，クラスターは「ある地理的な立地内で生じるネットワーク形態」であり，クラスターによる競争優位の多くは情報の自由な流れ，付加価値をもたらす交換や取引の発見，組織間で計画を調整したり協力を進める意志，改善に対する強いモチベーションなどに左右されるとする[9]。

クラスターでは，企業間の協調ではなく，むしろ競争が強調され，先進的な経済への移行には地元での激しい競合関係が育たなければならないとしている。

1-4　産業クラスター政策

クラスターについては米国のシリコンバレー，フィンランドのオウルICTクラスター等が知られているが，日本でも経済産業省によって平成13（2001）年に「産業クラスター計画」が始まっている。経済産業省地方局の主導による産業クラスター計画は「我が国産業の国際競争力を強化するとともに，地域経済の活性化に資するため，全国各地に企業，大学等が産学官連携，産産・異業種連携の広域的なネットワークを形成し，知的資源等の相互活用によって，地域を中心として新産業・新事業を創出される状態（産業クラスター）の形成を図ることを目的」とした政策である。第Ⅰ期（平成13・2001年度～平成17・2005年度）の「産業クラスターの立ち上げ期」，第Ⅱ期（平成18・2006年度～平成22・2010年度）「産業クラスターの成長期」を経て，現在は第Ⅲ期（平成23・2011年度～2020年度）の「産業クラスターの自律的発展期」にあり，第Ⅱ期では18プロジェクトが推進されていた[10]。施策としてはネットワーク補助金，産学連携支援等が実施されている。同様の政策としては，文部科学省の「知的クラスター創生事業」と「都市エリア産学官連携促進事業」がある[11]。

産業クラスター計画については経済産業省の「産業クラスター計画　第Ⅱ期中期計画活動総括」（平成23・2011年８月）で達成状況がまとめられているが，その効果についてはさまざまに論じられている。産業クラスター計画の効果を定量的に分析した結果，企業の取引ネットワークを有意に拡大する効果（特に東京や東京周辺の企業との取引を有意に増加させた），企業の雇用と売上を有意に押し上げる効果，地方企業のネットワーク形成における「外延」（extensive margin）を広げる効果をもったとする評価がある[12]。

一方，「産業クラスター計画の全体像については，公式な検証がなされていないばかりか，正確な実績さえも公表されていない。成果についても，そもそも明確な基準が策定されておらず，何を持って成果があったかを判断することが難しいのが実情である。」とし，「産業クラスター計画の下では，プロジェクト活動は総じて不活発であり，圏域全体の産業振興を促進するような産業集積やネットワークの形成は不十分であった」，「政府事業としての産業クラスター計画は，ほとんどの地域で，十分な成果を残せないまま終了した」との星貴子氏による指摘がなされている[13]。

取引先数，売上，雇用の増加があるとすれば，産業クラスター計画の寄与度はどの程度なのかを検証する必要がある。取引先数の増加，売上や雇用の増加は，クラスターによらなくても，実現できる。ポーターが説くように，イノベーションが起こったかどうかであり，新規事業が継続して成長しているかが問われる。問題は，本事業は国が行い，補助金を支出するということにある。経済産業省の産業クラスター計画と文部科学省の２つの政策は，官の縦割りによる重複した取組みといえる。

クラスターに関する政策については，上記の指摘以外にもさまざまな課題があげられているが[14]，最も重要なのはイノベーションのための，産学官各プレイヤーのミッション・役割と主体の明確化である。大きな前提は，あくまでも民が主体で，官は民のサポートにすぎない，ということである。民はまた，官を頼るようでは自らの持続的な発展はできず，官の支援がなくなれば経営は行き詰まる。

コンサルタント会社のシーガルクインス・パートナーズが1985年に，ハイテククラスターであるケンブリッジ・サイエンスパークの開発効果について「ケンブリッジ現象（Cambridge Phenomenon）」として発表している。以後，ケンブリッジ・サイエンスパークほかイギリスのサイエンスパークの成功が報告されている[15]。ケンブリッジ・サイエンスパークの成功は世界有数のケンブリッジ大学に依るところが大きいが，知的資本（Intellectual Capital）のほか，金融とビジネスサポート（Money and External Business Expertise），人材・労働市場（People），住環境はじめとする土地資産とインフラ（Land, Property, Infrastructure）の４つの要素があげられ，また，ハイテク・ビジネスと研究のためのコミュニティ，さらに，文化が重要視されている[16]。

イギリスのサイエンスパークは日本の政府主導とは異なり，大学・民間企業・地方政府の連携による内発的なものであり，その成功と持続性が注目されている[17]。

企業立地促進法の改正法として，「地域未来投資促進法（地域経済牽引事業の促進による地域の成長発展の基盤強化に関する法律）」が平成29（2017）年７月31日に施行された[18]。地方創生関連施策としても，多様な支援措置が講じられているが，財政支出等の効果を見定めていく必要がある。

日本の経済史・産業史において，経済政策が効果的であったとは言い難い。昭和36（1961）年，通産省は貿易の自由化に際して，四輪車製造で20社近くあったメーカーの乱立を防ぎ業界を再編しようと，メーカーの参入を制限する特定産業振興法案を成立させようとした。このことに真っ向から反対したのが，本田宗一郎であった。同法は結局廃案になったが，ホンダは通産省に従わず四輪車に進出し自力で成功し，今日，日本ではシェア２位，世界では７位となっている。

1-5 起業家精神

経済と産業が発展する上で重要なのは，政策や支援ではない。起業家であり，企業自らによるイノベーションである。イノベーションについては，シュンペーターが「新結合の遂行」として「経済発展」をとらえた理論が，今日なお有意な示唆を与えている。シュンペーターは『経済発展の理論』の第１章で，「年々歳々本質的に同一軌道にある経済」の「循環」を分析した。そして，経済発展について次のように述べている。

> 駅馬車から汽車への変化のように，純粋に経済的―「体系内部的」―なものでありながら，連続的にはおこなわれず，その枠や慣行の軌道そのものを変更し，「循環」からは理解できないような他の種類の変動を経験する。このような種類の変動および結果として生ずる現象[19]。

駅馬車をいくら繋いでも汽車にはならず，駅馬車から汽車へは，循環ではない，枠や慣行の変更で，実現される。また，発展について，次のように理解すべきとする。

> 「発展」とは，経済が自分自身のなかから生み出す経済生活の循環の変化のことであり，外部からの衝撃によって動かされた経済の変化ではなく，「自分自身に委ねられた」経済に起こる変化とのみ理解すべきである[20]。

発展は，外部からの衝撃からではなく，自分自身に委ねられた経済に起こる変化，とされる。そして，「循環軌道の自発的および非連続的変化ならびに均衡中心点の推移」という経済発展を，「新結合の推移」と表現する。新結合としては，よく知られているように，新しい財貨，新しい生産方法，新しい販路の開拓，原料あるいは半製品の新しい供給源の獲得，新しい組織という５つの場合をあげている。そして，次のように説いている。

> 新結合，とくにそれを具現する企業や生産工場などは，その観念からいって

> もまた原則からいっても，単に旧いものにとって代るのではなく，一応これと並んで現れるのである。なぜなら，旧いものは概して自分自身のなかから新しい大躍進をおこなう力をもたないからである[21]。

シュンペーターは続いて，新結合の遂行およびそれを経営体などに具体化したもののことを企業（Unternehmung）といい，新結合の遂行をみずからの機能とし，その遂行にあたって能動的要素となるような経済主体のことを企業者（Unternehmer）という[22]。企業者は経営管理者とは異なるとされ，創造といった特徴があげられているが，軌道を変更しようとするときには，潮流に逆らって泳ぐことになるとする。

シュンペーターのいう経済の循環においては，経営管理者が慣行的に事業を行っていればよい。しかし，非慣行的な課題に直面したとき，軌道を変更しなければならず，新結合を遂行する企業と企業者によって，経済が発展する。経済発展の理論においては，協調，政策，支援，補助金といったことへの言及はない。シュンペーターに影響を受けたとも指摘されるジェイコブズが唱えるように自立的で，内発的な企業活動こそが，経済，地域を発展させる。

イノベーションにおける技術的な開発に関しては，アバナシーらによって論及されてきたが，いかにしてイノベーションを起こすのか，そのシナリオが解き明かされたわけではない。起業家精神，ケインズのアニマルスピリットは，育成できるものではない。マックス・ヴェーバーの『プロテスタンティズムの倫理と資本主義の精神』のように，理念的なものであり，このイノベーションの本質を経済発展のために定式化することも難しい。

政府・自治体が経済において果たす役割は大きくない。官民ファンドの株式会社産業革新機構が35.58％出資し筆頭株主である株式会社ジャパンディスプレイは，平成30（2018）年３月期第１四半期決算に伴い，3,700人規模の人員削減と約1,700億円の特別損失を計上し構造改革を実施すると公表した。官主導で判断が遅れ，雇用拡大を掲げる政権への批判を恐れたとの報道がある[23]。産業革新機構のベンチャー投資はほぼ全損が多いとの報道もあり，国民が負担する政府主導の官民ファンド乱立への批判もある[24]。

産業革新機構は政府出資2,860億円，民間出資140.1億円，政府保証枠１兆

8,000億円となっている[25]。同機構は大企業の救済色が強いなどの批判を受け，産業競争力強化法の改正法の施行に伴い，平成30（2018）年９月に株式会社産業革新投資機構へ商号を変更し，国民を含めた産業革新投資機構及び機構が出資するファンドへの資金の出し手である最終受益者本位の投資活動を行うべく，改組し新たに事業をスタートさせた。

リチャード・フロリダはシュンペーターの創造的破壊に言及し，「次のグレート・リセットを動かす原動力は政府ではない」という[26]。

伝統的な地域産業の再生，大手企業と地域企業によるクラスター，大学発のイノベーションによって，地域産業が活性化する。

2　地域産業の再生

2-1　今治タオル

愛媛県今治市の今治タオルは，120年の歴史を有する伝統産業であるが，発展と衰退，そして再生の道を歩んできた。今治タオル工業組合の統計によれば，企業数は昭和51（1976）年の504社をピークに，平成28（2016）年は113社に減少している。従業員数は昭和41（1966年）の11,048人をピークに，平成24（2012）年には2,486人まで減少した。生産量は平成３（1991）年の50,456トンをピークに，平成21（2009）年の9,381トンに，生産額は昭和60（1985）年の816億円から平成21（2009）年の133億円にまで減少している[27]。

このような衰退の要因としては，生産量，生産額，タオル輸出の減少に対し，タオル輸入が増加し，平成29（2017）年ではタオル輸入数７万2,071トン，輸入金額611億5,900万円のうち，中国が３億5,795トン（49.7％）で353億1,100万円（57.7％），ベトナムが３万104トン（41.8％）で198億7,100万円（32.5％）と，人件費の安い新興国での生産拡大の影響がある[28]。

このような衰退傾向に対し，今治タオルの再生の結果，企業数の増加はみられないものの，従業員数は平成25（2013）年より増加し平成29（2017）年は2,607人となり，生産量は平成22（2010）年より増加し平成29（2017）年は１万1,468トンとなった。生産額は平成22（2010）年より増加し平成28（2016）年は

183億円になっている。全国生産量に占める今治生産量の比率も，平成19（2007）年の49.5％から平成29（2017）年には57.6％に回復している。

再生への取組みの第一歩が，独自の品質基準と品質検査である。例えば，今治タオルの最大の特徴である「吸水性」を保証するため，タオルを水に浮かべた時，５秒以内に沈み始めるかどうかという「５秒ルール」がある。

今治タオル工業組合は今治タオルのブランド化にも取り組み，今治タオルブランドの商標登録とともに，平成19（2007）年７月６日には今治タオルの地域団体商標の商標登録を行っている。今治タオル工業組合の組合企業が製造した今治タオルのうち，同組合が独自に定めた品質基準に合格したものだけが，今治タオルのブランド，ブランドロゴを使用することできる。ブランドの認定手続きとブランドの管理も適切になされ，ブランドの維持と普及が図られている。

また，タオル選びのアドバイザーで，今治タオルの良さを世界に伝える「タオルソムリエ」の資格試験制度を導入し，ソムリエ同士の情報共有のためSNSが活用されている。

テクスポート今治は株式会社今治繊維リソースセンターによる，今治の産業と観光の拠点をめざした施設で，「国際化・高度化・多様化に即応できる繊維産業の体制作りと産業文化の高揚・実需直結型供給体制の確立」に努めることを目的としている。同社の主な株主は，独立行政法人中小企業基盤整備機構，今治タオル工業組合，今治市，愛媛県，銀行・地域繊維団体・商社であり，同社は最新技術の動向トレンド等の市場動向調査等を行い，繊維支援事業に取り組んでいる。

テクスポート今治は今治タオルを公式に取り扱う「今治タオル本店」のほか，「今治タオル歴史資料室」，実演場の「タオル工房」，1,000人以上収容できる貸しホール等からなり，今治の観光スポットともなっている。

公式の直営店は本店のほか東京南青山店等，合わせて４店あり，公式オンラインショップも設けられている。

今治タオル公式ブランドが今治タオルのウェブサイトのトップページとなっている。同組合のウェブサイトは，今治タオルの情報発信のほか今治タオルブランドマニュアル等のブランド関連資料，タオルデータ・タオル市場動向調査報告書・テキスタイルレポート等が掲示され，他の地域の事業者組合・地域産業のウェブサイトと比較し，とても充実している。

今治タオルは安い中国製等の輸入品の増加により衰退の一途であったが，地元事業者・今治タオル工業組合による品質基準の厳格化，ブランド化といった取組みで，IMABARI TOWELとして，地域再生と日本を代表する産地ブランドとなった。

2-2 燕三条の金属加工産業

新潟県の燕三条地域の金属加工産業は，江戸時代初期の和釘に遡る。明治維新から洋釘が輸入されるようになり，和釘は没落する。銅器産業も第一次世界大戦によるヨーロッパ諸国からの洋食器の大量注文から第二次世界大戦の銅の使用制限等の変遷を経る。戦後は，金属ハウスウェア産業が起こった。

約400年前の農民の副業として始まった和釘が，時代と需要の大きな変化に耐え，その職人による金属加工技術を基にさまざまなニーズに応え，市場を国内外に求め，燕三条の金属加工産業へと発展した。

今日では，包丁・洋食器，業務用厨房機器，ゴルフクラブ，自動車や農業機械等の鍛造部品，カーブミラー等のプレス加工・金属加工を中心に多種多様な金属製品を生産している。

燕市産業史料館では同地域の金属産業の歴史が展示され，公益財団法人燕三条地場産業振興センターはリサーチコアとしてのビジネス支援等の機能のほか，道の駅・物産館も複合化され，燕三条は金属加工の製造業を積極的に支援・育成している。燕商工会議所の会員企業データの金属製品製造企業には約160社の企業が掲載され，三条商工会議所には約360社が掲載されている[29]。

2-3 鯖江市の眼鏡産業

鯖江市を中心とする福井県の眼鏡産業は明治後期から約100年の歴史を有する大きな地場産業であり，眼鏡フレームの国内製造シェアは約96％を占める。鯖江市は「めがねのまち」として，めがね及び関連技術の振興に努めている。一般社団法人福井県眼鏡協会が運営するめがねミュージアムは，めがね博物館・めがねSHOP・体験工房からなる観光施設である。同協会はめがね産地総合案内サイト「JAPAN GLASSES FACTORY」を運営し，情報発信に努め，東京と福井には同協会が運営する直営ショールームを設置している[30]。

眼鏡産業は東アジアの低価格品が競合し，低迷の局面にもあるが，眼鏡枠製造で培われた加工技術を活かして，新しい技術開発に取り組み，精密機器や医療分野への進出を図り，世界規模で販路を拡大している。

2-4 すみだ地域ブランド戦略

東京都墨田区は江戸時代から日用品や生活用品を作る職人が多く住む「ものづくりのまち」として発展し，現在は金属・繊維・皮革・紙・ゴム・食品・ガラスなど多様な業種が集積している。平成27（2015）年５月には東京スカイツリー®が開業し，平成28（2016）年11月にはすみだ北斎美術館がオープンし，国内外から多くの観光客が訪れるようになった。

同区はすみだ産業振興事業ガイドを作成し，小さな博物館（Museum），マイスター（Meister），工房ショップ（Manufacturing Shop）からなる3M運動を展開し，平成25（2013）年度から新しいアイデアや発想を持った外部の人材を呼び込み，区内の空き工場等を活用して区内事業者や区民等と連携をしながら新しい製品，技術，サービスやものづくりコミュニティを創出する「新ものづくり創出拠点」を開設するなど，「ものづくりのまち　すみだ」事業を積極的に推進している。

平成21（2009）年には「すみだ地域ブランド戦略」を開始した。付加価値の高い商品を認証する「すみだモダンブランド認証事業」，デザイナーと区内事業者が協働で新商品開発に取り組む「ものづくりコラボレーション事業」，区内の町工場を公開する「すみだファクトリーめぐり（スミファ）」，販路拡大・PR事業を実施し，地域ブランド形成に取り組み，同戦略を担うすみだ地域ブランド推進協議会は平成29（2017）年度ふるさとづくり大賞の総務大臣賞を受賞している。

また，ものづくりを観光に活かす取組みを行っており，「伝統工芸をはじめ地場産業のブランド化への取組みを早くから行い，成果を上げている。スミファの開催，町歩きの環境整備など幅広い活動が行われている」と，同区と同協議会が第10回産業観光まちづくり大賞の経済産業大臣賞を受賞している[31]。

3　研究開発型企業

3-1　大学発ベンチャー

大学の基礎研究に基づく事業創造で，技術移転・ライセンシングとともに期待されているのが，大学発のベンチャーである。大学に基礎的技術・シーズがあって，起業家精神に富む研究者がいれば，大学発のスピンオフ・ベンチャーが生まれる。研究開発型の起業が地域のクラスターを形成し，地域経済を発展させる。地域・国の政策による誘導が適切で公的支援があり，地域金融機関等の投融資と産官学の連携によって，大学発ベンチャーが成功する事例が見られる[32]。

3-2　慶應義塾大学先端生命科学研究所

平成13（2001）年4月に，慶應義塾大学は山形県及び庄内地域市町村と連携し，鶴岡市に慶應義塾大学鶴岡キャンパスを設置した[33]。同キャンパスには，慶應義塾大学先端生命科学研究所，東北公益文科大学大学院，慶應義塾・鶴岡市・東北公益文科大学の3者で運営する生命科学を中心とした資料を所蔵する図書館の「致道ライブラリー」が設置され，致道ライブラリー内には慶應義塾大学先端生命科学研究所により地域住民のための「からだ館（旧称はからだ館がん情報ステーション）」が開設されている。

慶應義塾大学先端生命科学研究所はセンター棟とバイオラボ棟からなるバイオの研究所で，国内外の企業等と数多くの共同研究を行っている[34]。

山形県は山形県バイオクラスター形成促進事業/共同研究シーズ事業化支援助成事業（バイオ技術事業化促進助成事業）を実施している[35]。

鶴岡市は鶴岡メタボロームクラスター形成に取り組んでいる[36]。鶴岡メタボロームクラスターは，慶應義塾大学先端生命科学研究所で開発されたメタボローム解析技術（生体内に存在する数千種類の代謝物質を短時間に一斉に測定する世界初の画期的技術）を基盤として，世界をリードするメタボローム研究のメッカを目指すものである。鶴岡市は平成18（2006）年度に鶴岡バイオサイエンスパーク内に慶應義塾大学先端生命科学研究所バイオラボ棟と隣接する鶴岡メタボロームキャンパス（鶴岡市先端研究産業支援センター・レンタルラボ）を整備し，平成23（2011）年度には拡張施設を整備している。

慶應義塾大学先端生命科学研究所での研究成果をもとに，バイオ関連のベンチャーが輩出し[37]，地域経済の活性化が進んでいる。世界的に注目を集めているベンチャー企業のSpiber（スパイバー，代表執行役：関山和秀）は，世界で初めて人工合成クモ糸繊維の量産化に必要な技術の開発に成功し，幅広い分野への応用展開が期待されている[38]。

同社は平成26（2014）年９月には自動車部品会社の小島プレス工業株式会社（愛知県）と合弁会社のXpiberを設立し，平成27（2015）年５月には幅広い生産規模に対応できる次世代型パイロットライン等を導入した研究棟（敷地面積：１万3,919.90㎡，延床面積：6,547.62㎡）が竣工した。平成27（2015）年９月にはアウタージャケットのプロトタイピングに成功し，「MOON PARKA®」と名付け，株式会社ゴールドウインとの実用化を進めている。同社の資本金等は162億4,372万円（資本準備金を含む）でゴールドウイン，日本政策投資銀行等も出資し，社員数は183人（平成29・2017年10月24日現在）となっている[39]。同社は平成26（2014）年10月に革新的科学技術イノベーションの創出と挑戦的研究開発の推進を目的に創設された内閣府による革新的研究開発推進プログラム（ImPACT）に採択されており，平成27（2015）年２月には経済産業省の第１回ベンチャー大賞の地域経済活性化賞を受賞している[40]。

うつ病診断のためのバイオマーカーの特許を取得し診断薬の開発を進めるヒューマン・メタボローム・テクノロジーズ株式会社（平成15・2003年７月設立，平成25・2013年12月東証マザーズ上場，代表取締役社長：菅野隆二），唾液による診断技術の開発に取り組む株式会社サリバテック（平成25・2013年12月設立，代表取締役CEO：砂村眞琴），腸内環境解析等を行う株式会社メタジェン（慶應義塾大学と東京工業大学のジョイントベンチャー，平成27・2015年３月設立，代表取締役：福田真嗣），再生医療による臓器疾患の新たな治療法の開発・提供を行う株式会社メトセラ（平成28・2016年３月設立，代表取締役：岩宮貴紘・野上健一）が設立されている[41]。

3-3 鶴岡サイエンスパーク計画

鶴岡市のサイエンスパーク計画は，地方拠点都市法に基づき，開発が進められてきたものである。上記のとおり，慶應義塾大学先端生命科学研究所が設置され，Spiberなどバイオサイエンスを核とするベンチャー企業が生まれている。サイエンスパークの敷地面積約21.5ヘクタールのうち，鶴岡市によって開発されたエリアを除く約３分の２に当たる約14ヘクタールが未利用地であった。市の事業を引き継ぐかたちで，民間企業による庄内地域の新たな街づくり構想され，平成26（2014）年８月にバイオサイエンスパークの生活環境や子供の教育環境を充実させる目的で，YAMAGATA DESIGN株式会社（代表取締役：山中大介）が設立された。平成27（2015）年８月には用地を取得し道路等基盤整備に着手し，平成28（2016）年12月にはサイエンスパークの起工式を行い，坂茂氏による木のぬくもりが感じられる宿泊滞在複合施設建設に着手した。株式会社山形銀行は日本政策金融公庫山形支店，株式会社荘内銀行，鶴岡信用金庫とともに，サイエンスパーク内におけるまちづくり事業・宿泊滞在複合施設の着工時資金総額22億円を協調融資している[42]。

平成27（2015）年６月には，地域の協力企業による第三者割当増資が行われ，山形銀行ときらやか銀行，鶴岡信用金庫は大和PLパートナーズとともに山形創生ファンド投資事業有限責任組合を設立しその大半を同社に投資し[43]，資本金等は22億8,200万円（うち資本準備金：10億9,100万円）となっている（平成29・2017年１月現在）。平成30（2018）年８月には坂茂氏設計のホテル「スイデンテラス」がオープンした。

4　地域と企業

4-1 企業誘致の課題

企業立地セミナーが開催され，新聞での企業誘致の経済広告が掲載される。いずれも，産業集積，輸送・アクセスのよさ，大学との連携，行政による支援・補助等が強調され，さらにはICTや生活環境の充実も謳われる。

そのような企業誘致活動がなされるも，産業と企業の立地の進捗は思わしくない。その要因の1つに，技術革新があげられる。航空機エンジンでは従来，ニッケル合金が使われてきた。ニッケル合金に変わって，航空機エンジンメーカーが相次ぎ採用を決めているのが，CMC（カーボンマイクロコイル）である。CMCは繊維由来の新素材で，耐熱性にすぐれ，強度と軽量化を合わせ持つ。CMCの普及によっては，鉄・金属産業は衰退する可能性もある。

また，三重県の企業誘致政策に基づき三重県の90億円，亀山市の45億円の補助金によって誘致されたシャープ亀山工場の浮沈は，技術革新とともにグローバル経済の動向によっては，誘致企業へ依存するリスクが顕在化することを示している。

最近では，東芝の経営不振に伴う青梅事業所の閉鎖と野村不動産への土地の売却[44]など，工場の撤退により，地域の雇用が失われ，下請け企業や商業・サービス業への影響など，自治体による企業補助金と返還請求の問題も合わせ，企業誘致の難しさがある。

4-2 大手企業と地域企業

東レと北陸の繊維企業からなる東レ合繊クラスターは，東レの呼びかけにより，平成16（2004）年に設立された[45]。北陸地方は繊維産業の一大産地として栄えてきたが，アジア諸国の台頭と輸入超過拡大により，厳しい事業環境に直面し，産地企業の経営も厳しい状況が続いていた。東レも日本の繊維産業の縮小に危機感を抱き，付加価値の高い繊維素材の創出のため，特殊な加工技術を有する北陸の繊維企業と連繋を図ることとなった。

同クラスターは，「産地のテキスタイルメーカーが従来の下請け，委託加工体質から脱却し，自主，自立の道を歩むこと。合わせて，技術を自社だけに抱え込むのではなく，志を同じくする企業との垂直，水平の協議によって，相乗効果を生み出し，その技術にさらに磨きをかけ，最終製品に近づけ，自らリスクを持って，生産，販売に踏み出すこと」という理念に基づいて設立された。

運営方針は自主運営，受益者負担，自販権，知的財産所有権の取得とされ，マーケティング推進，技術・素材開発と生販連携を柱とする運営体制となっている。クラスターの成果としては，ダニ・アレルゲン低減化加工技術「アレルバスター」，環境配慮型ストレッチテキスタイル「ヴァーチャレックスル」の販売等があげられる。

クラスターとして，平成26（2014）年から，イタリア・ミラノで開催される世界有数のテキスタイル展示会「Milano Unica（ミラノウニカ）」へ出展している。

参加企業は67社でスタートし，現在は約90社となっている。平成29（2017）年度の製造品出荷額は前年度比15億円増の145億円に達し，そのうち約３割を輸出が占める[46]。

最近の課題としては，「グローバルな活動の強化」，「連携の多様化」，「用途展開の進化・深化」があげられ，各部会・分科会を中心に，人材の育成も含めさまざまな取組みがなされている。東レは平成19（2007）年12月に金沢工業大学との研究協力協定を発表している。

平成21年（2009）年には企業立地促進法に基づき，国の同意を得て北陸３県により，「北陸３県繊維産業クラスター」が設置され，東レ合繊クラスターは，３年の計画期間中，北陸３県繊維産業クラスターと連繋した。

石川県は平成24（2012）年度から５年間の文部科学省の地域イノベーション戦略支援プラグラムに基づく，「いしかわ炭素繊維クラスター」を設置している。

いしかわ次世代産業創造支援センターは「石川県産業革新戦略2010」の５つの基本戦略のうち「次世代産業の創造」を目指す産学官の共同研究拠点として，工業試験場に設置され，炭素繊維関連分野と機能性食品関連分野の中心に，研究開発が行われている[47]。

4-3　福井県の取組み

福井県は行政による産業育成と企業支援の施策が充実している。福井県工業技術センターは繊維，眼鏡，電気・電子・情報，化学・プラスティック，窯業・工芸，デザイン，複合材料，3D試作の分野で研究を行い，炭素繊維複合材料も開発している。平成27（2015）年６月にはふくいオープンイノベーション推進機構を設立し，産学官による共同研究を推進している。平成23（2011）年９月には，県と地域金融機関が連携して総額100億円の「ふるさと企業育成ファンド」を設立し，公益財団法人ふくい産業支援センターによって，その運営益を活用し「新分野展開スタートアップ支援助成金」を支出し，中小企業の経営多角化や事業転換を支援している。

また，総額50億円の「ふくいの逸品創造ファンド」を設立し（中小機構：40億円，福井県10億円），地域に密着した創業支援等の事業を実施している[48]。

4-4 横浜市の取組み

製造業をはじめとする中小企業の活性化に向けては，研究開発に限らず多くの課題があげられ，地元企業と地域による若手人材確保への新たな取組みもみられる。横浜市金沢区の沿岸部に1,000社以上の中小企業が集積する大規模な産業団地が立地する。造成から40年余り経過し，産業構造の変化とともに，従業員の若年層割合が低いといった課題が生じている。そこで，産・学・官・金による企業間連携の仕組みづくり等で，「企業集積を生かした，働く魅力がある，人が集まる産業団地」を目指す，「金沢臨海部産業活性化プラン」を策定した。目指す姿とともに，ターゲットも明記し，次のようになっている[49]。

① 就業者（企業の持続的な発展を担う若年層）
② 企業（成長が見込まれる企業・経営者等）
③ 求職者（企業が労働力として確保したい若年層）
④ 域外・世界（SNS等を活用し幅広い層へと発信）

特に若年層の就業者と求職者を重視している。金沢臨海産業団地の近くに横浜市立大学と関東学院大学があるが，学生は働く場としては認識していないという[50]。ものづくりと技術力の向上と発信を行い，学生を中心にさまざまな活動がなされ，同プランは10年後を目途に，人材が集まる付加価値の高い集積エリアを目指している。

4-5 本社機能の地方移転

建設機械等のコマツ（株式会社小松製作所）は，同社発祥の地である石川県小松市に平成14（2002）年に本社機能の一部である購買本部を移転した。平成19（2007）年には金沢港に工場を建設し，同港から輸出が可能になった。平成23（2011）年には本社教育グループを小松市に移転し，コマツウェイ総合研修センタを開設し，同敷地に地域との交流を目指した「こまつの杜（もり）」を竣工した。

このような取組みで，同社の生産と社員数の北陸の占める割合は増加している。同社の既婚女性社員の子供の数は，東京が0.7人，大阪/北関東が1.2～1.5人（日本の平均）であるのに対して石川は1.9人であり，女性社員既婚率（30歳以上）は東京で50％，大阪/北関東で70％であるのに対して石川は90％であるという[51]。

購買本部・教育機能の移転により，本社等から計150人が石川県に異動している。コマツウエイ総合研修センタとこまつの杜には，取引先から年1,000名，全世界の社員が年30,000名利用し，ホテルや飲食店をはじめとして地元に落ちる金額は年間７億円程度という。平成25（2013）年には農業・林業への技術支援を開始し，平成26（2014）年には小松市の粟津工場に新組立工場を竣工している。

YKK株式会社は管理部門などの本社機能の一部を富山県黒部市に平成28（2016）年４月までに移転させ，約230名が異動した。東日本大震災を契機に，研究開発部門がある黒部市に，人事部・経理部・知的財産部といった本社機能の一部を移転し，部門・組織を超えて連携強化を図り技術力と生産力をさらに高めるねらいがある。北陸新幹線が開通し黒部宇奈月温泉駅ができたことも追い風となった。移転の発表は地方創生の政策以前であったが，地方移転促進税制の適用第１号となっている。

首都圏から黒部勤務になった場合の住環境が課題となるが，同社は自然エネルギーを活用した「パッシブタウン」を整備している。同社以外の人も入居でき，すでに第１期街区から第３期街区が完成，2025年までに全250戸の完成を目指し，黒部市で「まちづくり・住まいづくり」にも取り組んでいる[52]。

コマツやYKKのように，メーカーの製造拠点や研究開発部門は必ずしも東京にある必要はなく，東京の災害リスクを分散し，社員の生活環境の向上を目的に，本社機能で移転できるものは地方に移転するというのは合理的な選択であり，結果として，地域も活性化する。

4-6　産業遺産

秋田県小坂町は鉱山業の遺産を活用し，小坂鉱山の精錬事業を行ってきた現

DOWAホールディングスによる金属リサイクル事業の推進を図っている。秋田県によるエコタウン計画をふまえ，産業遺産と合わせ金属リサイクル関連施設の観光資源化に努めている。また，金属リサイクル事業から，さらに生ごみのたい肥化や菜の花プロジェクトを柱とするバイオマスタウン構想を推進している。

4-7 産業集積の多様性

地域の産業集積には多様性がある。伝統的な産業には地理的，歴史的な特性があり，地域固有の文化や商慣習がある。独自の様式や技法があって事業・産地が存続する場合もあれば，歴史的な独自性がなくても地域の企業家や需要搬入者によって，存続し，発展する場合がある[53]。

加護野忠男氏は地域産業には企業間，個人間の協働を律する制度や慣行である独自のビジネス・システムがあるとし，地域産業は地域の文化と結びついているという[54]。独特の制度や慣行には人材育成，経営者育成，長期継続的アウトソーシング，競争の促進と制御があげられている。地域産業はこのような制度や慣行によって，生き残ってきた。地域の文化が地域産業を生み出し，地域産業が地域の文化を生み出すということは，京都の伝統的な工芸とものづくりに見ることができる。京都の歴史とものづくりの伝統は保守とともに革新であり，京セラや島津製作所や日本電産あるいは任天堂などの創業とイノベーションを生み出したともいえる。

地域の文化と結びついた地域産業のビジネス・システムは地域固有の産業の維持と発展に寄与し，さらには，先端的な研究開発型企業が生まれる契機ともなる。

経済的な合理性や経営学の理論で地域の経済の成り立ちを説明できても，再生と発展の方途を画一的に示すことはできない。地域経済の振興には伝統的な産業であれハイテク産業であれ，ポーターやイギリスのサイエンスパークなどのクラスターの要素をふまえ，地域に適合し，また軌道を変更する企業・企業者・地域の「新結合」が課題となる。

〈注〉

1 アルフレッド・マーシャル『経済学原理』(東洋経済新報社)

2 アルフレッド・マーシャル『経済学原理Ⅱ』(東洋経済新報社) p273

3 マイケル・J, ピオリ/チャールズ・F, セーブル『第二の産業分水嶺』(筑摩学芸文庫)

4 ポール・クルーグマン『脱「国境」の経済学:産業立地と貿易の新理論』(東洋経済新報社)

5 アナリー・サクセニアン『現代の二都物語－なぜシリコンバレーは復活し, ボストン・ルート128は沈んだか』(講談社)

6 マイケル・E・ポーター『競争戦略論Ⅱ』(ダイヤモンド社) p67

7 同前p86

8 同前p78

9 同前p105

10 経済産業省「産業クラスター政策について」
http://www.meti.go.jp/policy/local_economy/tiikiinnovation/industrial_cluster.html

11 文部科学省「知的クラスター創生事業」は平成14年度から平成21年度まで, 都市エリア産学官連携促進事業は平成16年度から平成21年度まで実施と示されている。
http://www.mext.go.jp/a_menu/kagaku/chiiki/cluster/
http://www.mext.go.jp/a_menu/kagaku/chiiki/city_area/

12 大久保敏弘（慶應義塾大学）・岡崎哲二（経済産業研究所）「産業政策と産業集積「産業クラスター計画」の評価」独立行政法人経済産業研究所2015年12月
www.rieti.go.jp/jp/publications/dp/15j063.pdf

13 星貴子「地域産業振興策の現状と課題－推進組織からみた地域産業振興の在り方－」JRIレヴュー2016Vol.7, No.37
http://www.mext.go.jp/a_menu/kagaku/chiiki/cluster/

14 株式会社日本経済研究所「産業クラスターの現状調査報告」平成27年２月20日
http://www.meti.go.jp/committee/kenkyukai/chiiki/chiiki_sangyo/pdf/004_05_00.pdf

15 『The Cambridge Phenomenon: the growth of high technology industry in a university town』Segal Quince Wicksteed, 1985

16 VIEWPOINTSERIES ISSUE12: JULY 2011 CAMBRIDGE PHENOMENON CHANGING PERSPECTIVES BY CHRISTINE DOEL AND CHRIS GREEN SQW
www.sqw.co.uk/.../Viewpoint_-_The_Cambridge_Phenomeno
TECH NATION2017 http://technation.techcityuk.com/cluster/cambridge/

17 鈴木茂『イギリスの都市再生とサイエンスパーク』(日本経済評論社)

18 経済産業省「地域未来投資促進法」

http://www.meti.go.jp/policy/sme_chiiki/chiikimiraitoushi.html

19 J・A・シュンペーター『経済発展の理論』(岩波文庫・上) p94

20 同前p96

21 同前p101

22 同前p111

23 株式会社ジャパンディスプレイ平成30年3月期第1四半期決算短信［日本基準］(連結) 等2017年8月9日公表資料

http://www.j-display.com/

及び2017年8月8日・10日日本経済新聞/2017年8月10日日経産業新聞

24 2017年8月6日日本経済新聞 (日経独自調査)。経済産業省による産業革新機構の「業務の実績評価について」では出資額や回収状況は明確ではない。

http://www.meti.go.jp/policy/jigyou_saisei/sankatsuhou/kakushinkikou/

25 平成26年3月現在。株式会社産業革新機構ウェブサイト http://www.incj.co.jp/

26 リチャード・フロリダ『グレート・リセット 新しい経済と社会は大不況から生まれる THE GREAT RESET How New Ways of Living and Working Drive Post-Crash Prosperity』(早川書房) p282 (p26 シュンペーターの言う「創造的破壊」に貢献した。同 エドマンド・フェルプスは,「落ち込んだのちに景気が上向くのは,落ち込みすぎたからでもある」)

http://imabaritoweljapan.jp/

27 今治タオル工業組合「企業数,織機台数,革新織機台数,従業員数,綿糸引渡数量,生産量,売値,生産額,輸出・輸入数量の推移」平成29年3月13日作成

http://www.imabaritowel.jp/data/towel_data/data14.pdf

28 今治タオル工業組合平成28年1月～12月統計表

http://www.imabaritowel.jp/data/towel_data/data13.pdf

http://www.imabari-texport.com/about/index.html

29 燕市産業史料館

http://www.city.tsubame.niigata.jp/shiryou/

公益財団法人燕三条地場産業振興センター http://www.tsjiba.or.jp/

燕市『鎚起銅器 Handcrafted Tsuiki Copperware A Traditional Craft of Tsubame, Niigata』2016年3月31日発行

燕商工会議所ウェブサイト

http://www.tsubame-cci.or.jp/

三条商工会議所ウェブサイト

http://www.sanjo-cci.or.jp/

30 鯖江市にあるめがねミュージアム
http://www.megane.gr.jp/museum/
31 すみだ産業振興事業ガイド2017
https://www.city.sumida.lg.jp/sangyo_matidukuri/siryou/guide-toukei.html
すみだ地域ブランド推進協議会
http://sumida-brand.jp/
平成29年度ふるさとづくり大賞
http://www.soumu.go.jp/menu_news/s-news/01gyosei09_02000057.html
第10回産業観光まちづくり大賞
http://www.meti.go.jp/press/2016/10/20161024003/20161024003.html
32 愛媛大学発ベンチャーの株式会社CFSのケーススタディが山田仁一郎『大学発ベンチャーの組織化と出口戦略』（中央経済社）に示されている。
33 慶應義塾大学鶴岡タウンキャンパス
http://www.ttck.keio.ac.jp/
34 慶應義塾大学先端生命科学研究所
http://www.iab.keio.ac.jp/
35 山形県におけるバイオクラスター形成に向けた取組について
http://www.pref.yamagata.jp/sangyo/gijutsu/kenkyu/7110002bio-cluster.html
36 鶴岡メタボロームクラスター
https://www.city.tsuruoka.lg.jp/static/TsuruokaMetabolomeClusuter/tmec.html
37 IABから生まれたベンチャー企業
http://www.iab.keio.ac.jp/about/venture.html
38 スパイバー株式会社ウェブサイト
https://www.spiber.jp/
39 荘内銀行，東北イノベーションキャピタルのファンド，きらやかキャピタル，新生銀行等が出資している（日本経済新聞2014年11月4日付／日本経済新聞電子版等）。
40 経済産業省ウェブサイト
http://www.meti.go.jp/press/2014/01/20150122003/20150122003.html
41 ヒューマン・メタボローム・テクノロジーズ
http://humanmetabolome.com/aboutus/profile
サリバテック
http://www.salivatech.co.jp/
メタジェン
http://metagen.co.jp/

42 YAMAGATA DESIGNについては同社ウェブサイトwww.yamagata-design.com/を参照。平成28年12月27日，山形銀行ニュースリリース

43 平成27年6月1日，山形銀行・きらやか銀行・鶴岡信用金庫の公表
https://www.kirayaka.co.jp/cms/view.php?no=20150601000000

44 東芝2016年12月20日プレスリリース，2016.10.19／2016.12.23日本経済新聞電子版等によれば，東芝は野村不動産に土地を約100億円で売却し，東芝グループ従業員約1,250人は移転先で勤務を継続し，野村不動産は大型物流施設を建設しインターネット通販会社等へ貸し出し，物流施設利用企業の新規採用従業員は計1,000人前後に上る見込みという。

45 東レ合繊クラスター
http://www.gosen-cluster.com/

46 2018年6月2日「北國新聞」
https://www.hokkoku.co.jp/subpage/K20180602301.htm

47 いしかわ炭素繊維クラスター
http://www.isico.or.jp/icfc/outline
いしかわ次世代産業創造支援センター
http://www.irii.jp/randd/infor/2011_0401/topics2_1.html

48 福井県工業技術センターウェブサイト他
http://www.fklab.fukui.fukui.jp/kougi/

49 横浜市「金沢臨海部産業活性化プラン」
http://www.city.yokohama.lg.jp/keizai/happyou/h29/mono20170428.html

50 日本経済新聞2017年（平成29年）5月16日

51 『まち・ひと・しごと創生に関する懇談会』1．地方活性化へのコマツの取組み　平成26年8月27日(水) コマツ相談役坂根正弘
https://www.kantei.go.jp/jp/singi/sousei/meeting/kondankai/h26-08-27-gijiyousi.pdf
「本社機能の地方移転・地方拠点の強化に関する各社取り組み事例」2015年9月15日一般社団法人日本経済団体連合会

52 パッシブタウン
www.passivetown.jp/

53 出口将人「地域の産業集積の多様性とその決定要因―岐阜県東濃地域の陶磁器産地と他産地との比較をつうじて―」組織科学Vol.50 No.4 2017

54 加護野忠男「取引きの文化：地域産業の制度的叡智」『国民経済雑誌』196(1)
http://www.lib.kobe-u.ac.jp/infolib/meta_pub/G0000003kernel_00056168

第3章

農林水産業

1　農業の課題と改革

1-1　食料自給率

日本の食料自給率は年々低下傾向にあり，供給熱量ベースで約40%，生産額ベースで約70%と，先進国中で最も低い[1]。食料自給率の低下は，食生活の和食から洋食への変化，国内で自給可能な米の消費の減少，国内では生産が困難な飼料穀物（とうもろこし等）や油糧種子（大豆等）を使用する畜産物や油脂類の消費の増加等に起因する。食の外部化の進展等に伴う加工・業務用需要の高まりに国内農業が十分に対応しきれていないことも影響しているとされる。

「食料供給に係るリスクの分析・評価の結果」（平成28・2016年度）によれば，現状評価は対象品目の「米，小麦，大豆，飼料用とうもろこし，畜産物，水産物」，対象リスクの「海外17項目，国内５項目」の現状評価は「影響なし」とされている[2]。将来については「悪化」と評価されているものの，果たして現状に影響はないといえるであろうか。

米の１人当たり年間消費量は昭和37（1962）年度の118kgから平成29年度は54kgと半分になり，米の年間需要量は毎年減少し平成30（2018）年/31（2019）年で約741万トンとされている。農水省は水田のフル活用を推進し，交付金の直接支払いで，飼料用米，麦，大豆等の作付けを奨励している[3]。

米の平成30（2018）年６月末の民間在庫量は190万トンと見通されている。

米の政府備蓄の100万トン程度と合わせると，約300万トンとなるが，年間需要量の741万トンに対して，約４割，約4.7カ月分の備蓄である。食料用小麦は需要量の2.3カ月分の備蓄（うち1.8カ月分は国による助成），飼料穀物は国で35万トン，民間で85万トンとなっている[4]。

平成27（2015）年度の大豆の需要量は338万トンで，国内生産量は24万3,000トンで，自給率は７％となっている[5]。

食料輸入が途絶した場合，農水省では「肉類や野菜から，熱量効率の高いいも類等の作物に転換することで，国内生産のみで国民１人１日当たり2,020kcalの熱量供給が可能であるとの試算結果があります」としているが，同省も「食事の中身は現在とかけ離れたものとなります」というように，日本人の現実的な食生活とはいえず，また，急な転換も難しい。

食料自給率の向上は，国産農産物の消費拡大だけでは実現できない。品目別自給率（平成29・2017年度概算）は，小麦が14％，いも類が74％，果実が39％，野菜が79％，牛肉が36％，豚肉が49％，鶏肉が64％，魚介類が52％，米が96％，大豆が７％となっている。自給率の低い食料の生産量を上げる前に，消費を自給率まで下げバランスをとることも方策となる。昭和50（1975）年半ばの日本型食生活・和食に戻せばよいわけである。動物性たんぱく質を補う植物性たんぱく質としては大豆（納豆，みそ，豆腐，ドレッシング等の原料）がよいが，自給率は極めて低い。よって，耕作放棄地での大豆の栽培が奨励される。

1-2　食料自給率の向上

日本は食料自給率が先進国中で最も低く，世界最大の農産物純輸入国であり，小麦は米国が54％（2006年），大豆が同じく76％，とうもろこしが同じく96％と特定国への依存が高い。世界の穀物需給は近年，生産量が消費を下回り，期末在庫は低水準にあり，世界的な人口増加や開発途上国の経済発展により，世界の穀物・食料需給はひっ迫するとみられている[6]。食料自給率の維持向上に向けて，国が行う働きかけとして，消費者の「国産農林水産物の積極的な消費拡大，農山漁村の重要性に対する理解の促進」，生産者の「農地等の農業資源や農業技術者等のフル活用」，食品産業事業者の「国産農林水産物の積極的な活用・販売，生産者と一体となった新たな取組の展開」，地方公共団体の「地域の農林水産業の更なる振興，農地等の確保，新技術の開発・普及，農業就業者の確保」があげられている。

また，農業競争力強化プログラムとして，生産資材価格の引下げ，流通・加工の構造改革，人材力の強化，戦略的輸出体制の整備，原料産地表示の導入，チェックオフ（生産者から拠出金を徴収，販売促進等に活用）の導入，収入保険制度の導入，土地改良制度の見直し，農村の就業構造の改善，飼料用米の推進，肉用牛・酪農の生産基盤強化，配合飼料価格安定制度の安定運営，生乳の改革の13項目があげられている[7]。

食料自給率の維持向上と農業競争力強化に向けては，構造的な改革が必要となっている。

消費者は小麦と肉類の消費を控え，国産農産物を適正な価格で購入すべきである。このような農産物消費と食生活の改革があって，はじめて農産物生産のあり方の改革が実効性あるものとなる。

食料自給率を向上させるには，効率的な農地利用，農業の担い手の育成，農業技術の向上といった農業生産面とともに，国産農産物の消費拡大等の食料消費面の取組みが求められる。

1-3 フード・アクション

食料自給率向上に向けた取組みとして，「フード・アクション・ニッポン」の活動がなされているが，一般消費者にとって認知度は低いであろう[8]。

「食料自給率を１％向上させるために，私たちができること」として，次の３つがあげられている。

・ごはんを１食につきもう１口食べる
・月に国産米粉パンを３つ食べる
・国産大豆100％使用の豆腐を月にもう３回食べる
・国産小麦100％使用のうどんを月にもう３杯食べる

国産の米，大豆，小麦を消費すれば，その分，輸入が減り自給率が上がるとは考えられるが，国産米粉パンはスーパーマーケット等ではあまり見かけず，米を除き，自給率が低いものを消費するよりも，まずは，肉，パン，うどんやパスタの消費を控えることも選択となる。昭和40（1965）年度当時の食料自給率は73％で，ごはんが1日5杯から3杯に減り，牛肉・豚肉等の消費が増え洋食化が進んだ結果，現在は38％に低下している。

日配品の豆腐等は製造業のコストや利益を無視して，スーパー等で廉価に販売される傾向にある。スーパー等の小売業の姿勢を正すため，「食品製造業・小売業の適正取引推進ガイドライン～豆腐・油揚製造業」が策定され，平成29（2017）年3月31日に公表された[9]。豆腐の原料の大豆の価格は上昇しており，小売業の姿勢とともに，消費者の購入のあり方も課題であり，消費者は「安い」ものを購入するのではなく，「適正な」価格で購入する意識を持つ必要がある。

1-4　畜産と輸送の課題

ポール・マッカートニー氏はベジタリアン，動物性食品を摂らないヴィーガンで知られるが，その動機は動物愛護であり，そして，環境保護の観点からも30年以上肉や卵は食べず，「Meat Free Monday 」の活動を行っている[10]。畜産業が原因の地球温暖化ガスが全体の51％で，畜産物が原因のメタンガスが37％等，森林破壊の65％～70％が放牧が原因など，肉食が地球環境を破壊し，牛を1kg 太らせるには穀物11kgと水1万5,415ℓが必要など，肉生産には大量の穀物と水が消費されると指摘されている[11]。

2006年には国連食糧農業機関（FAO）が，畜産が気候変動・環境汚染に深刻な影響を与えていると発表している[12]。

食料の輸送に伴う二酸化炭素排出量については，輸入で16.9百万t/年，国内輸送で9.0百万t/年と推計されている[13].

1-5　地産地消

食料自給率向上と地域経済の活性化の施策として，地産地消と六次産業化が推進されている[14]。「地域資源を活用した農林漁業者等による新事業の創出等及び地域の農林水産物の利用促進に関する法律（六次産業化・地産地消法）」（平成22年12月3日法律第67号）が制定されて以降，地域の農林水産物の利用の促進が図られ，平成27（2015）年3月31日には「食料・農業・農村基本計画」

が閣議決定されている[15]。

同基本計画では，「農業の構造改革や新たな需要の取り込み等を通じて農業や食品産業の成長産業化を促進するための産業政策」と，「構造改革を後押ししつつ農業・農村の有する多面的機能の維持・発揮を促進するための地域政策」を両輪として進め，若者たちが希望を持てる「強い農業」と「美しく活力ある農業」の創出を目指していくと記されている。

そして，食料の安定供給の確保に関する施策としては，幅広い関係者による食育の推進と国産農産物の消費拡大，「和食」の保護・継承があげられている。

地産地消の１つの意義が，地域経済の循環である。地域外からの農産物を購入するのではなく，地域産の農産物を購入すれば，地域の生産者の収入が増加する。ジェイコブズの唱える輸入置換である。

農協による系統出荷や大手流通企業への出荷に加え，農産物直売所で販売すれば，生産者の手取りは増加する。加工し販売すれば，付加価値が高まり，生産者の収入が増加する。地産地消に加え六次産業化することによって関連産業が拡大し，雇用が創出され，地域経済の活性化につながる。

地域での消費が，地域外への販売も誘発し，地域間の経済循環にも好影響を与える。ブランド化に成功した農産物・農産物加工品は地域外からのいわば外貨を稼ぐ。農家レストランが観光スポットとなり，アグリツーリズムの観光入込客増につながる。

農林水産省による六次産業化の商品事例集，地産地消優良活動表彰，地産地消給食等メニューコンテスト等で，先進的な取組みを知ることができる[16]。

1-6 農家人口

2015年農林業センサスによれば，販売農家は平成22（2010）年の163万1,206戸（うち主業農家は35万9,720戸）から，平成27（2015）年は132万9,591戸（うち同29万3,928戸）へ減少している。総農家数は平成22年の252万7,948戸から，平成27（2015）年は215万5,082戸へと減少する一方，総農家数のうち土地持ち非農家数は137万4,160戸から141万3,727戸へ増加している。基幹的農業従事者数（農業就業人口のうち，ふだん仕事として自営農業に従事した世帯員数）は，平成22（2010）年の205万1,437人（男：114万8,008人，女：90万3,429人）から，平成27（2015）年には175万3,764人（男：100万4,716人，女：74万9,048人）へと減少している[17]。

このような農家人口の減少に関して，将来推計として，販売農家の農家世帯の男子は2010年の321万人から，2025年には143万人，2040年には56万人に，同じく女子は329万人，143万人，56万人へと減少すると試算されている。基幹的農業者の男子は2010年の115万人から，2025年には45万人，2040年には21万人に，同じく女子は90万人から，42万人，14万人に減少すると試算されている[18]。

農業部門の人口減少は，一般的に，農業部門（農村部）と工業部門（都市部）の限界生産力の差による工業部門への労働の移動という二重経済モデルと，農業部門の技術革新で説明される。農業部門の技術革新による生産性の向上で，農家人口が減少していれば，農業生産の減少は見られないであろう。技術革新と生産性の向上では，上記のようには農家人口は減少しないであろう。農家人口の減少は，農業生産量の減少を示唆している。

1-7 農業経営の法人化

農業は規制が厳しく，また，既存の農家や農協等の既得権益が守られてきた。食料自給率向上が図られる一方，農業従事者の減少や耕作放棄地の増加等を背景に，農業への参入の規制緩和が進められている。

平成21（2009）年の農地法改正で，農地リース方式での農外企業の農業参入が可能になった。平成25（2013）年6月に閣議決定された「日本再興戦略―JAPAN is BACK―」では，今後10年間で農業の法人経営体数を，平成22（2010）年比で約4倍の5万法人にするという目標を掲げた。

平成27（2015）年3月の食料・農業・農村基本計画では，「法人経営には，経営管理の高度化や安定的な雇用の確保，円滑な経営継承，雇用による就農機会の拡大等の面で，効率的かつ安定的な農業経営に向けてメリットが多いことから，農業経営の法人化を推進する」とされ，「リース方式による企業の農業参入を促進する」とも記された。

農地を利用して農業経営を行う一般法人は平成29（2017）年12月末現在で3,030法人であり，そのうち株式会社が1,904，特例有限会社が378，NPO法人等が748となっており，リース方式による参入を全面自由化した平成21（2009）

年の農地法改正前の約５倍のペースで増加し，借入面積の合計は8,927ha，１法人当たりの平均面積は2.9haとなっている。

企業の農業参入には，上記の農地リースのほか農業生産法人に出資する方式がある。平成29（2017）年１月１日現在の農地所有適格法人数は１万7,140であり，そのうち農事組合法人が4,961，合名・合資・合同会社が451，特例有限会社が6,283，株式会社が5,445となっており，総経営面積は43万1,556haとなっている[19]。

農業の六次産業化と農地集積・集約化等の推進のために，平成28（2016）年４月１日から改正農地法が施行され，農地を所有できる法人について，役員要件の「農業に常時従事する構成員が過半で，その過半が農作業に一定日数以上従事する者」に関して，役員の１人以上が農作業に従事すればよいと緩和された。また，農地を所有できる法人の呼称は，農地所有適格法人と変更された。

1-8 農産物の輸出

日本のすぐれた農産物を輸出する動きも高まっている。クールジャパン機構（株式会社海外需要開拓支援機構）は，日本の青果物の輸出販売事業の立ち上げ等を支援している[20]。

政府は，農林水産物・食品の輸出額を平成31（2019）年までに１兆円にする目標を掲げており，「農林水産業の輸出力強化戦略」に基づき，地域での施策も求められている。

1-9 新潟市の取組み

新潟市は平成26（2014）年５月１日に「大規模農業の改革拠点」として国家戦略特区に指定された。同市は食産業No.1都市となることを目指し，フードデザインをひろめ，新たなネットワークを創り，イノベーションを起こし続けることをビジョンとしている[21]。フードデザインはマーケティングを基本とした売れる商品・仕組みづくり，新商品の開発や域外への販路拡大への取組みである。ネットワークは農商工連携を中心にネットワーク化を図り，食に関するあらゆる情報をプラットフォーム化しマッチングを図り，ネットワークを活かし食品リサイクルを進め循環型社会の実現を目指すものである。イノベーションによって産学官連携など域内ネットワークの強化とともに，域外の企業や研究機関との提携・共同研究も視野に入れ，「市場ニーズを満たし，国際競争力ある高付加価値」を有する新たな食関連商品の持続的な創出をねらう。

新潟ニューフードバレー形成に向けての戦略としては，農商工連携と六次産業化，フードデザイン，ブランド力情報発信，食品リサイクル，高度な技術研究・人材，食産業集積・創造の6つがあげられている。

六次産業化・農工商連携の拠点として，新潟市農業活性化研究センターが生産・加工・販売を一連で支援している。食品加工支援センターは食品加工技術や新商品のテストマーケティングなどを支援する。「食の新潟国際賞」は食に関する著しい貢献や業績を顕彰する日本で唯一の食の国際賞である。フードメッセは優れた商品，食材，機器，技術などが数多く集まる本州日本海側最大の商談型見本市である。

国家戦略特区として，農業分野の規制緩和等を活用した取組みも始まっている。農業生産法人の役員要件の緩和では，売り先を持った事業者と連携した農業，商品開発・加工・販売力の強化，耕作放棄地の解消を行う特例農業法人が5法人設立されている[22]。

農用地区域は「農地」と「農業用施設用地」に区分され，「農業用施設用地」には原則として農業用施設しか建設できない。特区による規制緩和で，「農家レストラン」が農業用施設に追加され，農業者自らが農村地帯で地域の農産物を材料とした料理を提供することが可能となった。

1-10 兵庫県養父市の取組み

兵庫県養父市は中山間地域の農業改革特区としてのモデル構築に取り組んでいる。同市では農業生産法人の要件緩和と企業による農地取得の特例を活用し，区域計画によれば11の株式会社が米や野菜，にんにくの生産，りんどう・小菊等を生産・加工するなど，法人による営農が本格化している[23]。

1-11 都市農業

食料の自給率向上とともに，食料が途絶した場合の自給のあり方が，問われ，都市農業への関心が高まっている。現在の都市では，在庫は3日分しかなく，大混乱が起こるまで９食分とも指摘されている[24]。そこで，都市農業（シティ・ファーマー）が注目され，キューバの都市農園が知られている。

カナダのブリティッシュコロンビア州のバンクーバー市は，2013年に「バンクーバー食料戦略」を採択し，「地域食料行動計画」を定めた。「GREENEST CITY 2020 ACTION PLAN」では，バンクーバーが都市食料システムにおいてグローバルなリーダーを目指すことをゴールに，2020年の目標に関して食料資産（FOOD ASSETS）を2010年比で50％以上増加させることとしている[25]。

2020年のゴールに向け，最も大きな貢献をするのが，urban agricultureとcommunity garden plotsとされる。バンクーバー市は，健康的で，正しく，持続可能な食料システムを創る働きをしており，このことは多くの環境面の，社会面の，経済面の利益をもたらすという。

農業による地域活性化は食料自給率向上と食料安全保障を第１の目標に，消費者に食生活に関する意識改革を求め，農家人口の減少と耕作放棄地の増加を踏まえ，地産地消と六次産業化を柱に，民間企業の参入，民間企業のノウハウによって図られる。

かつて，民間企業が農業に参入し，採算が取れずに失敗し，撤退した事例が見られた。最近では，流通チャネルを自ら構築し，適切な収支計画を立てた植物工場・施設栽培や，ビッグデータ・IoT・アシストスーツなどの最先端のさまざまなアグリテックを活用し，成功し，生産と販売を拡大している事例も現れている。

1-12 農地REIT

農地の集積・集約化については，農地中間管理機構（農地集積バンク）の施策による事例が蓄積されてきている[26]。同機構による平成29（2017）年度の取扱実績（累積転貸面積）は初年度の平成26（2014）年度の2.49万haから18.5万haへ増加し，集積率は50.33％から55.2％へ増加している。政府は2023年度に担い手シェアを８割とする目標を掲げている。

優良事例としては，近隣地域の企業や担い手への農地の集積，新規就農者や食品企業への対応，後述の有限会社ワールドファームへの貸付（茨城県常陸太田市東連地地区，石川県能登町立壁・四方山地区）等があげられている。

農地の規模拡大を図る手法として，塩澤修平氏と芦谷典子氏により「信託スキームを活用した農地流動型ファイナンス（農地REIT）の成立条件」の研究がなされている[27]。

具体的な仕組みは信託受益権の活用であり，農地の所有者（農家）が信託銀行と農地の管理・処分に関わる信託契約を結び，所有する農地を信託受益権に変える。農地を，農地が生み出す収益等を受け取る権利に変えて証券化することによって，農家の農地を手放したくないという意向を担保している。信託受益権は投資法人に売却され，投資法人は信託受益権を担保に資金調達を行う。

図表3-1　農地REITの仕組み（簡易版）

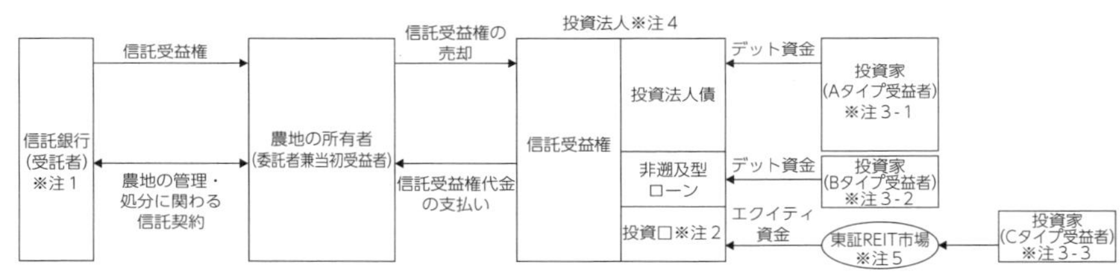

※注1　受託者の範囲を信託銀行（一般不動産の証券化にノウハウ有り）に拡大するための法改正・規制緩和を前提とする。
※注2　不動産投資信託証券として東京証券取引所に上場する。
※注3-1，3-2，3-3　リスクとリターンの異なる複数の商品を設計する。
※注4　国土交通省，金融庁が定める人的資本的用件を満たす必要がある。
※注5　東京証券取引所の上場審査・規制を満たす必要がある。
出所：一般社団法人信託協会「信託研究奨励金論集第37号（2016.11）」

同研究で重視しているのが，投資口の上場であり，東証REIT市場への上場により，市場型の大きな資金を農業分野に誘導できる。農地REITは農地流動型ファイナンスの基礎に位置付けられているが，原資産を農産品の加工工場や物流倉庫など，発展的に包括事業系REITへ拡張できる。農地REITの実現に向けては，農地の権利移動に関わる規制緩和等の政策の推進が待たれる。

1-13　営農型発電

営農型発電の導入も進んでいる[28]。農地法に基づく農地転用許可制度により，営農の適切な継続と農地の上部での発電を両立させて，農地の確保，営農，継続した売電収入が可能になった。平成25（2013）年３月31日の通知以降，農地に再生エネルギー発電設備を設置するための農地転用許可が平成23（2011）年度の25件（2.4ha）から平成28（2016）年度は9,339件（1,566.1ha）へ増加し，固定価格買取制度前（平成24・2012年６月以前）は52件（5.0ha）であり，固定価格買取制度後（平成24・2012年７月以降）は３万9,402件（7,044.5 ha）となっている。再生エネルギーのほとんどが太陽光であり，平成28（2016）年度までの合計で農地を転用して設置する方式が３万8,127件（7,019.3ha），営農を継続しながら発電する方式（営農型発電設備）が同じく1,269件（2.7ha，営農型発電設備の下部の農地で営農されている面積は346.4ha）となっている。

1-14 先進企業による農業経営

規制緩和が進んだこともあって，すぐれた有力農家と企業による高収益農業が知られるようになってきた。

深谷ネギで知られる埼玉県深谷市は，農業従事者の高齢化や経営体数の減少等の農業の課題解決のため，キャベツ等の野菜生産，カット野菜・冷凍野菜・乾燥野菜等の加工出荷を行う有限会社ワールドファームと農業参入に伴う協定を締結した。同社は，鳥取県，倉吉市，茨城県筑西市，石川県能登町，広島県庄原市等とも協定を提携し，自治体から農業の振興・担い手育成を行うため六次産業化用の加工工場の進出が期待されている[29]。

高収益の農業経営は一般的に，経営理念，作付面積と作業受託面積を合わせた耕作面積の規模，生産・加工にかかるコストダウン，販路の拡大に依っている[30]。

インターネットを活用した生鮮品の宅配事業に，外食チェーン，家電量販店，ネット通販大手等が参入し，JA全農のショッピングモールサイト「JAタウン」事業も好調で，農産物の通販市場が拡大している[31]。

政府は生乳の流通に関して従来の農協による独占を撤廃し，民間の参入を促進する流通改革を目指している。従来の指定団体出荷とは異なる，民間企業による生産者と乳業メーカーを結ぶ新たな生乳流通市場が成長している[32]。

畜産・酪農の収益力の向上については，畜産クラスターの政策が推進されている[33]。

農協改革も喫緊の課題で，国家戦略特区に限らず，なお一層の規制の緩和が求められる。

1-15 植物工場

植物工場は増加の傾向にあるが，平成30（2018）年2月時点で，太陽光型は132カ所，太陽光・人工光併用型は26カ所，人工光型は182カ所となっている[34]。

組織形態は，全体では株式会社が45％と最も多く，農地所有適格法人及び農業者が39％，その他が16％となっている。

収支状況は，全体では37％が黒字，収支均衡が18％，赤字が45％であり，太陽光型では黒字が48％，収支均衡が14％，赤字が39％，太陽光・人工光併用型では黒字が57％，収支均衡が14％，赤字が29％，人工光型では黒字が17％，収支均衡が25％，赤字が58％となっている。全体として栽培面積が大きいほど黒字・収支均衡の割合が高くなる傾向がある。

植物工場の経営課題としては，人件費と水道光熱費等があげられているが，コンクリート床の場合は税制上の地目は宅地になり，固定資産税は農地に比べ著しく重くなる。農地は農地法により「耕作の目的に供される土地」（農地法第2条第1項）とされている。農地に関する規制を見直し，コンクリート床の植物工場を農地と認める必要があるが，規制改革推進会議の「規制改革推進に関する第1次答申～明日への扉を開く～」（平成29・2017年5月23日）では，「農地における新たな農業生産施設・設備の利活用の促進」として，コンクリート敷の農業用ハウスや植物工場を農地と同様の取扱いをするよう，改革項目にあげている。

1-16 アグリテック

農家人口の減少を踏まえ，農業の効率化を図り，さらには，農家の勘と経験に頼っていた農作業を可視化し，データと分析によって収穫量・収益を上げることが課題となっている。そこで，ICTやロボット技術の農業への導入が始まり，このような農業の新たなあり方をアグリテック，スマート農業，IoT農業と呼んでいる。農林水産省は「スマート農業の実現に向けた研究会」検討結果の中間とりまとめ（平成26・2014年3月28日公表）で，「ロボット技術やICT等の先端技術を活用し，超省力化や高品質生産等を可能にする新たな農業」を

「スマート農業」とし，スマート農業の将来像を次の５つの方向性に整理している[35]。

① 超省力・大規模生産を実現
　－トラクター等の農業機械の自動走行の実現により，規模限界を打破
② 作物の能力を最大限に発揮
　－センシング技術や過去のデータを活用したきめ細やかな栽培（精密農業）により，従来にない多収・高品質生産を実現
③ きつい作業，危険な作業から解放
　－収穫物の積み下ろし等重労働をアシストスーツにより軽労化，負担の大きな畦畔等の除草作業を自動化
④ 誰もが取り組みやすい農業を実現
　－農機の運転アシスト装置，栽培ノウハウのデータ化等により，経験の少ない労働力でも対処可能な環境を実現
⑤ 消費者・実需者に安心と信頼を提供
　－生産情報のクラウドシステムによる提供等により，産地と消費者・実需者を直結

同とりまとめでは，スマート農業がもたらす新たな日本農業の展開として，「農業構造の改革を技術でサポート」，「やる気のある若者，女性などが農業に続々とチャレンジ」，「担い手のビジネスチャンスを拡大」，「品質と信頼で世界と勝負する農産物を生産」，「新たなビジネスの創出・展開」をあげている。また，同研究会は「農業機械の自動走行に関する安全性確保ガイドライン」を公表している。

圃場の気温や湿度，土壌の水質等をモニタリングするセンサーや，複数の農家間で出荷状況をリアルタイムで共有できるシステムが普及し，農薬散布等で農業用ドローンの活用が進み，無人走行の農機具が実用化の段階にある。

平成29（2017）年８月には農業データプラットフォームの構築に向け，農業データ連携基盤協議会が設立された[36]。

アグリテックは農業をより魅力的な仕事にし，農業の働き方も変える。農産

地域はアグリテックという新たな農業によって，地域経済を活性化し，雇用と移住を増やすことができる。官民の技術開発とともに，導入に向けた農家の経営意識の醸成と投資の仕組みづくりが急がれる。

2　森林・林業の活性化

2-1　森林の機能

木材の供給量（利用量）は平成26（2014）年（実績）の2,400㎥（総需要量7,600㎥）から2025年の目標が4,000㎥（同7,900㎥）となっており，用途別の利用量は平成26（2014）年（実績）で製材用材が1,200㎥，パルプ・チップ用材が500㎥，合板用材が300㎥，燃料材が200㎥，その他が100㎥であり，2025年目標で同じく1,800㎥，600㎥，600㎥，800㎥，200㎥となっている[37]。

ドイツなど欧州は林業・木材産業が産業クラスターを形成している一方，「日本は急峻かつ複雑な地形・地質，降水量の多い気候条件，植物種が多様で雑草木の繁茂等により人工造林種の生育が阻害されやすい」（「森林・林業基本計画」平成28・2016年5月）などの自然条件があり，欧州と同様の産業化は難しい。

森林の機能は，水源涵養，山地災害防止/土壌保全，保健・レクリエーション，生物多様性保全，地球環境保全，文化等の公益的機能，木材等生産機能に分けられる。産業・生産機能だけではなく，公益的機能もふまえ，その施策に要する費用を社会的に負担してく必要がある[38]。

森林資源は，林業と木材産業の成長産業化によって活用される。林業の生産性と経営力の向上とともに，木材需要の拡大が求められる。CLT（直交集成板）等の新たな木質部材の開発とともに，「公共建築物等における木材の利用促進に関する法律」（平成22年法律第36号）に基づく公共建築物をはじめ，民間非住宅・土木分野での木材の利用促進が課題となっている。

2020年オリンピック・パラリンピック東京大会に向けての新国立競技場の整備にあたり，隈研吾氏による外壁に国産の杉，屋根を支える構造に同じく唐松を使用する設計は，木材利用の大きな契機となる。

2-2 バイオマス産業

今後，期待されるのが，木質バイオマスによる発電であり，間伐材で作ったペレットを使ったコージェネレーション（熱電併給）システムの新たな技術や設備が導入され，設置が進んでいる。

真庭市では，官民出資と補助金で真庭バイオマス発電株式会社が設立され（資本金２億5,000万円のうち真庭市は12.0％を出資），平成27（2015）年４月より未利用材を主燃料に国内最大規模の１万キロワット（一般家庭22,000世帯分の需要に相当）を発電している。総事業費は約43億円で，補助金が16億円，シンジケート・ローンが19.5億円とされている。年間約20億円の売電収入を見込み，林業活性化による森林保全のほか，中山間地域の雇用創出も目指している[39]。

2-3 自治体の林業施策

北海道下川町は，伐採・造林から加工流通まで一体的で効率的な森林総合産業システムの構築に取り組んでいる。林業，林産業，森林バイオマス産業による森林版六次産業であり，地域に安定した雇用を創出しようという施策で，下川まち・ひと・しごと創生戦略に位置付けられている[40]。

林業の生産向上には高性能林業機械の導入が課題となっているが，下川町森林組合ではハーベスターとフォワーダーの導入により造材・収材の効率化を図っている。間伐にあたって，旧作業システムでは１セットを６人で行っていたが，新作業システムでは１セットを２人で行えるようになり，労働生産性（㎥/人・日）は５～６から11～13へ約220％向上し，素材生産コスト（円/㎥）は6,000～7,000から4,500～5,500へと約22％削減されている[41]。

高知県は森林を集め団地化し，高性能林業機械の導入による木材生産性の向上，森林所有者への収益還元，林業就業者の安定的な雇用のための「森の工場」の事業を推進している[42]。

岡山県は県産材の需要の創出と林業の成長産業化のため，CLTの普及に取り組んでいる[43]。岡山県西粟倉村は「百年の森構想」を掲げ，役場が森林所有者から森林を預かり，森林の間伐や作業道整備を行い，長期的に管理する事業を実施している。また，木材加工業を中心とする企業が設立され，「共有の森ファンド」が組成され，移住起業も促進されている[44]。

広島県廿日市市は木材の集積地として知られているが，けん玉の発祥の地でもある。地元の木工会社を中心に，けん玉の製品ブランド化が進められ，平成26（2014）年より「けん玉ワールドカップ」が開催されている。このような民間と林業関連自治体との取組みも地域活性化につながっている[45]。

2-4 ICT活用

岐阜県東白川村は日本有数のひのき「東濃ひのき」の産地として知られるが，木材輸入の自由化で林業従事者が減少し，山林が荒廃し，また，木材注文住宅市場の縮小で村民の所得減少と若年層の村離れが進んだ。村の総所得は平成10（1998）年の約34億8,300万円から，平成21（2009）年には約10億6,100万円に減少し，減少分の約10億6,100万円は785人分の生活コストに相当する。建築受注量は平成12（2000）年の14社による40棟の約9億6,000万円から，平成21（2009）年には11社による14棟の4億5,800万円に減少している。

そこで，村は建築受注量減少について，社会動向，影響，要因を分析し，解決手法をインターネット利用，間取り描画システム，公的機関の関与，グループ化競争原理，建築家との連携，企業化の人材育成とした。そして，「森のめぐみに満ちたライフスタイルの提案・提供」を事業理念に，「役場職員が中立の立場で家づくりをサポート」する運営形態で，「インターネットを利用して東白川の家づくりを売り出す事業」のフォレスタイル（Forestyle）を起ち上げた[46]。

フォレスタイル・プロジェクトはいわば村が木造住宅を販売するという試みで，村が施主・顧客と村の工務店や建築士を結びつける公的代理人を務め，村役場が主体となり官民で運営している信用度の高さが第1の特徴となっている。第2の特徴は建築にかかる費用が明瞭になる「木の家¥シミュレータ」というシステムで，間取りと概算建築費を自由にシミュレーションできる。平成30（2018）年9月現在で公開間取登録数は4,807件となっており，家づくりパートナーとして同じく村内の工務店が10社，設計士は名古屋市の設計事務所など24社が紹介されている。

ウェブページ・木の家￥シミュレータ・同データベース等からなるシステムは平成20・21（2008・2009）年度地域ICT利活用モデル構築事業で，総務省から同村が委託を受けて構築したものである。知的財産権を有する同村は，自治体・建築関係団体へシステムを無償提供しており，長野県信濃町は平成29（2017）年度から同事業を開始している。

東白川村のフォレスタイルは，総務省の地域情報化大賞（平成28・2016年度からICT地域活性化大賞）を受賞し，全国村長サミットのMURA OF THE YEAR 2014の最優秀賞を受賞している[47]。フォレスタイルは，今後，さらなるブランドの確立に取り組んでいく。

2-5 森林経営管理法

林業の成長産業化と森林資源の適切な管理を目的とした森林経営管理法が平成30（2018）年５月25日に成立した。同法は市町村を介して意欲と能力のある林業経営者に林業経営を委託し，経済的に成り立たない森林については市町村が自ら経営管理を行う仕組みを構築するものである[48]。

同法に対しては，NPO法人自伐型林業推進協会が問題点を指摘し，「長期的な多間伐施業による持続的・永続的な森林経営を位置付けること」，「多間伐施業を担う自伐型林業者を主体にも位置付けること」，「無垢材流通（A材以上）の推進と拡大を加えること」という３つの提言を行っている[49]。同提言では同法案を環境保全型とはいえない木材増産・生産効率ばかりを追求した林業をさらに進めるもので，小規模な面積を所有・管理している林業者を制度対象から外してきた大規模林業一辺倒に進んだ状況と重なり，自伐型林業者（自伐林家を含む）が対象から外されていく流れを案じさせるものとしている。

自伐型林業とは同協会によれば，施業委託型で短伐期皆伐施業の現行林業に対して，採算性と環境保全を高い次元で両立する持続的森林経営であり，参入障壁が非常に低く，幅広い就労を実現する。地方創生，中山間地域の林業活性化，雇用，移住に大きな効果を有する。

同協会代表理事の中嶋健造氏は自伐型林業の普及に取り組み，総務省の地域力創造アドバイザー等を務め，平成29（2017）年度ふるさとづくり大賞の総務大臣賞を受賞している。2019年１月31日現在，同氏と同協会の活動によって11

人の自伐型林業指導者が活躍し，1,300人以上の担い手が育ち古くからの自伐林家を含めると1,800人以上が活動している。また，高知県はじめ42の自治体が自伐型林業を推進し，25団体以上の地域推進組織があり，20社の企業と連携するなど，自伐型林業が普及している。

2-6 森林環境税

平成30（2018）年度の財政改正の大綱（平成29・2017年12月12日）に，森林環境税（仮称）の創設が盛り込まれた。森林環境税は森林経営管理法案を踏まえ，平成31（2019）年度税制改正において森林環境税（仮称）及び森林環境譲与税（仮称）を創設するものである。これは個人住民税に１人当たり年額1,000円を上乗せ徴収するもので，約620億円の税収となる。新税は私有林人工林面積・林業就業者数・人口に応じて市町村（10分の９に相当）と都道府県（10分の１に相当）に譲与され，市町村は間伐，人材育成・担い手の確保，木材利用の促進や普及啓発等の森林整備やその促進に関する費用に充て，都道府県は市町村の支援等に充てる。賦課徴収は2024年度からで，2019年度から2023年度までは借入金をもって充てられる。

森林環境税は「森林吸収源対策に係る地方財源の確保」とあるように，地球温暖化ガス吸収のための森林整備に充てる目的税であり，いわば炭素税ともとらえられる。そこで，国税による国民の負担とされるのであろうが，二酸化炭素を排出する企業は課税対象とはなっていない。家計関連の二酸化炭素の排出は２割程度で，８割が企業・公共部門関連となっている。

また，37府県と１市（横浜市の横浜みどり税）が同様の税金を徴収している。すでにあるこれら自治体による課税と重複はしないのか，また，所得の低い人からも徴収し，企業に負担を求めない，いわば取りやすいところから取るこのような目的税がよいのか，疑問が出されている。目的税で特別財源ができると，目的が達成されても，税は存続し無駄使いされるという問題も指摘される。地球温暖化対策に資するといえるのか，林野行政の財源確保のための森林環境税の導入効果を検証していく必要がある。

長野県は平成20（2008）年度から「長野県森林づくり県民税（森林税）」を導入している。平成20（2008）年度から平成29（2017）年度まで，個人500円/

年，法人均等割額の５％相当額を徴収し，平成28（2016）年度で6.8億円となっている。税収は里山の間伐，間伐材の利活用等による継続的な森林づくりの推進，里山と人との絆づくりを進める取組みの推進に活用し，平成30（2018）年度から５年間継続される。同県は税導入の効果等を総合的に検証し，目標を設定し，事業の評価を行い，事業期間ごとに森林税の見直しを行っている[50]。

3　水産業の活性化

3-1　水産政策

「農林水産業・地域の活力創造プラン」（平成30・2018年６月改訂）の「水産政策の改革について」では，改革の方向性として水産資源の適切な管理と水産業の成長産業化の両立，漁業者の所得向上と年齢のバランスのとれた漁業就業構造の確立が示されている。

平成25（2013）年度からは地域の漁獲所得を５年間で10％以上アップすることを目標に，「浜の活力再生プラン」の取組みがスタートしている。収入向上の取組例としては「資源管理しながら生産量を増やす」「魚価向上や高付加価値化を図る」「商品を積極的に市場に出していく」があげられ，コスト削減の取組例として「省エネの取組」「協業化による経営合理化」があげられ，先進事例も紹介されている。

漁業振興を通じた地域の活性化には，「獲るだけ」ではなく，水産加工品の製造・販売，直売所の運営，地産地消，新たな流通ルートの構築等に取り組む必要がある。その際には，漁村に存在する地域の資源を活用することが課題となる。

水産基本計画（平成29・2017年４月）は産業としての生産性向上と所得の増大による漁業の成長産業化，水産資源とそれを育む漁場環境の適切な保全・管理，水産業の漁村の持つ多面的機能の発揮を基本的な方針とし，水産資源の持続可能な形でのフル活用による国民に対する水産物の安定的な供給と漁村地域の維持発展を目指すものとなっている[51]。

同計画の主要事項としては国際競争力のある漁業経営体の育成，浜プラン・広域浜プラン，新規就業者の育成・確保，海技士等の人材の育成・確保，水産教育の充実，外国人材受入れの必要性，魚類・貝類養殖業等への企業の参入，資源管理の基本的な方向性，数量管理等による資源管理の充実と沖合漁業等の規制緩和（大型化），捕鯨政策の推進，持続可能な漁業・養殖業の確立（総論），新技術・新物流体制の導入による産地卸売市場の改革と生産者・消費者への利益還元，多面的機能の促進が示され，2027年度の自給率目標は食用魚介類で70％（平成26・2014年度で60％），魚介類全体で64％（同55％），海藻で74％（同67％）となっている。

漁業は，数量管理等による適切な資源管理が前提となる。その上で，成長産業化を図ることになる。漁獲と養殖のほか，加工・六次産業化，鮮度維持の工夫とともに新たな流通の構築と，魚食への消費者の理解も求められる。

太平洋クロマグロ小型魚の漁獲状況について，国際的合意に基づく漁獲枠4,007トンを超過した[52]。クロマグロに関する漁獲政策とともに，スーパーマーケット・鮮魚店での告知，消費者のあり方が問われている。

3-2 ICTの活用

水産業における情報と資源の共有に向け，ICTが活用されている。公立はこだて未来大学マリンIT・ラボは，平成27（2015）年度ICT地域活性化大賞（地域情報化大賞）を受賞している。ICTを活用した資源管理システムによる水産資源の見える化では，留萌市でなまこ資源の回復が図られ，全国に技術移転が進んでいる。ICTを活用した海洋観測システムによる海洋環境の見える化では，従来の海洋観測ブイの10分の１の価格と50分の１のランニングコストが実現し，全国沿岸の水温観測網の構築が進んでいる[53]。

4 道の駅

4-1 道の駅の機能とテーマ

地域の経済と観光を活性化させる施設として，道の駅の設置が進んでいる。道の駅には，休憩機能，地域の連携機能，情報発信機能という３つの機能があり，地域の活性化の拠点として，下記の具体的な取組みがあげられている[54]。

○産業振興	地域の特産品を活かした産業振興「道の駅」
○地域福祉	地域の高齢化等に対応した住民サービス（地域福祉）を提供する「道の駅」
○交通結節点	公共交通の結節点として地域住民に交通サービスを提供する「道の駅」
○防災	災害時に高度な防災機能を発揮する「道の駅」
○観光総合窓口	地域の観光総合窓口となる「道の駅」
○インバウンド観光	インバウンド観光を促進する「道の駅」
○地方移住等促進	地域移住・ふるさと納税推進に貢献する「道の駅」
○交流・連携	地域間の交流・連携を促進する「道の駅」

国土交通省は地域活性化の拠点として特に優れた機能を発揮していると認められるとして，平成26（2014）年に全国モデル「道の駅」を６駅選定している。そして，特定のテーマについて「道の駅」の質的向上に資する全国の模範となる取組みを行いその効果が認められる特定テーマ型モデル「道の駅」として平成28（2016）年度に住民サービス部門６駅，平成29（2017）年度に地域交通拠点部門として７駅を選定し，さらに，地域活性化の拠点となるすぐれた企画があり今後の重点支援で効果的な取組みが期待できる重点「道の駅」（平成26・2014年選定35カ所，平成27・2015年選定38カ所），地域活性化の拠点となる企画の具体化に向け地域での意欲的な取組みが期待できる重点「道の駅」候補（平成26・2014年選定49カ所）を選定している。

全国モデル「道の駅」（平成26・2014年選定６駅）は，次のとおりとなっている。

1．道の駅「遠野風の丘」（岩手県遠野市，http://kazenooka.tonofurusato.jp/）
（広域防災拠点として高度な防災機能を分担）

2．道の駅「もてぎ」（栃木県茂木町，http://motegiplaza.com/）
（真岡鉄道のSLやサーキットなど地域の魅力へのアクセスポイントとしてのゲートウェイ機能）

3．道の駅「川場田園プラザ」（群馬県川場村，http://www.denenplaza.co.jp/）

（「農業プラス観光」で人口約3,700人の村に年間約120万人が来訪。リピート率は7割）

4. 道の駅「とみうら」（千葉県南房総市，http://www.biwakurabu.jp/）
（観光資源（びわ等）をパッケージ化し，都市部の旅行代理店へ販売）

5. 道の駅「萩しーまーと」（山口県萩市，http://seamart.axis.or.jp/）
（地元業者と共に，魚の加工品の開発。その商品は，「究極のおみやげ」等さまざまな賞を受賞）

6. 道の駅「内子フレッシュパークからり」（愛媛県内子町，http://www.karari.jp/）
（地元農家が中心となった商品開発，町内の農産品販売額の15％を占める）

4-2 稼ぐ道の駅

国土交通省の「全国モデル『道の駅』」に選ばれている栃木県茂木町の「道の駅もてぎ」は，「訪れる人のための道の駅」，「町民のための道の駅」，「働く人のための道の駅」という3つの理念を掲げ[55]，農産物の六次産業化に取り組み，町の職員が道の駅に常勤し，運営の工夫を積み重ねている。年間来場者は約180万人で，オリジナル商品が数多くヒットし，平成28（2016）年3月決算で売上10億円・100人の雇用を達成している。

群馬県川場村は高い評価に見るように，田園プラザ川場を「農業＋観光」の集大成，世田谷区との交流活動の一環として位置付け，道の駅により農業を中心とした地場産品の育成と新規開発の村のタウンサイト（中心街区）の形成を目指している[56]。

道の駅むなかたは本日の入荷状況として，鮮魚・水産物と野菜・農産物の毎日の入荷状況をウェブサイトで告知し，季刊誌「My道」（まいど）を発行している[57]。

全国モデルに選ばれ，口コミ・ランキング上位の道の駅は美しい景観，整備された施設のほか，地元の農水産物とこれらを活用した飲食や加工品の提供によって，多くの観光客と地元住民でにぎわっている。これら道の駅は，地域・

広域的なエリアとネットにおける集客と販路の確保に努めている。マーケティング，商品開発，広報・PRへのすぐれた取組みが，成功への大きな要因となっている。

4-3 萩しーまーと

漁業による地域活性化を道の駅を通じて行っている先進事例として，萩市の漁港直結の道の駅「萩しーまーと」が知られている[58]。「萩しーまーと」が道の駅の全国モデルに選定された理由として，萩漁港の水揚げ高の約15％を販売し，地産地消に寄与し，魚食普及・食育の拠点として地域活動を実施していること，地元加工業者と連携して生み出したヒット商品が地域全体の活性化に貢献していることをあげている。

「萩しーまーと」は「多品種少量の魚産地を強みに変え，地場産魚のブランド化に成功」と，平成22（2010）年度の農林水産大臣賞の交流促進部門を受賞している[59]。取組内容としては，駅長を全国公募で採用し斬新なアイデアと行動力で多品種少量産地の特徴を活かしたマーケティング戦略を展開し，萩市の地産地消の拠点施設として，施設全体の売上年間約10億円，年間来客数150万人（当時）まで成長したことをあげている。少量多品種型の地場鮮魚の新たな需要を掘り起こし，直売所が市民の台所となり，市民と観光客の交流の場として定着し，地産地消の実践，地場水産物の情報発信，魚食・食育の拠点，地域ブランド創出の拠点が実現されている。

また，農林水産省が推進する食料自給率向上活動「FOOD ACTION NIPPON AWARED 2009」流通部門優秀賞を受賞している。不安定な観光客収入よりも地域住民を利用者ターゲットに方向転換し，公設市場をコンセプトに，８割が萩産で，低価格で鮮度のよい地産食材を販売し，水産物のほか県産の肉や野菜等もそろえる。地元放送局に旬の魚等の情報を提供し，地域向けにPRする一方，県外にも情報発信している。平成19（2007）年には「萩の真ふぐ」，平成20（2008）年には「萩のあまだい」など「おいしい魚の町」としてブランドづくりを進めている。年間来場者の約６割が地元住民となっている。

平成22（2010）年のプロダクト部門には「捨てていた雑魚を高級食材に（普段使いの雑魚を高級食材に）」で入賞している。萩の地魚もったいないプロジェクトは，平成25（2013）年の流通部門優秀賞を受賞している。安価でありながら人気がなく，時には沖合で投棄していたマイナー魚種に注目し有効活用を図り，地元での消費量が飛躍的に増加し，魚価も1.5倍から２倍に上昇した。萩の地魚「金太郎」のオイル漬け「オイル・ルージュ」といった新しく開発した加工製品も好評で，水産業界の注目を集めている[60]。平成17（2005）年の１市２町４村の合併で，魚だけでなく，地元産の地鶏，和牛，豚，果物も並べられるようになった。直営の鮮魚部と果物・青果の店舗では13人が働く。

「萩しーまーと」の成功は中澤さかな氏というマーケティングに卓越した駅長の経営に依り，正規の事務職員の５名は他の道の駅よりも多く，その１人は広報・PRを担当している。

水産物は農産物に比べ，六次産業化が遅れているといわれるが，萩しーまーとは道の駅の経営のあり方とともに，水産物の地産地消と六次産業化の先進事例と高く評価されている。

〈注〉

1　農林水産省「食料自給率の意義と効果」
http://www.maff.go.jp/j/wpaper/w_maff/h18_h/trend/1/t1_t_01.html

2　「食料供給に係るリスクの分析・評価の結果（平成28年度）」平成29年３月農林水産省
http://www.maff.go.jp/j/zyukyu/anpo/attach/pdf/risk-1.pdf
農林水産省「食料自給率向上の意義と効果」
http://www.maff.go.jp/j/wpaper/w_maff/h18_h/trend/1/t1_t_01.html

3　農林水産省「米をめぐる関係資料」平成30年７月，「最近の米をめぐる状況について」平成30年８月
http://www.maff.go.jp/j/seisan/kikaku/kome_siryou.html

4　農林水産省「我が国の農産物備蓄の状況（平成30年版）
http://www.maff.go.jp/j/zyukyu/anpo/3-1.html
「知っている？　日本の食糧事情〜日本の食料自給率・食糧自給力と食料安全保障」
http://www.maff.go.jp/j/pr/annual/pdf/syoku_jijyou.pdf
なお，大豆の備蓄は困難とされ大豆の備蓄量については農水省ウェブサイト，その他でも検索できず，５万トンで年間需要量の20日分であり，飼料用穀物は約１カ月分という指摘がある（松下政経塾塾生レポート2001年11月「緊急時の食料安全保障政策（食料備

蓄制度の観点から)」平山喜基
http://www.mskj.or.jp/report/965.html
5 農林水産省「大豆関連データ集」
http://www.maff.go.jp/j/seisan/ryutu/daizu/d_data/
「大豆をめぐる事情」平成29年4月「我が国における大豆の需要状況」
http://www.maff.go.jp/j/seisan/ryutu/daizu/attach/pdf/index-23.pdf
6 農林水産省「国際的な食料需給の動向」
http://www.maff.go.jp/j/zyukyu/jki/j_zyukyu_doko_m/zkyu_kyo.html
7 農林水産省「農業競争力強化プログラム」
http://www.maff.go.jp/j/kanbo/nougyo_kyousou_ryoku/index.html#s
8 農林水産省「フード・アクション・ニッポン」ウェブサイト
http://www.maff.go.jp/j/pr/aff/1205/spe1_05.html
9 「食品製造業・小売業の適正取引推進ガイドライン～豆腐・油揚製造業～」が策定された。
http://www.maff.go.jp/j/press/shokusan/kikaku/170331.html
10 ポール・マッカートニー氏一のMeat Free Monday インタビュー(2015年4月25日)
http://www.hopeforanimals.org/MeatFreeMonday/00/id=401
11 肉の消費量を減らし菜食を進める団体の活動は下記のようにあげられ，畜産業の環境へ与える影響とアニマルライツについて解説している。
NPO法人アニマルライツセンター
http://www.arcj/org
NPO法人日本ベジタリアン協会
http://www.jpvs.org/
日本エシカルヴィーガン協会
http://www.ethicalvegan.jp/
12 国連FAO「LIVESTOCK'S LONG SHADOW」2006
http://www.fao.org/docrep/010/a0701e/a0701e00.htm
13 農林水産省資料
http://www.maff.go.jp/j/wpaper/w_maff/h18_h/trend/1/t1_t_01.html
14 農林水産省ウェブサイト「地産地消・国産農林水産物の消費拡大」
http://www.maff.go.jp/j/shokusan/gizyutu/tisan_tisyo/
「地産地消の推進について」平成29年3月農林水産省
http://www.maff.go.jp/j/shokusan/gizyutu/tisan_tisyo/attach/pdf/index-14.pdf
15 「食料・農業・農村基本計画」平成27年3月

http://www.maff.go.jp/j/keikaku/k_aratana/pdf/1_27keikaku.pdf

16 6次産業化の取組事例集（平成29年2月）

http://www.maff.go.jp/j/shokusan/renkei/6jika/pdf/jireisyu.html

6次産業化の商品事例集（平成28年1月）

http://www.maff.go.jp/j/shokusan/renkei/6jika/syohin_jirei.html

農林水産省　地産地消優良活動表彰事例　農林水産大臣賞

http://www.maff.go.jp/j/shokusan/gizyutu/tisan_tisyo/t_yuryo/

農林水産省「地産地消の推進について」平成29年3月

http://www.maff.go.jp/j/shokusan/gizyutu/tisan_tisyo/attach/pdf/index-14.pdf

農林水産省「6次産業化支援策活用ガイド」平成29年4月版

http://www.maff.go.jp/j/shokusan/kikaku/pdf/2904jirei_all.pdf

17 2015年農林業センサス

http://www.e-stat.go.jp/SG1/estat/List.do?lid=000001154297

18 日本農業研究所研究報告『農業研究』第28号（2015年）P.63～102「農家人口，農業労働者のコーホート分析－1960年から2010年までの半世紀の変化－」大賀圭治

「食料・農業・農村基本計画」平成27年3月

http://www.maff.go.jp/j/keikaku/k_aratana/pdf/1_27keikaku.pdf

19 農林水産省「企業等の農業の参入について」

http://www.maff.go.jp/j/keiei/koukai/sannyu/kigyou_sannyu.html

20 クールジャパン機構2017年4月27日プレスリリース

21 新潟市のニューフードバレー構想と国家戦略特区は新潟市ウェブサイトによる。

http://www.city.niigata.lg.jp/business/shoku_hana/newfood/index.html

22 平成28年10月時点，㈱ローソンによる㈱ローソンファーム新潟，新潟麦酒㈱による㈱ビアファーム，㈱新潟クボタによる㈱NKファーム新潟，㈱WPPCによる㈱グリーンズグリーン，㈱セブンファーム新潟による㈱セブンファーム新潟市，㈱ars-dining による㈱ars-dining，㈱アイエスエフネットライフ新潟による㈱たくみファーム，東日本旅客鉄道㈱による㈱JR新潟ファーム，㈱ひらせいホームセンターによる㈱ひらせいファームが設立され，特例農業法人に移行している。

23 兵庫県養父市ウェブサイト

http://www.city.yabu.hyogo.jp/9300.htm

24 ジェニファー・コックラル=キング，白井和宏訳『シティ・ファーマー　世界の都市で始まる食料自給革命』白水社

25 バンクーバー市ウェブサイトのGreen Vancouverのページ及びGREEN CITY 2020 ACTION PLAN PART TWO: 2015-2020のLOCAL FOOD参照。

http://vancouver.ca/green-vancouver/greenest-city-action-plan.aspx

http://vancouver.ca/files/cov/greenest-city-2020-action-plan-2015-2020.pdf

26 農林水産省ウェブサイト「農地中間管理機構の制度や実績等」

http://www.maff.go.jp/j/keiei/koukai/kikou/index.html

27 一般社団法人信託協会　信託研究奨励金論集第37号（2016.11）「信託スキームを活用した農地流動化型ファイナンス（農地REIT）の成立条件」慶應義塾大学経済学部教授　塩澤修平　明海大学不動産学部准教授　芦谷典子

http://www.shintaku-kyokai.or.jp/profile/pdf/seikaronbun3708.pdf

28 農林水産省ウェブサイト「再生可能エネルギー発電設備を設置するための農地転用許可」

http://www.maff.go.jp/j/nousin/noukei/totiriyo/einogata.html

29 深谷市ウェブサイト

http://www.city.fukaya.saitama.jp/business/nougyo/oshirase/1479428328240.html

有限会社ワールドファーム

http://www.world-farm.co.jp/

30 週刊ダイヤモンド2017年２月18日号，特集「JA解体でチャンス到来！儲かる農業2017」

31 2019年５月21日日本農業新聞電子版

https://www.agrinews.co.jp/p40918.html

32 株式会社MMJウェブサイト

http://www.milkmarket-japan.com/

33 農林水産省「畜産クラスター関係」

http://www.maff.go.jp/j/chikusan/kikaku/lin/l_cluster.html

34 一般社団法人日本施設園芸協会「平成29年度次世代施設園芸地域展開促進事業（全国推進事業）事業報告書　大規模施設園芸・植物工場実態調査・事例調査」平成30年３月，掲載データは同報告書による。

http://www.jgha.com/shiryou.html

35 農林水産省「スマート農業の実現に向けた研究会」

http://www.maff.go.jp/j/kanbo/kihyo03/gityo/g_smart_nougyo/

36 農業データプラットフォームWAGRI

https://wagri.net/

37 林野庁「森林・林業基本計画」平成28年５月

http://www.rinya.maff.go.jp/j/kikaku/plan/

38 南方熊楠はエコロジーという概念を初めて日本に紹介し，森林の大切さを訴え，明治政府が進める神社合祀に反対した。阿部博人『南方熊楠を知っていますか？宇宙すべてをとらえた男』サンマーク出版を参照。

39 真庭市「第三セクターの経営状況」（平成27年度分）
http://www.city.maniwa.lg.jp/webapps/www/info/detail_2.jsp?id=2452
中国銀行平成26年7月29日Chugin NEWS RELEASE
http://www.chugin.co.jp/news_release/release_y2014.html
中国地域ニュービジネス優秀所
nb.cnbc.or.jp/wp/pdf/h28_award/03_biomass.pdf

40 北海道下川町「下川町まち・ひと・しごと創生戦略〜自立し発展し続ける地域づくり〜」平成27年10月30日
https://www.town.shimokawa.hokkaido.jp/gyousei/files/00honbun.pdf

41 林野庁「平成28年度林業機械化推進事例の紹介」No.2北海道下川町森林組合
http://www.rinya.maff.go.jp/j/kaihatu/kikai/attach/pdf/H28jirei-6.pdf

42 高知県ウェブサイト
http://www.pref.kochi.lg.jp/soshiki/030203/kanbatu-koujou.html

43 岡山県ウェブサイト
http://www.pref.okayama.jp/page/450433.html

44 岡山県西粟倉村ウェブサイト
http://www.vill.nishiawakura.okayama.jp/
エーゼロ株式会社西粟倉ウェブサイト
http://guruguru.jp/nishihour/
共有の森ファンドウェブサイト
https://www.securite.jp/fund/detail/145

45 廿日市市ウェブサイト
https://www.city.hatsukaichi.hiroshima.jp/soshiki/26/26049.html

46 岐阜県東白川村ウェブサイト
https://www.vill.higashishirakawa.gifu.jp/kurashi/sangyou/shoukougyou/forestyle/
フォレスタイル
http://www.forestyle-home.jp/
http://moty2014.sonchou-summit.net/?p=313

47 総務省「地方創生に資する「地域情報化大賞」表彰事例の発表」平成27年1月23日
http://www.soumu.go.jp/menu_news/s-news/01ryutsu06_02000073.html
全国村長サミットMURA OF THE YEAR 2014　ウェブサイト
http://moty2014.sonchou-summit.net/

48 農林水産省「森林経営管理制度（森林経営管理法）について」
http://www.rinya.maff.go.jp/j/keikaku/keieikanri/sinrinkeieikanriseido.html

49 自伐型林業推進協会ウェブサイト
http://jibatsukyo.com/about/
http://jibatsukyo.com/info/news/1802-teigen
http://jibatsukyo.com/nakajimakenzou/
https://www.mof.go.jp/tax_policy/tax_reform/outline/fy2018/20171222taikou.pdf

50 長野県森林づくり県民税（森林税）
http://www.pref.nagano.lg.jp/rinsei/sangyo/ringyo/shisaku/kenminze/kenminzei.html

51 水産庁「水産基本計画」平成29年４月
http://www.jfa.maff.go.jp/j/press/kikaku/attach/pdf/170428-3.pdf

52 水産庁「太平洋クロマグロ小型魚の漁獲状況について」平成29年４月27日プレスリリース
http://www.jfa.maff.go.jp/j/press/kanri/170427.html

53 総務省ウェブサイト「2015年度ICT地域活性化大賞（地域情報化大賞）」
http://www.soumu.go.jp/menu_news/s-news/01ryutsu06_02000103.html

54 国土交通省「道の駅案内」ウェブサイト，モデル「道の駅」・重点「道の駅」の概要
http://www.mlit.go.jp/road/Michi-no-Eki/juten_eki/juten_eki_index.html

55 道の駅公式ホームページSUCCESS STORY「道の駅もてぎ in 栃木」
https://www.michi-no-eki.jp/specials/view/21。

56 道の駅「田園プラザ川場」
https://www.denenplaza.co.jp/about/index.html

57 道の駅「むなかた」
http://www.michinoekimunakata.co.jp/

58 萩しーまーと
http://seamart.axis.or.jp/

59 農林水産大臣賞（交流促進部門）地産地消優良活動事例「道の駅　萩しーまーと」
http://www.maff.go.jp/j/shokusan/gizyutu/tisan_tisyo/t_yuryo/pdf/sea_mart.pdf

60 萩しーまーと　FOOD ACTION NIPPON AWARED 受賞・入賞
http://syokuryo.jp/award/
http://syokuryo.jp/award/award09/list/distribution.html#sec09
http://syokuryo.jp/award/award10/download/awardList2.pdf
http://syokuryo.jp/award/award13/list/distribution.html#sec06

第4章

移住と観光

1 移　住

1-1 移住による社会増

地域の活性化には，人口の維持・増加が大きな要素となる。人口増加には自然増と社会増があり，人口ビジョンではそれぞれの目標をかかげている。社会増は移住によって図られ，さらに定住によって定着していく。

一般社団法人持続可能な地域社会総合研究所（所長：藤山浩）は平成27（2015）年国勢調査と平成22（2010）年国勢調査のデータに基づき，定住増加で地域の人口安定化が図られるとしている[1]。全国の過疎指定797市町村では，11.7％（93市町村）で実質社会増を実現し，30年後の子ども人口安定化（現在１割減以内）は24町村が達成し，88.2％（703市町村）で人口比１％未満の定住増加で達成し，30年後の総合的人口安定化（３条件同時達成）は13町村が達成し，41.2％（328市町村）で人口比１％未満の定住増加で達成するとしている。転入者が転出者よりも多い定住増加は移住によるので，地方の人口減少に対して移住は有効であり，平均すれば毎年１％の移住増加で，人口安定化が図られるという。

また，移住支援のセミナーや相談会等が盛んになり[2]，総務省は平成27（2015）年３月25日より全国移住ナビのウェブサイトを稼働させ[3]，地方への人の流れが促されている。

中山間地域における地域循環経済の研究もなされ，将来像を模索する動きもみられる。移住者クリエイターで賑わう話題や田舎暮らしの成功談も関連雑誌で紹介されている。

1-2 地域おこし協力隊

地域おこし協力隊員数は平成21（2009）年度の89人（実施自治体数は31，うち都道府県数は1，市町村数は30）から，平成29（2017）年度の4,830人（名称を統一した農林水産省の田舎で働き隊の146人と合わせ4,976人。同997，同12，同985）へと増加している。

「平成29年度地域おこし協力隊の定住状況等に係る調査結果」によれば，隊員の約4割が女性，約4分の3が20代・30代であり，任期終了後に約6割が同じ地域に定住している。逆に，4割は定住していない。

同一市町村内に定住した者の動向としては1,075人のうち29％（314人）が起業で，前回調査（平成27・2015年3月末時点）の17％より増加している。就業は47％の510人（前回調査は47％），就農等は14％の152人（同18％）となっている[4]。

地域おこし協力隊に取り組む自治体には，特別交付税により財政支援が措置され，隊員1人当たり400万円を上限に支給される。地域おこし協力隊員が起業する場合，100万円を上限に経費が支給される。

地域おこし協力隊サポートデスクが設置され，「地域おこし協力隊ビジネスアワード事業」「地域おこし協力隊受入態勢・サポート態勢モデル事業」調査報告書が公表されるなど，地域おこし協力隊導入の実効性を高める取組みもなされている。

平成21（2009）年度から平成28（2016）年度までの8年間で，330.5億円が支出されている。平成28（2016）年度は3,978名に132億円となっている[5]。4割が同じ地域に定住しないので，52.8億円が無駄になったともいえるし，132億円は6割の定住した隊員のコストとすると，1人当たり約553万円を要しているともいえる。定住が続くか，さらなる追跡調査も必要となる。

1-3 日本版CCRC構想

政府が進める高齢者政策に，日本版CCRC構想がある。CCRC（Continuing Care Retirement Community）は，米国で普及している健康なうちに移住し継続的な介護を受けるコミュニティである。

日本版CCRCとは「東京圏をはじめとする高齢者が，自らの希望に応じて地方に移り住み，地域社会において健康でアクティブな生活を送るとともに，医療介護が必要な時に継続的なケアを受けることができるような地域づくり」を目指すものである[6]。

内閣官房「東京在住者の今後の移住に関する意識調査」（平成26・2014年８月）によれば，東京都在住者のうち地方へ移住する予定又は移住を検討したいと考えている人は，50代では男性50.8％，女性34.2％，60代では男性36.7％，女性28.3％にのぼっている。地方は東京圏に比べ，生活コストやサービス付き高齢者向け住宅コストが大幅に低いという。

本構想の意義として，高齢者の希望の実現，地方への人の流れの推進，東京圏の高齢化問題への対応の３つがあげられている。従来の高齢者施設との違いは，健康時からの移住，地域の仕事・社会活動・生涯学習などへの積極的な参加，地域に溶け込んで多世代との共働するオープン型，とされる。

入居者は「一般的な退職者（厚生年金の標準的な年金額21.8万円の高齢者夫婦世帯）が入居できる費用モデルを基本としつつ，富裕層も想定した多様なバリエーションも可能とする」としている。構想（素案）の高齢者夫婦世帯（夫65歳以上，妻60歳以上の夫婦のみの世帯）の年間収入階級分布と貯蓄現在高階級分布，定年退職者（大卒・勤続20年以上かつ年齢45歳以上）の退職給付額階級分布が図示されているが，1,000万円以上の収入がある者も存在し（26.7万世帯），貯蓄現在高4,000万円以上層（92.5万世帯）や2,000～3,000万円層（86.7万世帯）が多いと記され，年間収入と貯蓄現在高の多い世帯が想定されている。

なお，平成30（2018）年度の年金額（月額）改定は平成29（2017）年度の据え置きで，国民年金（老齢基礎年金（満額）１人分）で６万4,941円，厚生年金（夫婦２人分の老齢基礎年金を含む標準的な年金額）は22万1,277円となっている[7]。公的年金被保険者数は平成28（2016）年度で，国民年金第１号（任意加入含む）が1,575万人，厚生年金保険（第１号）が3,822万人，厚生年金保険（第２号～４号）が445万人，国民年金第３号が889万人となっている[8]。公的年金受給者数は平成28（2016）年度で，国民年金が3,386万人，厚生年金保険（第１号）が3,409万人，厚生年金保険（第２～４号）（共済年金を含む）が467万人となっている。

政府は地域包括ケアシステムの構築，立地適正化計画制度等と連携した「健康・医療・福祉のまちづくりの推進ガイドライン」を平成26（2014）年８月に策定している[9]。

1-4　移住先での仕事と収入

民間企業によるシニアタウンや自治体と地元事業者の協力による日本版CCRCの整備が進んでいる。

自治体としてより積極的にCCRC構想の検討を重ねているのが，南魚沼市である[10]。南魚沼版CCRC構想は，カレッジリンク・新設移住型であり，地域特性は田園地域型，地域的広がりはエリア型，住み替えパターンは大都市移住型としている。

強みとしては高い交通利便性，豊かな（特色ある）自然環境，高度医療を核とした地域医療，国際大学や北里大学保健衛生専門学院などの教育機関との密接な連携をあげている。

目標の400人が移住した場合の50年間の効果が示されているが，同市の医療・介護負担が7.9億円（50年間の累計額）であるのに対し，社会保険料収入は19.4億円（同），市民税収入は11.2億円（同）となっている。

移住者の直接消費額は156.1億円（同）であり，同市への経済波及効果は8.9億円（同），魚沼圏への経済波及効果は24.9億円（同），新潟県全体への経済波及効果は340.9億円（同）と見込んでいる。

同市の首都圏住民に対するアンケート結果で，「移住先での不安要素」は，「移住先での仕事・収入の確保」が最も多くなっている。住宅や医療・福祉サービスも不安や課題となっている。住宅と医療・福祉サービスの提供は当然のことながら，特に50代・60代で移住した場合，仕事と収入が課題となる。同構想では「グローバルITパーク構想」や「南魚沼市地域産業支援プログラム」

が示されているが，ITやグローバル関連以外も含め多様な雇用の場が確保できるかは，同構想の今後の具体化に依っている。

国は地方創生の観点から，日本版CCRCを推進している。「生涯活躍のまち（日本版CCRC）」構想は，改正地域再生法（平成28・2016年４月20日施行）による特例措置と財政支援などの支援措置が講じられる[11]。「生涯活躍のまち」の地域再生計画制度では17計画が認定され（平成29・2017年11月現在），120事業（１府３県92市）に地方創生推進交付金等の交付決定がなされ（平成29・2017年10月現在），関係府省からなる支援チームによる取組みの促進が16団体（平成29・2017年７月現在）となり，平成29（2017）年10月現在で79団体が施策を進めているが，2020年に100団体を目指している。

日本創生会議は2025年には東京圏での深刻な介護施設の不足を指摘している[12]。

東京圏の高齢者施設に入居できない高齢者は地方への移住を余儀なくされる。しかし，移住希望の一般論とは別に，高齢者の個別の事情により移住が具体的になされるかは不明である。健康と継続的なケアや就労等が，質高く確保されるかが課題となる。補助金等の支援がどの程度，事業者と移住者に効果的かを検証していく必要がある。

CCRCの開設時に移り住んだ高齢者は同時期に死亡していく。仕事と収入が確保され50代・60代はじめ新たな住民が移り住んでいくか，CCRCが継続していくか，CCRCが成功したかが判明するのは，先のことである。

2　観　光

2-1　国際観光客数

平成30（2018）年版観光白書で示す国連世界観光機関（UNWTO）発表によれば，平成29（2017）年の国際観光客数は前年より8,300万人増（対前年比6.7％増）で，13.2億人となっており，欧州のシェアは過半を占めるものの，徐々に減少し，アジア太平洋のシェアが増加している[13]。

平成28（2016）年の日本の外国人旅行者受入数2,404万人は世界で16位，アジアで5位であり，平成29（2017）年の訪日外国人旅行者数は前年比19.3％増の2,869万人で平成28（2016）年の外国人旅行者受入数ランキングでは11位に相当する。「空路又は水路による外国人旅行者受入数ランキング」では世界で7位，アジアで2位と平成27（2015）年の1,974万人（9位，アジアで3位）から順位を上げた。訪日外国人旅行者数は全て空路又は水路で，空路又は水路の日本より上位は上からスペイン，米国，英国，フランス，イタリア，中国であり，日本に次ぐのはトルコ，タイ，香港，韓国，メキシコ，ギリシャ，シンガポール，サウジアラビア，マカオ，スウェーデンなどとなっている。

上位に位置する多くの欧州諸国等は陸路による旅行が可能な一方，日本は空路又は水路によるしかなく，移動条件は不利な状況において，旅行者受入数ランキングが上昇している。

訪日外国人旅行者数の内訳としては，平成29（2017）年の2,869万人のうちアジアが2,434万人で84.8％を占め，北米が168万人の5.9％，欧州主要5カ国が100万人の3.5％となっている。アシアの内訳としては，中国が736万人で25.6％，韓国が714万人で24.9％，台湾が456万人で15.9％，香港が223万人で7.8％などとなっている。

平成28（2016）年の国際観光収入ランキングでは日本は世界で11位，アジアで4位であり，平成29（2017）年の国際観光収入は340億ドルとなっている。国際観光支出ランキングでは日本は世界で16位，アジアで4位であり，平成29（2017）年の国際観光支出は181億ドルとなっている。国際観光収入ランキングでは第1位が米国の2,059億ドルで圧倒的に多く（2位がスペインの603億ドル，3位がタイの499億ドル，4位が中国の444億ドル，5位がフランスの431億ドル，6位が英国の396億ドル），国際観光支出ランキングでは第1位が中国の2,611億ドルで，第2位米国の1,236億ドルの2倍以上となっている。

2-2 訪日外国人旅行消費額

訪日外国人旅行者による日本国内における消費額は平成24（2012）年以降急速に拡大し，平成29（2017）年には前年比17.8％増の4兆4,162億円となっている。国籍・地域別では，中国が1兆6,947億円（38.4％），台湾5,744億円（13.0％），韓国5,126億円（11.6％），香港3,416億円（7.7％），米国2,503億円（5.7％）の順になっている。１人当たり旅行支出はオーストラリア22万5,845円，中国23万382円，英国21万5,392円，スペイン21万2,584円，フランス21万2,442円，ロシア19万9,236円，イタリア19万1,482円，ベトナム18万3,236円，ドイツ18万2,207円，米国18万2,071円などとなっている。宿泊料金は英国，オーストラリア，イタリア，スペイン，イタリア等の欧米豪の国々が上位を占め，買物代では中国が11万9,319円（平均５万7,154円）で群を抜いて最も高い。

外国人延べ宿泊者数は，三大都市圏で前年比10.2％増（4,612万人泊）であるのに対し，地方部で同15.8％増（3,188万人泊）と，地方部の伸びが三大都市圏の伸びを大きく上回っている。

旅行者数と消費額では中国が圧倒的な存在感を示しているが，宿泊料金が上位を占め１人当たり旅行支出額が高い欧米豪の旅行者の増加が観光ビジョン実現への課題となる。

同白書では，観光が日本経済における存在感が高まっているとし，訪日外国人による医薬品・化粧品小売業拡大とともに，特に中国への越境ECの規模の大きさについて言及している。このような旅行消費額の増加は訪日外国人による観光の日本経済への好影響ではある。しかし，日本人が欧州旅行で高級ブランド品を購入することはあっても，あくまでも観光地を訪れることが観光の目的であろう。中国人による生活用品の買い物目的は，本来の意味での観光といえるであろうか。欧州米豪による旅行者と宿泊費や飲食費が増加してはじめて，観光立国となり，観光による日本経済の成長を期待できる。

2-3　観光による経済波及効果

移住と定住による人口増加のほか，観光によって地域に滞在する人口を増やす方途も地域の活性化につながる。通りすがりの物見遊山ではなく，地域住民との交流が，新たな観光のあり方として期待されている。

平成30（2018）年版観光白書によれば，平成29（2017）年の日本国内における旅行消費額は26.78兆円で（前年比3.6％増），日本人国内宿泊旅行は16.1兆円（60.2％），日本人国内日帰り旅行が5.0兆円（18.8％），日本人海外旅行（国内分）が1.2兆円（4.4％），訪日外国人旅行が4.4兆円（16.5％）となっている。日本人国内旅行消費額21.1兆円は前年比0.8％増で，宿泊旅行消費額は同じく

0.63％増で，日帰り旅行消費額は2.04％増となっている。

旅行消費の経済波及効果については，平成28（2016）年の内部旅行消費26.4兆円に対して，生産波及効果は53.8兆円（5.4％：対国民経済計算平成28・2016年産出額），付加価値効果は26.7兆円（5.0％：対平成28・2016年名目GDP），雇用効果は459万人（6.9％：対平成28・2016年全国就業者数，直接効果の就業者数は243万人）となっている[14]。

税収効果は国税と地方税を合わせて4.7兆円と試算され（平成28・2016年度の税収総額の4.8％），直接効果で2.2兆円，間接効果で2.5兆円となっている。

図表4-1　内部観光消費がわが国にもたらす経済波及効果（2016年）

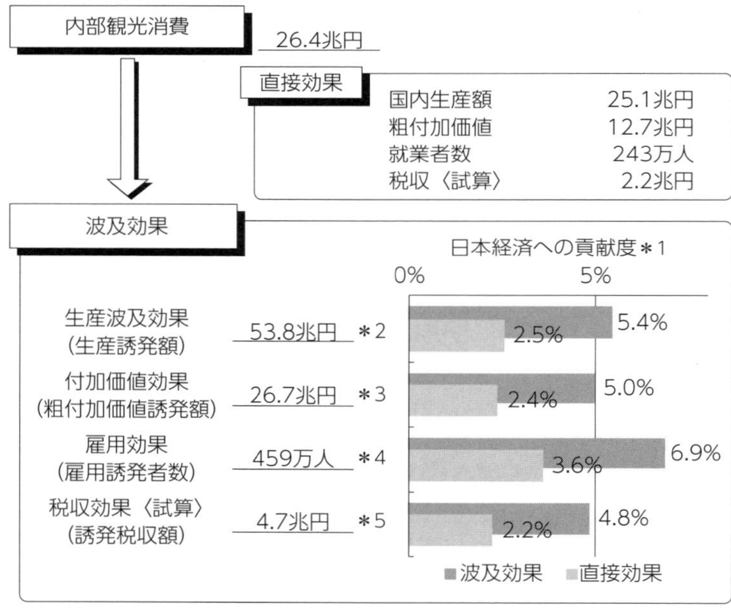

＊1：ここでいう貢献度とは全産業に占める比率
＊2：国民経済計算における産出額 999.7兆円に対応
＊3：国民経済計算における名目GDP 538.4兆円に対応
＊4：国民経済計算における就業者数 6,685万人に対応
＊5：国税+地方税 97.7兆円に対応
出所：国土交通省・観光庁「旅行・観光産業の経済効果に関する調査研究2016年」

2-4 MICE

平成28（2016）年度には「MICEの経済波及効果及び市場調査事業」が実施されている。MICEとは企業会議（Meeting），企業の報奨・研修旅行（Incentive Travel），国際会議（Convention），展示会・イベント（Exhibition/Event）を総称したもので，地域の経済，観光への寄与が期待されている。同調査では，平成27（2015）年に国内で開催された国際会議の経済波及効果が初めて算出された[15]。調査対象はJINTO（日本政府観光局）基準による「参加者数50名以上」「日本を含む３カ国以上が参加」「１日以上開催期間」の条件を満たした会議であり，2,847件が該当する。経済波及効果は約5,905億円とされ，直接効果が2,655.2億円，間接効果が3,250.1億円となっている。

雇用創出効果は約５万4,000人分，税収効果は約455億円と推計されている。国際会議は人的交流だけではなく，地域経済を活性化させ，国際会議を含むMICE産業の発展が期待されている。

なお，国際会議の総消費額約3,299億円の内訳は，日本人参加者総消費額が880.1億円，外国人参加者総消費額が461.6億円，主催者総支出額が1,284.7億円，出展者総支出額が672.8億円となっている。国際会議参加者で外国人の１人当たり消費額は三大都市圏・医療が35万6,815円で最も多く，三大都市圏・医療以外が30万328円，三大都市圏以外・医療が25万6,228円，三大都市圏以外・医療以外が16万2,656円，平均が26万3,732円で，医療の国際会議で消費額が多いことがわかる。日本人参加者１人当たりの消費額については，医療系かつ三大都市圏以外が８万40円と最も多い。

なお，平成28（2016）年に国内で開催された国際MICE全体の経済波及効果は約１兆590億円で，そのうち直接効果は約4,870億円，間接効果は約5,720億円となっている。

学会の会議でも，医療の会議で参加者と消費額が多く，三大都市圏以外では岡山市など有力な医科大学が立地する地域の会議開催数が多いと思われる。有力な医科大学がなければ，会議開催数は少ないであろう。

2-5 地域の観光経済

観光地域経済調査によれば，平成23（2011）年の全国の観光地域における観光産業事業所は104.3万事業所，従業者数は845.5万人，売上高は90.6兆円となっており，観光客による売上高は15.2兆円であり，観光客向けの観光割合は17.5％となっている[16]。

観光産業事業所による「仕入れ・材料費」，「外注費」のうち，主なものの支払先地域は所在市区町村が19.4％を占め，都道府県内が37.0％となっている。地域の観光経済では，地元での財やサービスを仕入れる割合をいかに高めるかが課題となる。

乗数効果に基づく観光消費額から算出される経済波及効果は，概ね２倍前後といわれる[17]。観光地域における観光経済の果たす役割は大きい。観光地域経済の「見える化」のモデル手法が公表されている[18]。観光に関する基礎データの収集と分析を行い，観光につながる地域のさまざまな資源を見出して活用し，地域の企業間の連携を強化することによって，地域の観光経済は発展する。

また，観光には経済効果だけではなく，文化振興や環境保全などの非経済効果もあり，広範な効果によって，地域を活性化させる。

2-6 観光圏の整備

平成20（2008）年に制定された観光圏整備法（「観光圏の整備による観光旅客の来訪及び滞在の促進に関する法律」（平成20年法律第39号）で定める観光圏とは，「滞在促進地区が存在し，かつ，自然，歴史，文化等において密接な関係が認められる観光地を一体とした区域であって，当該観光地相互間の連携により観光地の魅力と国際競争力を高めようとするもの」をいう。同法に基づく「観光圏の整備による観光旅客の来訪及び滞在の促進に関する基本方針」（平成24・2012年12月改正）では「地域の一体性を確保した観光地域づくり」，「実施主体間の連携」，「圏域内の滞在・回遊」，「地域住民の観光地域づくりへの参画」の促進が求められ，地方自治体が策定する観光圏整備計画では「情報提供の充実」，「宿泊の魅力向上」，「体験交流メニューの充実」，「観光案内の充実」，「滞在を促進するイベントの実施」が事業としてあげられている。観光整備計画に基づき，事業者が共同で作成した観光整備実施計画が国土交通大臣に認定されると，旅行業法の特例など国による総合的な支援が得られる。

同基本方針は平成30（2018）年４月１日施行の改正で，「マーケティング調査の結果等データに基づく取組の実施」などが盛り込まれた。

平成26（2014）年７月にはニセコ観光圏など４地域，平成27（2015）年４月には香川せとうちアート観光圏など３地域，平成30（2018）年７月には阿蘇くじゅう観光圏など６地域が認定されている[19]。観光圏とは一体的な観光地域であり，特定のテーマでブランドの確立に向けた取組みが進められる。ニセコ観光圏はインバウンドに人気のあるニセコ地域の蘭越町・ニセコ町・倶知安町が共同でプロモーションに取り組み，香川せとうちアート観光圏はこの地域で開催される瀬戸内国際芸術祭を中心にアートを大きなテーマとしている。

このような観光地域としてのブランドの確立と事業によって，他の観光地との差別化が図られ，地域全域の観光の経済的な効果が高まる。

ゴールデンルートにある地域以外の観光への取組みの支援には，他に広域観光周遊ルート形成促進事業などがある[20]。

日本遺産は文化庁が地域の歴史的魅力や特色を通じて我が国の文化・伝統を語るストーリーを認定するものであり，日本遺産を「面」として活用し発信することで，地域活性化を図ることを目的としている。認定されると，補助金交付など支援がなされる[21]。

観光地域・観光ルート等の一体的で面的な観光資源を活かした取組みとともに，各観光地と旅館・ホテル等のハード・ソフトの品質の向上が求められる。

2-7 観光ビジョン

観光が成長戦略の柱として位置付けられ，地方創生の切り札とされ，観光立国に向けて，平成28（2016）年３月に「明日の日本を支える観光ビジョン」が策定され，目標と施策が掲げられた[22]。

観光ビジョンにおいては，「観光は，真に我が国の成長戦略と地方創生の大きな柱である」とされ，観光先進国の実現に向け，３つの視点と10の改革があげられた。

視点1　観光資源の魅力を極め，地方創生の礎に

改革1－公的施設，2－文化財，3－国立公園，4－景観

視点2　観光産業を革新し，国際競争力を高め，我が国の基幹産業に

改革5－観光産業，6－市場開拓，7－観光地経営

視点3　すべての旅行者が，ストレスなく快適に観光を満喫できる環境に

改革8－滞在環境，9－地方交流，10－休暇

改革1から改革5までは公的施設等の所有者・設置者の取組み，規制緩和や誘導政策によるところが大きい。改革6「新しい市場を開拓し，長期滞在と消費拡大を同時に実現」については，ビザ緩和等のほか，「欧米豪や富裕層などをターゲットしにしたプロモーション」があげられているが，単なるプロモーションではなく，マーケティングが重視される。

改革7「疲弊した温泉街や地方都市を，未来発想の経営で再生・活性化」では，DMOと観光地再生・活性化ファンド，規制緩和があげられている。改革8「ソフトインフラを飛躍的に改善し，世界一快適な滞在を実現」，改革9「「地方創生回廊」の完備」，改革10「「働きかた」と「休みかた」を改革し，躍動感あふれる社会を実現」は，ICT・金融・決済システム・公共交通インフラ等の整備・誘導の政策，民間投資によって具体化される。

盆暮れやゴールデンウィークの際の交通渋滞や空港の混雑，宿泊施設の混み状況は，日本の観光の貧弱さを象徴している。観光需要の平準化は観光市場の拡大にとって大きな課題となっているが，有給休暇取得率の向上は企業と働き手の意識と行動によるところが多く，また，企業の生産性にも基づくので，長期的に取り組んでいく必要がある。

数値目標は次のようになっている。

観光ビジョンを踏まえた行動計画である「観光ビジョン実現プログラム」が策定されている[23]。

平成30（2018）年版観光白書では，平成30（2018）年度に講じようとする施策として，「観光資源の魅力を極め，「地方創生」の礎に」，「観光産業を革新し，国際競争力を高め，我が国の基幹産業に」，「すべての旅行者が，ストレスなく快適に観光を満喫できる環境に」という方針で，さまざまなものがあげられて

図表4-2　観光ビジョン数値目標

	2020年	2030年
訪日外国人旅行者数	4,000万人（注1）	6,000万人（注2）
訪日外国人旅行消費額	8兆円（注3）	15兆円（注4）
地方部での外国人延べ宿泊者数	7,000万人泊（注5）	1億3,000万人泊（注6）
外国人リピーター数	2,400万人（注7）	3,600万人（注8）
日本人国内旅行消費額	21兆円（注9）	22兆円（注10）

（注1）：2015年の約2倍，注2：同約3倍，注3：同2倍超，注4：同4倍超，注5：同3倍弱，注6：5倍超，注7：同約2倍，注8：同約3倍，注9：最近5年間の平均から約5％増，注10：同約10％増）
出所：観光ビジョンより作成

いる。妥当な方針や施策ではあろうが，総花的であり，関連する政府支出に対する具体的な効果の検証，観光地と民間事業者の自主的で創意工夫ある取組みが求められる。

2-8　民泊制度

平成30（2018）年6月に住宅宿泊事業法（民泊法）が施行され，民泊制度が始まった。民泊とは国土交通省・観光庁の民泊制度ポータルサイトによれば，「住宅（戸建住宅やマンションなどの共同住宅等）の全部又は一部を活用して，旅行者等に宿泊サービスを提供する」をいう[24]。急増する訪日外国人観光客の多様な宿泊ニーズと，空き家・空き室の有効活用という地域経済の活性化の観点から，民泊への期待が高まっている。民泊制度の背景には，シェアリングエコノミーが普及し，個人住宅をインターネットで仲介し貸し出すビジネスモデルが出現し，貸し手と借り手が増加していることもあげられる。

一方，民泊による近隣住民とのトラブル等の問題も発生し，感染症まん延等の公衆衛生の確保も課題となっている。旅館業法の許可が必要な旅館業に該当するにもかかわらず，無許可で実施されているものもある。

そこで，これらの課題を踏まえ，一定のルールの下，健全な民泊サービスの普及を図るため，平成29年（2017）年6月に住宅宿泊事業法が成立した。日本国内で民泊を行う場合には，「旅館業法の許可を得る」，「国家戦略特区法（特区民泊）の認定を得る」，「住宅宿泊事業法の届出を行う」，これら3つの方法から選択することとなる。

特区民泊で営業ができるのは，東京都大田区，大阪府（一部実施しない自治体を除く），大阪市，北九州市，新潟市となっている。新潟市は市街化調整区域，北九州市は市街化調整区域と第１種・第２種低層住居専用地域で特区民泊を認めている。

民泊法では年間営業日数の上限が180日と定められ，住宅宿泊事業者は衛生確保措置，騒音防止のための説明，苦情への対応，宿泊者名簿の作成・備付け，標識の掲示等が義務付けられる。民泊は家主居住型と家主不在型に分かれ，家主不在型では前記措置を施設管理業者に委託することが義務付けられる。

民泊法では，ホテルや旅館が営業することができない住居専用地域で民泊が可能になる。民泊が観光と地域経済の振興を担うとされるが，独自の条例で規制する自治体もある。軽井沢町は不特定多数による利用や風紀を乱すおそれがあることから民泊施設を認めず，新宿区は住居専用地域では月曜日の正午から金曜日の正午まで民泊を実施できないとしている。

台東区は旅館業法施行条例を改正し，「営業施設には，適正な運営を行うため，営業時間中に営業従事者を常勤させること」，「宿泊しようとする者との面接に適する玄関帳場その他これに類する設備を有すること」を加えた。

民泊は宿泊事業に関する規制緩和であるが，地域の実情をふまえ，自治体の施策は異なってくる。マンションでは管理規約に民泊禁止を明示する場合がある。

民泊は宿泊施設の不足と空き家・空き室の増加を解決する。家主不在型では仲介事業のほか，管理事業者への委託により清掃業等の関連事業が発生し，経済波及効果が見込まれる。

違法民泊を防ぎ，地域住民との合意形成を行い，日本と各地域にふさわしい民泊を実現していくことが模索される。

2-9 DMO

日本版DMO（Desitination Management/Marketing Organization）について，観光庁は，「地域の「稼ぐ力」を引き出すとともに地域への誇りと愛着を醸成する「観光地経営」の視点に立った観光地域づくりの舵取り役として，多様な関係者と協同しながら，明確なコンセプトに基づいた観光地域づくりを実現するための戦略を策定するとともに，戦略を着実に実施するための調整機能を備えた法人」と説明している[25]。Destinaionとは観光目的地・行き先を意味している。DMCは Destination Management Companyの略で，会社形態の法人を表す。

日本版DMOの役割としては多様な関係者の合意形成，各種データ等の継続的な収集・分析，明確なコンセプトに基づいた戦略の策定，KPIの設定・PDCAサイクルの確立，関係者が実施する観光関連事業と戦略の整合性に関する調整・仕組み作り，プロモーションをあげ，着地型旅行商品の造成・販売やランドオペレーター業務の実施等の観光地域づくりの一主体として実施する個別事業もあげている。

平成30（2018）年３月30日現在で，日本版DMO候補法人登録は広域連携DMOが３件，地域連携DMOが45件，地域DMOが80件の合計128件であり，日本版DMO登録は広域連携が７件，地域連携が39件，地域が24件の合計70法人となっている[26]。日本版DMO候補法人として登録されると，まち・ひと・しごと創生本部の新型交付金による支援の対象となり得ることに加え，関係省庁による支援が行われる。

法人の登録数は増加しているが，多くは一般社団法人やNPO法人等で，株式会社は少ない。地域の「稼ぐ力」を引き出すには，リスクを負って事業を通じて社会貢献を行う株式会社の方がより適しているとも思われる。候補法人である尾道市の株式会社せとうちホールディングスはまさにDMO・DMCであり，その事業と活動が注目されている。

2-10　観光による事業と雇用の創出

(1)　尾道ベイエリアの賑わい創出

尾道市で，公共施設をリノベーションし，観光によって事業と雇用を創出しようという先駆的な取組みがある。広島県と尾道市が実施した尾道糸崎港西御所地区（県営２号上屋及び周辺）活用事業は，使われていない公共施設（海運倉庫の県営２号上屋）を活用し，尾道ベイエリアの新たな賑わいを創出する事業企画を民間から公募した事業である。

図表４-３　尾道ベイエリア整備地域

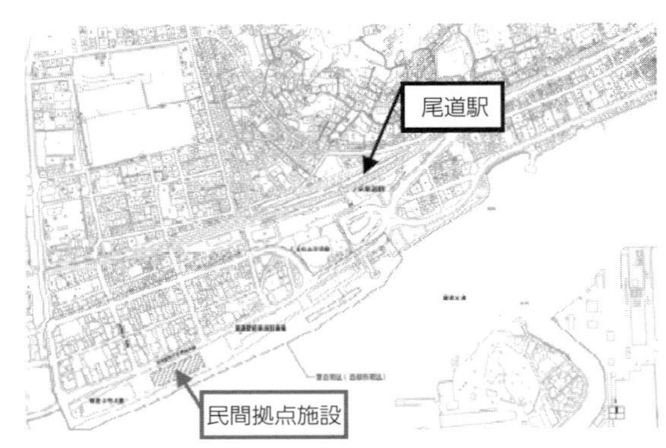

出所：国土交通省平成26年２月７日プレスリリース

広島県は交流・連携と地域のブランド力の向上による新たな経済成長と豊かな地域づくりを重点施策とし，港湾施設を活用した賑わい空間づくりなど観光インフラの充実による地域のブランド力向上を図ることを目指し，尾道糸崎港を重要港湾とし，しまなみ海道サイクリングロード（本州側起点：尾道市，四国側起点：今治市）の充実に取り組むこととなった。

尾道市は「自転車のまち」としても発展の可能性があるとし，糸崎港を各種施設が集積する「まちの顔」「玄関口」と位置付け，みなとまちの活性化，市の観光振興，市民や来訪者が憩い集う活気ある施設，民間活力の活用，ローコストでのリニューアルを本事業の基本方針とした。

〔尾道ベイエリア事業所在地等〕

・所在地：広島県尾道市西御所町
・土地所有者：広島県
・倉庫所有者：広島県，尾道市
・敷地面積：5,247㎡，事業区域面積：2,020㎡
・建築面積：2,297㎡
・建物構造：鉄筋コンクリート造・鉄筋造（耐震済）
・倉庫外側の補修改修は不可の条件

⑵ 事業スキーム

公募プロポーザルを経て，ツネイシヒューマンサービス株式会社・株式会社OU2が選定され（目的外使用許可による施設管理会社はツネイシヒューマンサービスとなる），平成25（2013）年10月より改修工事を開始した。平成26（2014）年２月には，国土交通省により，「広域的地域活性化のための基盤整備に関する法律に基づく民間拠点施設整備事業計画」の認定がなされた。計画の認定を受けた民間事業者は，民間都市開発推進機構（MINTO機構）による金融支援（同法第15条）と都市計画の決定等の提案（同法第16条）等の措置を活用できることになる。認定会社はツネイシヒューマンサービス株式会社（本施設管理会社）と本事業SPCである株式会社OU2で，同社は運営会社となる。平成26（2014）年３月には，MINTO機構が優先株式の取得という形態で株式会社OU2に出資している。

MINTO機構による「まち再生出資」は公的な性格の資本支援で，担保は不要で，借地での出資も可能である。本事業は土地・建物が県と市の所有であり，不動産を担保とした融資は難しく，前例のない新規事業で採算性が見通しづらいものであった。そこで，MINTO機構の「まち再生出資」によって，リスクカバーのための資本増強がなされる一方，事業性が担保され，民間金融機関から

図表4-4　資金計画等の概要

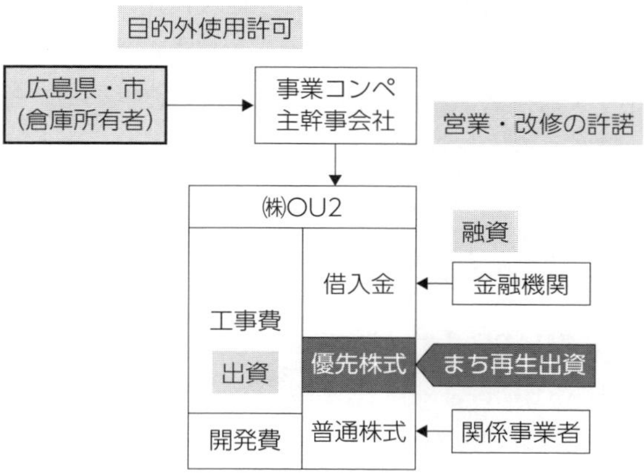

出所：国土交通省平成28年３月参考資料

の融資が後押しされ地域金融機関と都市銀行の2行による融資が実行された。これら資金は建物内側の改修工事費と運営費に充当されている。広島県が尾道市に本施設の管理を委託しているので，市へ家賃を支払い，リノベーション時には県が耐震，電気・水道・ガスといった建物外側のインフラ工事を行っている。

(3) ONOMICHI U2（オノミチ　ユートゥー）

尾道は国内はもとより海外からも注目を集めるサイクリングロード「瀬戸内しまなみ海道」の本州側起点となっている。平成26（2014）年3月に，日本初のサイクリスト向けホテルを中心とした複合施設「ONOMICHI U2（オノミチユートゥー）」がオープンした[27]。

ホテルエリアの28室ある客室には自転車を持ち込め，自転車に乗ったままチェックインできる。世界有数の自転車ブランドのサイクルショップ「GIANT STORE」では本格的なスポーツバイクのレンタルや専門スタッフによるメンテナンスが行われ，自転車に乗ったままサイクルスルーできるカフェがある。本施設ではサイクリストは当然のことながら，一般の観光客，そして，地域住民にも親しまれるような多様なサービスを提供している。瀬戸内の旬の食材を使用したシーフードレストラン，焼き立てパンを提供するベーカリー，ライフスタイルのセレクトショップなどがあり，これら商品づくりには地域住民があたる。

来場者は年々増え，外国人の宿泊も多く，地域住民が昼・夜に施設を訪れる。ベーカリーをはじめ地域住民との商品づくりも進められ，雇用も創出された。

スポーツツーリズムがスポーツと観光の2つの面において，地域を活性化し経済波及効果が認められると注目されている。瀬戸内しまなみ海道のサイクリングはスポーツツーリズムの代表事例であり，本州側起点の尾道市と同施設のさらなる発展が期待されている。

(3) ONOMICHI SHARE（オノミチ　シェア）

ONOMICHI SHAREは市営・住吉浜上屋倉庫の2階（約117坪）を対象施設に尾道市が実施した「おのみちサテライトオフィス誘致事業」公募プロポーザルにおいて，「定住促進」「雇用の場の創出」につながるものとして，同社の企画案が採用されたものである。倉庫2階をワンフロアに改装し（県と市がそれぞれ5百万円で改装費の約半分を負担），眼前の尾道水道を一望しながら仕事ができるように「大きな開口（窓）」を設けたシェアオフィスになっている。

座席数は70席でフリーアドレスの個人デスクも設置され，光インターネット回線/Wi-Fiを完備し，ロッカーやシャワー室などもある。コンシェルジュサービスやレンタサイクル・クルージングなどの各種アクティビティサービスも充実しており，尾道市以外及び県外のIT事業者やクリエイティブ事業者がリラックスして仕事をし，また，福利厚生施設も兼ねたサテライトオフィスとして利用されることをねらい，尾道が「自由な発想を生み出す場所」となっていくことが目標となっている。

⑷ 事業と雇用の創出

これら運営を行うディカバーリンクせとうちは「観光を手段とし事業と雇用の創出を目的とする」を会社理念に，尾道と鞆の浦の空き家，空き商店，空き公共施設をテナントとして利用することにより，まちのにぎわいを創出し，新しい魅力ある街並みを未来へとつないでいきながら，事業と雇用の創出へと結びつけることを目的に設立された。具体的な目標として観光地としての「集客力向上」と「滞留人口の増加」，そのための取組みとして既存の商業コンテンツの魅力の再発見と情報発信，新たな商業コンテンツの誘致と空き店舗などへのテナントとして入居促進，尾道・鞆の浦に訪れる動機となるコンテンツ（魅力）の増加をあげている。

同社にて実施する起業支援としては，物件紹介，事業計画作成，建築設計デザインのサポート，プロモーションのサポートであり，リーシング実積として空き店舗にレストランを開業したものがある。また，歴史ある建物を町家・ホテル（せとうち湊のやど「鳥居邸洋館と出雲屋敷」）に再生させている。広島県・備後地方は世界有数のデニムの産地であり，機械加工ではなく本物のUSEDデニムを制作しようと，尾道の人たちと一緒に“本物のモノづくり”に挑む「尾道デニムプロジェクト」を起ち上げた。江戸初期から鯛網漁が盛んな鞆の浦で当時の「肥後屋」で取り扱っていた鯛味噌を独自に開発し，当時の建物を再生した店舗とインターネットで販売している。

同社はONOMICHI U2とONOMICHI SHAREを中心に，このような尾道の観光による事業と雇用の創出を推進しているが，「新しい学びの場　尾道自由大学」を開講し広く人材育成にも注力している。

広島・備後地方は備後絣（かすり）の産地で，デニムやユニフォームの生産が盛んであったが，海外への工場進出で衰退の一途であった。

このような地域の課題に対して，同社代表の出原昌直氏らが郷土愛に基づき，株式会社を設立しリスクを負って地域活性化を事業化した。サイクリストをはじめ観光客が増え，事業が生まれ，空き家が再生され，街が賑わうようになり，雇用が創出された。

同社の事業はDMO・DMCによる観光の振興の先進事例として知られるが，PRE（公的不動産）活用型PPPとしても高く評価されている。

2-11　地域活性化ファンド

株式会社地域経済活性化支援機構（REVIC）の地域活性化ファンド投資案件の10の事例のうち，４つが観光分野となっている[28]。DMOへの支援は２事例ある。

(1)　ALL信州観光活性化ファンド

ALL信州観光活性化ファンドは，長野県における観光消費額等の増大を図る「観光まちづくりモデル」の構築及び地域の経済・雇用を支える観光産業の発展に向けた取組みの支援を目的に，八十二銀行とその他長野県内地域金融機

図表4-5　ALL信州観光活性化ファンド概要

名称		ALL信州観光活性化投資事業有限責任組合
設立日		平成27年３月31日
ファンド金額		12億円
出資者	GP	八十二キャピタル，REVICキャピタル
	LP	八十二銀行，長野銀行，長野県信用農業協同組合連合会，長野県信用組合，長野信用金庫，松本信用金庫，諏訪信用金庫，飯田信用金庫，上田信用金庫，アルプス中央信用金庫，REVIC
ファンド期間		約７年（効力発生日から34年３月末まで）

出所：地域経済活性化支援機構ウェブサイト

関と地域活性化支援機構により設立された。

長野県山ノ内町湯田中温泉は，スキーブームでにぎわった平成２（1990）年頃をピークに観光客数が減少し，旅館の廃業や空き店舗がみられるようになった。一方，訪日外国人には雪の中で地獄谷野猿公苑の温泉につかる「SNOW MONKEY」で知られる人気スポットでもある。そこで，湯田中・渋温泉郷や志賀高原等の観光資源を軸に，面的な観光事業活性化を図るべく，平成26（2014）年４月に八十二銀行が主導して，地元事業者が観光まちづくり会社として「合同会社WAKUWAKUやまのうち」を設立し，ファンドからの投融資に合わせて平成27（2015）年８月に株式会社に移行した。同時期に店舗等不動産の所有・管理目的の株式会社WAKUWAKU地域不動産マネジメントを設立した。また，まちづくり会社を中心に行政・地元事業者・住民等で，「まちづくり委員会」を組成するなどし，地域経済活性化支援機構（REVIC）とも連携しながら，地域金融機関が主導する地域活性化モデルづくりを開始した。

主たる事業は宿泊事業と飲食事業で，宿泊事業は廃業した日本旅館をホステ

図表４-６　WAKUWAKUやまのうち事業スキーム

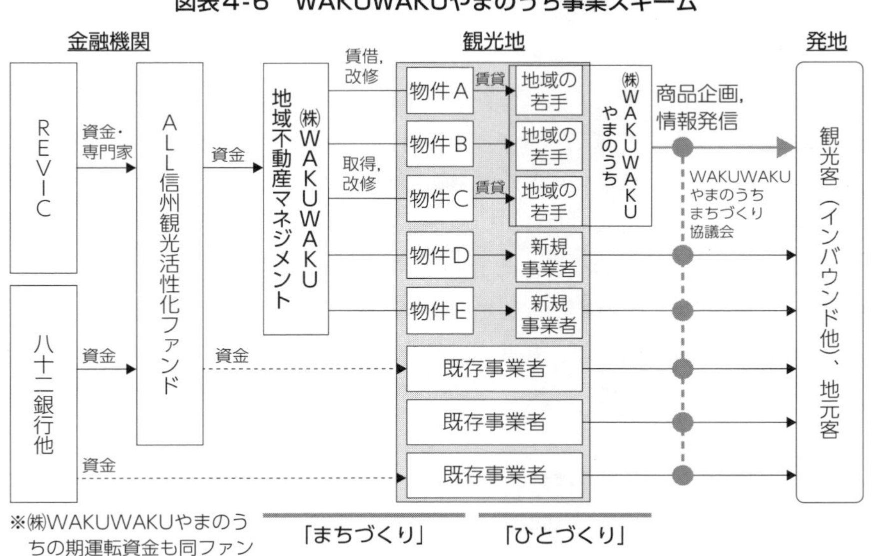

出所：株式会社WAKUWAKUやまのうち資料

ルとして改装した「AIBIYA」を経営する。飲食事業は旧精肉青果店をリノベーションしたビア・バー&レストラン「HAKKO」と観光案内所とカフェのカフェ&アートスペース「CHAMISE」の経営である。

WAKUWAKU地域不動産マネジメントは，廃業旅館をリノベーションしたホステル「ZEN Hostel」，温泉旅館「加命の湯」をサブリースしている。

このように，地域全体のまちづくりを行うため，戦略的な計画に基づき，飲食・宿泊の直営事業及び複数の改装投資した不動産物件の賃貸により，山ノ内町の「玄関口」である湯田中温泉の滞在環境を整備した。そして，山ノ内町のブランド化・プロモーションといった発信・集客・連絡バスの運行を含めた移動環境の整備，地元に根付く担い手の育成といった一連の観光まちづくりに取り組んでいる。

REVICの専門家によるアドバイスや八十二銀行からの人材支援等のほか，若手人材の役員への登用と育成にも取り組んでいる。

ALL信州観光活性化ファンドは，第2号案件として，平成28（2016）年8月8日に，白馬ギャロップ株式会社へ投資している。

(2) 佐賀観光活性化ファンド

佐賀観光活性化ファンドは，佐賀銀行をはじめとする佐賀県内の地域金融機関とREVICにより，平成27（2015）年7月に5億円のファンドで設立された。同ファンドは最初のパイロット地域である有田町で，ショッピングツーリズムでの観光まちづくりを担うDMOの有田商工会議所が設立した「株式会社有田まちづくり公社」等への出融資を行っている[29]。有田町は平成28（2016）年に「有田焼創業400年」を迎えた有田焼の産地であり，嬉野温泉・武雄温泉・伊万里等の西九州有数の観光地にも近く，同ファンドは有田焼を軸にショッピングツーリズム事業を中心に，イーコマース事業やイベント事業，情報発信事業を支援する。

平成27（2015）年10月には有田まちづくり公社の第三者割当増資を引き受け，平成28（2016）年7月には有田製窯株式会社（平成28・2016年10月にアリタポーセリンラボ株式会社へ社名変更）の店舗展開等を行う子会社の株式会社STUDIO JIKIへの投融資を決定している[30]。

(3) 古民家のホテルへの再生

地域再生の中間組織の一般社団法人ノオトが，兵庫県篠山市を拠点に限界集落や歴史地区の再生，古民家のリノベーションを行い，地域の観光と経済を活性化させている[31]。

篠山城下町の北に位置する丸山集落は，全12世帯のうち７世帯が空き家になっていた限界集落であった。一般社団法人ノオトは村人（５世帯・19人）とともに，空き家３戸を活用した宿泊施設を稼働させた。接客などの宿の運営は集落住民等が担当し，資金調達やノウハウ提供はノオトがあたり，集落住民による「NPO法人集落丸山」とノオトがLLP（有限責任事業組合）「丸山プロジェクト」を結成して協同で経営している。空き家の所有者は自らの空き家・空き地・農地等を10年間無償で提供する。収益配分は折半で（ただし，基金造成して今後の事業に活用），10年の事業期間終了後の運営継続については協議して定めるとなっている。

図表４-７　LLP丸山プロジェクト事業スキーム

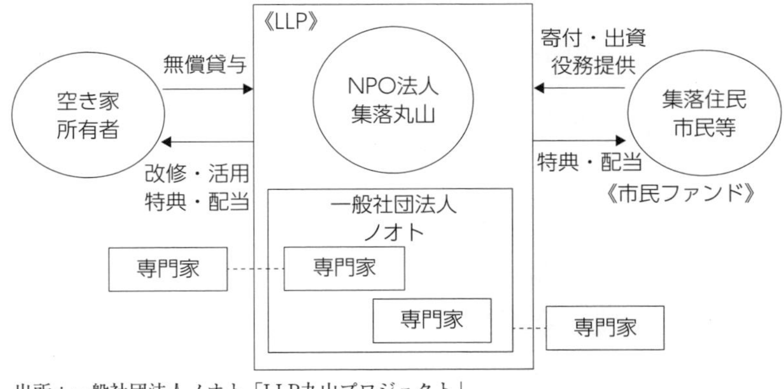

出所：一般社団法人ノオト「LLP丸山プロジェクト」

LLP丸山プロジェクトの活動報告によれば，年間を通じてさまざまなイベントが開催されている。本プロジェクトによって，集落の人口が増え，耕作放棄地も大幅に減少した。耕作放棄地であった農地は，オーナー制度の農地として周辺京阪神エリアの住民が利用し，集落住民との交流の場となっている。

篠山城下町では平成27（2015）年10月に，点在する４件の空き家の古民家を客室として改修し11室からなる「篠山城下町ホテルNIPPONIA（ニッポニア）」がオープンした。NIPPONIAは，国家戦略特区（関西圏）の特区事業に認定されており，旅館業法の玄関帳場（フロント）設置義務についての規制緩和等を受け，複数の分散した古民家の宿泊施設を一体化して管理運営することが可能になった。

古民家再生にあたっては，観光活性化マザーファンドにより資金調達を行っている。観光活性化マザーファンドは，観光産業を通じて地域経済の活性化を支援するため，平成26（2014）年4月1日に株式会社地域経済活性化支援機構が株式会社日本政策投資銀行及び株式会社リサ・パートナーズと設立したものであり，ファンド総額は52億円となっている。

本プロジェクトでは，ノオトとマザーファンドが共同出資のSPCである株式会社NOTEリノベーション＆デザインを設立し，同社を通じて物件を買い取り，改修し，改修した物件を事業者に貸し出すサブリース方式の事業スキームとなっている。本件は約1億5,000万円のリノベーション費用を要する新規事業

図表4-8　NIPPONIA事業スキーム

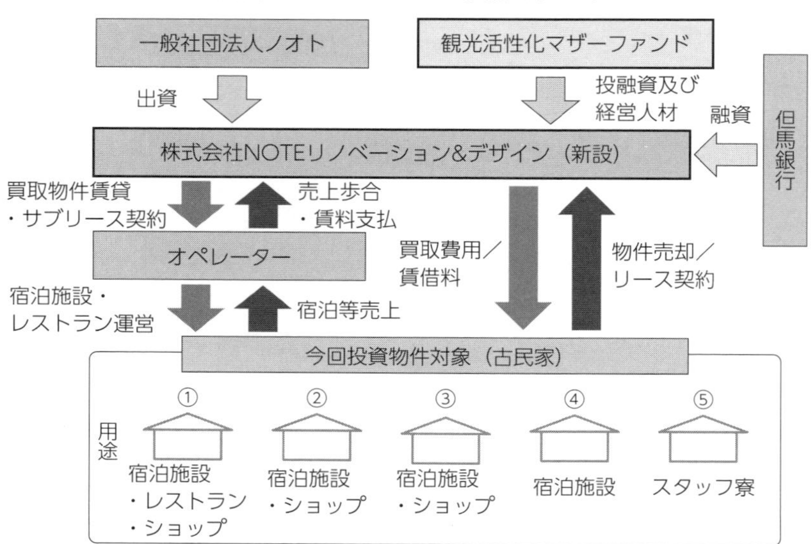

出所：株式会社地域経済活性化支援機構「地域活性化ファンド投資案件事例集」

であり，決算実績のない新設会社が外部資金を調達する必要があった。そこで2,000万円の補助金のほか，政府系ファンドの観光活性化マザーファンドが呼び水となり，民間金融機関によるリスクマネーの供給を促し，地域金融機関の但馬銀行が融資している。

ノオトはまた歴史的建築物を公民連携によりリノベーションしている。兵庫県朝来市にある「旧木村酒造場EN（えん）」，兵庫県豊岡市にある「豊岡1925」は宿泊施設にカフェレストラン等を設けた観光・交流拠点として整備された。両市が所有する施設について，整備計画を公募し，計画を提案したノオトが指定管理者として管理・運営にあたっている。指定管理料は支払われず，財政負担の軽減が図られている。

古民家再生とリノベーションには社会的意義とともに，収益性が課題となっており，その事業ノウハウ，リスクマネーを呼び込む仕組み，地域金融機関をはじめとする投融資が求められる。

ちばぎんキャピタル・REVICキャピタル（GP）と千葉銀行（LP）による広域ちば地域活性化ファンドは，南房総市の音楽ホールをダンス・音楽の合宿施設に改修する事業に対して，投融資を行っている[32]。

2-12 ニューツーリズム

観光立国推進基本法に基づき，平成24（2012）年３月30日に観光立国推進基本計画が閣議決定された。「観光の裾野の拡大」と「観光の質の向上」が基本計画の策定の方向性として掲げられ，計画期間の数値目標や施策が示された。その中で，「ニューツーリズムの振興」があげられている。ニューツーリズムとは，「従来の物見遊山的な観光旅行に対して，これまで観光資源としては気付かれていなかったような地域固有の資源を新たに活用し，体験型・交流型の要素を取り入れた旅行の形態」とされる。

現在はニューツーリズムの振興に代わり，「テーマ別観光による地方誘客事業」を推進している。本事業は「国内外の観光客が全国各地を訪れる動機を与えるため，特定の観光資源に魅せられて日本各地を訪れる「テーマ別観光」のモデルケースの形成を促進し，地方誘客を図る」とされる。平成30（2018）年度はエコツーリズム，街道観光など17テーマが選定されている[33]。

ニューツーリズムとテーマ別観光の施策を参考に照らし，観光資源を発掘し，他の観光地と差別化し，マーケティング，プランニング，ブランディングを行えば，新たな観光への道が拓ける。

一方，観光，ツアー，ツーリズムという概念を問い直す必要もある。現代においては，マスツーリズムではない，持続可能性を前提に，人それぞれが自然や文化等を楽しみ，体験する旅が求められる。

日本エコツーリズム協会による，「エコツーリズム」の定義は，次のとおりである。

1．自然・歴史・文化など地域固有の資源を生かした観光を成立させること。
2．観光によってそれらの資源が損なわれることがないよう，適切な管理に基づく保護・保全をはかること。
3．地域資源の健全な存続による地域経済への波及効果が実現することをねらいとする，資源の保護＋観光業の成立＋地域振興の融合をめざす観光の考え方である。それにより，旅行者に魅力的な地域資源とのふれあいの機会が永続的に提供され，地域の暮らしが安定し，資源が守られていくことを目的とする[34]。

エコツーリズムは自然・環境を対象とするものであるが，上記定義はエコツーリズムに限らず，広く観光，ニューツーリズムに相応しいものといえる。地域資源は自然環境以外にもさまざまにあげられる。観光収入は地域の持続可能性を担保する範囲のものとなろう。地域の自発性に基づく，地域の身の丈にあった手作りの観光が新しい観光にほかならない。

大分県の安心院町は，平成８（1996）年に全国で初めて「農村民泊」に取り組み，都市と農村が交流するグリーンツーリズムの先駆けとして注目を集めてきた。同町が大分県を動かし農泊に関する規制緩和がなされ，旅館業法施行規則にも盛り込まれた[35]。

2-13　コンテンツツーリズム

アニメや大河ドラマの舞台を訪れる「聖地巡礼」が盛んになっている。このような着地型観光の誘因となるのが，コンテンツであり，新たな観光としてコンテンツツーリズムが注目され，地域での官民連携による取組みが見られる。コンテンツツーリズムは平成17（2005）年の国土交通省・経済産業省・文化庁による「映像等コンテンツの制作・活用による地域振興のあり方に関する調査報告書」で初めて言及された[36]。同報告書ではコンテンツツーリズムを「地域に関わるコンテンツ（映画，テレビドラマ，小説，まんが，ゲームなど）を活用して，観光と関連産業の振興を図ることを意図したツーリズム」と定義している。

平成25（2013）年の観光庁・日本政府観光局・経済産業省・JETROによる報告書「訪日外国人増加に向けた共同行動計画」の中では，「クール・ジャパンコンテンツから想起される観光地（総本山・聖地）への訪日を促す」と記され，インバウンド観光においてもコンテンツツーリズムが重視されるようになった[37]。

コンテンツツーリズム学会はコンテンツツーリズムを「地域に「コンテンツを通じて醸成された地域固有のイメージ」としての「物語性」「テーマ性」を付加し，その物語性を観光資源として活用すること」と定義している[38]。

アニメツーリズムとしては，聖地巡礼の代名詞となっている埼玉県旧鷲宮町の『らき☆すた』などが知られる。地域の歴史を題材とした小説を観光資源として活用している事例として，愛媛県松山市が夏目漱石の『坊ちゃん』と司馬遼太郎の『坂の上の雲』によるまちづくりに取り組んでいる。

2-14　観光資源としての文化芸術

文化財保護法に基づく文化財は，観光資源としても位置付けられるようになった。文化財保護法の第１条では，「この法律は，文化財を保存し，且つ，その活用を図り，もつて国民の文化的向上に資するとともに，世界文化の進歩に貢献することを目的とする」と謳われ，文化財の保存とともに，その活用が説かれている。文化財は従来，保護制度の下での保存が重視されてきたが，昨今は積極的に活用すべきとする政策が推進されている。

平成29（2017）年６月の「経済財政運営と改革の基本方針2017」では「文化経済戦略（仮称）」を策定し稼ぐ文化への展開を推進する」とあり，「未来投資戦略2017」には「我が国の誇る文化ストックの継承・発展と創造による社会的・経済的価値等の創出に向け，民間部門の創意工夫により新たな需要の創出を図りつつ，文化芸術産業の経済規模（文化GDP）及び文化芸術資源の活用による経済波及効果を拡大するため，関係省庁の連携により「文化経済戦略（仮称）」を本年中に策定する」とあり，文化芸術の経済的側面と経済波及効果が記されている。

この文化と経済の好循環を実現する省庁横断の新政策を実行するため，平成29（2017）年12月に「文化経済戦略」が策定された[39]。「文化経済戦略」では，「経済活性化の起爆剤としての文化芸術の重要性」，「文化芸術を起点とした価値連鎖」をふまえ，「地域の文化芸術資源を観光・産業資源と一体的に発展させ，積極的に活用することにより，訪日外国人旅行消費額拡大を図り，地方を含めた我が国経済の活性化につなげることも重要である」としている。

基本となる6つの視点の1つに「文化経済活動を通じた地域の活性化」があり，推進すべき6つの重点戦略としては，「文化芸術資源（文化財）の保存」，「文化芸術資源（文化財）の活用」，「文化創造活動の推進」，「国際プレゼンスの向上」，「周辺領域への波及，新たな需要・付加価値の創出」，「文化経済戦略の推進基盤の強化」があげられている。特に観光と地域経済の活性化に関連する施策については，文化芸術資源（文化財）の活用，周辺領域への波及，新たな需要・付加価値の創出が示されている。

文化審議会による「これからの時代にふさわしい文化財の保存と活用の方策等」についての答申（平成29・2017年8月31日）は，文化財保護法の改正も視野に入れた検討を行ったものであり，地域における文化財の保存・活用の推進強化と個々の文化財の計画的な保存・活用の2点について重点的に検討が進められ，基本的な考え方を「今後，多くの人が参画し，社会状況の変容に伴い危機に瀕した文化財について，地域の文化や経済の振興の核として未来へ継承する方策を模索することが必要」とし，文化財やその周辺環境を総体として捉え，まちづくりや地域の活性化などに生かしていくことが必要としている[40]。

平成30（2018）年度税制改正の大綱（平成29・2017年12月22日閣議決定）において，国際観光旅客税（仮称）の創設が記された。使途に関する基本方針では，訪日外国人旅行者2020年4,000万人等の目標達成に向け，「地域固有の文化，自然等を活用した観光資源の整備等による地域での体験滞在の満足度向上」に充当する，としている[41]。

文化財とは，文化財保護法の第２条で，有形文化財，無形文化財，民俗文化財，記念物，文化的景観，伝統的建造物とされる。周知の文化財とされるものが保存され活用されるだけでなく，文化財とは地域で見出し，創造され得るものでもあるということに留意しなければならない。文化的風景とは「地域における人々の生活又は生業及び当該地域の風土により形成された景勝地で我が国民の生活又は生業の理解のため欠くことのできないもの」（文化財保護法第２条第１項第５号）とされ，「地域における」人々の生活と生業の営みに根差すものである。

第11章で紹介する大地の芸術祭は文化的景観といえる里山と棚田を舞台に，地域の多くの人が参画し創造された文化芸術にほかならない。

2-15 個性とマーケティング

観光地には，それぞれの個性がある。観光資源の個性によって観光地となり，個性が他の観光地と差別化し，個性に磨きをかければ，観光地として際立つ。

歴史ある観光であっても，新しい観光であっても，個性と観光資源にマーケティングの工夫をすることで観光客が増加する。

江戸時代からお伊勢参りで，伊勢神宮周辺の町は賑わっていたが，戦後は交通の発達とレジャーの多様化などで，観光客は参拝を済ませるとすぐに他の観光地に移動し，おはらい町も衰退した。そこで，1707年（宝永４年）創業の赤福が地域貢献として，何もなかった住居地区のおはらい町の中心部に新しい町を建設し，おかげ横丁の構想が動き出した。

おかげ横丁は第61回神宮式年遷宮の平成５（1993）年７月16日に，伊勢神宮内宮門前町（おはらい町）に開業した。現在は，料理店・茶店，名産品・お土産，見る・体験の約60の店舗が，年間400万人に超える参拝客を迎えている。おかげ横丁の運営管理にあたる株式会社伊勢福の代表者の橋川史宏氏は，観光客は昔は一見さんであったが，現在はリピーターであり，今の消費者が求めている最先端のものを知り，伊勢の個性に合わせてプラスする「不易流行」の考え方が重要と述べている。橋川氏はすぐれたマーケティングとマーチャンダイジングによって，おかげ横丁を率いて，品のある地域振興に取り組んでいる[42]。

なお，伊勢神宮の「せんぐう館」は，多言語音声ガイド（端末貸出無料）など来館者本位で文化財を展示していることで知られている。

2-16 情報の非対称性

デービッド・アトキンソン氏は観光立国の４条件として，「気候」「自然」「文化」「食事」をあげている。また，地方が魅力を磨く代わりに，マーケティングで実力を水増ししているとし，「ツーリスト・トラップ」に注意すべきとしている[43]。

観光地や旅館・ホテルが，ウェブサイトで魅力的に紹介されていても，実際には異なるケースが少なくない。旅館・ホテルのロビーやレストランがリニューアルされていても，客室が古く旧態依然のままであったりする。供給者の持つ情報と需要者の知りえる情報に違いがあり，これを情報の非対称性という。供給者は有利な情報しか提供しないか，不利な情報をカモフラージュすることが起こっている。

すばらしい観光地が混雑し，清掃などが行き届いていなければ，観光客は楽しみは得られず，満足はしないであろう。リピーターは得られない。

マーケティングとPR以前に，観光地と旅館・ホテルの価値と品質・サービスそのものを向上させ，その後にウェブサイトはじめSNSを活用することが有効であり，顧客・観光客の期待を裏切れば，レピュテーションは下がり，むしろSNSによってそのことが拡散してしまう。

2-17 旅館と観光地の再生

露天風呂と入湯手形で知られる黒川温泉の温泉街全体の再生や湯布院の成功など，観光地の再生のすぐれた事例が知られるようになってきた。すぐれたリーダーがいて，地域住民自ら地域密着型の活動をしている。

倒産したホテルや老舗旅館の再生事例も見られる。鶴雅リゾート株式会社は，平成28（2016）年の公益社団法人日本マーケティング協会第８回日本マーケティング大賞奨励賞を受賞している。授賞理由として，自社の再生と事業拡大とともに，地域再生の成功があげられている。同社は「阿寒」を百年続くブランドにすべく「阿寒湖温泉再生プラン」の策定と実施に奔走するなど地域再生の主体的役割も担っている[44]。

2-18 自治体の観光政策

自治体の観光政策も問われる。三重県は平成23（2011）年10月20日に「みえの観光振興に関する条例」を定めた。同条例では第２条で観光資源を「優れた自然の風景地，歴史的風土，文化的所産，豊かな食文化，多様な分野における産業，観光の振興に寄与する専門的知識及び技能を有する人材その他の観光の対象となる資源をいう」と定義し，第15条では「県は，新たな観光旅行の分野の開拓を図るため，自然体験活動，農林漁業に関する体験活動等を目的とする観光旅行その他の多様な観光旅行の形態の普及等に必要な施策を講ずるよう努めなければならない」としている。

三重県は古くから「お伊勢参り」で賑わい，地域経済における観光産業の位置付けは大きい。一方，「全国各地の観光地競争は激しさを増している」と危機感をもって，観光振興の必要性を唱え，条例の制定に至った。県，市町，県民，観光事業者，観光関係団体がそれぞれの役割を果たし相互に連携する取組みを三重県に学ぶことができる。

ICTによる地方創生の事例として，「地域の埋もれた魅力を浮上させる青森県観光モデル」が，平成26（2014）年度「地域情報化大賞」特別賞を受賞している。青森県発の「観光クラウド」は，全国の50を超える地域・団体に普及している。

観光立国への歩み，地域における観光のマーケティングとプランニング，マネジメントは始まったばかりであり，観光客入込数，リピート率，費用と効果を客観的・合理的に評価し，PDCAサイクルを回していくこによって，観光による地域発展が可能になる。

〈注〉

1　一般社団法人持続可能な地域総合研究所2017年８月21日公表「全国持続可能性市町村リスト＆マップ」及び藤山浩『「地域人口ビジョン」をつくる』（農文協）。人口安定化の３条件は，①30年後の人口総数が2015年の人口総数と比較して１割減以内に収まること，②30年後の高齢化率が2015年の高齢化率と比較して悪化しないこと，③30年後の子ども人口（０～14歳）が2015年の子ども人口と比較して１割減以内に収まることであり，この３つの基準が同時に満たされれば人口安定化が図られるという。
http://www.susarea.jp/business.html

2　認定NPO法人ふるさと回帰支援センター
https://www.furusatokaiki.net/

3　総務省「移住ナビ」ウェブサイト
https://www.iju-navi.soumu.go.jp/ijunavi/

4　総務省「平成29年度地域おこし協力隊の定住状況等に係る調査結果」
http://www.soumu.go.jp/menu_news/s-news/01gyosei08_02000130.html

5　総務省資料

6　日本版CCRC構想（素案）
www.kantei.go.jp/jp/singi/sousei/meeting/ccrc/ccrc_soan.pdf

7　厚生労働省「平成30年度の年金額改定について」
http://www.mhlw.go.jp/stf/houdou/0000191631.html

8　厚生労働省「平成28年度厚生年金保険・国民年金事業の概況」平成29年12月
http://www.mhlw.go.jp/stf/seisakunitsuite/bunya/0000106808_1.html

9　国土交通省「健康・医療・福祉のまちづくりの推進ガイドライン」
http://www.mlit.go.jp/toshi/toshi_machi_tk_000055.html

10　南魚沼市「南魚沼版CCRC構想」
http://www.city.minamiuonuma.niigata.jp/ijyuteijyu/1455864227187.html

11　まち・ひと・しごと創生本部「生涯活躍のまち（日本版CCRC）」
http://www.kantei.go.jp/jp/singi/sousei/about/ccrc/

12　日本創生会議ウェブサイト
http://www.policycouncil.jp/

13　国土交通省・観光庁「平成30年版観光白書」
http://www.mlit.go.jp/kankocho/news02_000357.html

14　国土交通省・観光庁「旅行・観光産業の経済効果に関する調査研究2016年」2018年３月
http://www.mlit.go.jp/kankocho/siryou/toukei/shouhidoukou.html

15　観光庁「平成28年度　MICEの経済波及効果及び市場調査事業報告書」（平成29年３月）及び2016年開催については「平成29年度　MICEの経済波及効果算出等事業報告書」（平成30年３月）

http://www.mlit.go.jp/kankocho/page03_000050.html

16　観光庁「平成24年　観光地域経済調査」
http://www.mlit.go.jp/kankocho/siryou/toukei/kouzou.html

17　「観光産業の地域経済への波及効果分析手法の検討及び地域ストーリーづくりに関する調査報告書」平成27年３月，事業主体：経済産業省地域経済産業グループ，調査実施：公益財団法人日本交通公社 http://www.meti.go.jp/meti_lib/report/2015fy/000141.pdf，その他，自治体の試算例を参照。

18　観光地域経済「見える化」モデル手法
http://www.mlit.go.jp/kankocho/siryou/toukei/mieruka.html

19　国土交通省・観光庁「観光圏の整備について」
http://www.mlit.go.jp/kankocho/shisaku/kankochi/seibi.html

20　観光庁「広域観光周遊ルートについて」
http://www.mlit.go.jp/kankocho/shisaku/kankochi/kouikikankou.html

21　文化庁「日本遺産（Japan Heritage）について」
http://www.bunka.go.jp/seisaku/bunkazai/nihon_isan/index.html

22　国土交通省/観光庁「明日の日本を支える観光ビジョン」2016年３月
http://www.mlit.go.jp/kankocho/topics01_000205.html

23　国土交通省/観光庁「観光ビジョン実現プログラム2018」2018年６月
http://www.mlit.go.jp/kankocho/news02_000354.html
http://www.mlit.go.jp/kankocho/topics01_000221.html

24　民泊制度ポータルサイト
http://www.mlit.go.jp/kankocho/minpaku/

25　観光庁ウェブサイト－日本版DMO
http://www.mlit.go.jp/kankocho/page04_000048.html
（2013年３月）
www.dbj.jp/pdf/investigate/etc/pdf/book1303_02.pdf

26　観光庁「日本版DMO」
http://www.mlit.go.jp/kankocho/page04_000053.html

27　本節はONOMICHI U2のウェブサイトhttp://www.dlsetouchi.com/及びディスカバーリンクせとうち代表の出原昌直氏の平成27年８月25日さいたま市公民連携セミナーにおける講演「観光資源を活用した事業と雇用創出」資料その他による。せとうちホールディングス，ディスカバーリンクせとうち，せとうちトレーディングの３社は平成27年12月31日に合併し株式会社せとうちホールディングスとなっている。

28　地域経済活性化支援機構（REVIC）

http://www.revic.co.jp/
株式会社地域経済活性化支援機構
http://www.revic.co.jp/pdf/publication/examples_revic_f.pdf

29 地域経済活性化支援機構ウェブサイト
http://www.revic.co.jp/business/fund/29.html
観光庁ウェブサイト
http://www.mlit.go.jp/kankocho/topics05_000167.html
株式会社有田まちづくり公社ウェブサイト
https://aritasu.jp/

30 アリタポーセリンラボ株式会社ウェブサイト
https://www.atpress.ne.jp/news/112672

31 国土交通省都市局都市政策課「参考資料（別冊）～自治体と地域でがんばる創発人材が一緒になって行うまちづくり～」平成28年３月
www.mlit.go.jp/toshi/kanko-machi/pdf/sankou.pdf
一般社団法人ノオトウェブサイト
http://plus-note.jp/note
http://renew.plus-note.jp/action/note/post-32.html
マガジンハウスLocal Network Magazine colocal（コロカル）一般社団法人ノオト連載記事
http://colocal.jp/topics/lifestyle/renovation/20150416_46972.html

32 同施設を改修し運営する株式会社R.projectへの投融資（千葉銀行は社債の引き受け，REVICでは融資，投融資となっている）であり，南房総市の事業と合わせ，旧葛飾区柴又寮の外国人向け宿泊施設への改修・設置事業も支援している。
広域ちば地域活性化ファンドウェブサイト
http://www.revic.co.jp/business/fund/12.html

33 国土交通省・観光庁「ニューツーリズムの振興」
http://www.mlit.go.jp/kankocho/page05_000044.html

34 日本エコツーリズム協会ウェブサイト
http://www.ecotourism.gr.jp/index.php/what/
オルタナティブツーリズム
観光立国推進基本計画（平成24年３月30日，閣議決定）
http://www.mlit.go.jp/common/000208713.pdf
観光庁ウェブサイト「ニューツーリズムの振興」
http://www.mlit.go.jp/kankocho/page05_000044.html

35　NPO法人安心院町グリーンツーリズム研究会ウェブサイト
http://www.ajimu-gt.jp/
36　国土交通省・経済産業省・文化庁「映像等コンテンツの制作・活用による地域振興のあり方に関する調査報告書」
http://www.mlit.go.jp/kokudokeikaku/souhatu/h16seika/12eizou/12eizou.htm
37　観光庁・日本政府観光局・経済産業省・JETRO「訪日外国人増加に向けた共同行動計画」
http://www.mlit.go.jp/kankocho/news08_000171.html
38　コンテンツツーリズム学会ウェブサイト
http://contentstourism.com/
39　文化経済戦略の策定について（平成29年12月27日）
http://www.bunka.go.jp/koho_hodo_oshirase/hodohappyo/1399986.html
40　文化審議会文化財分科会企画調査会中間まとめ（平成29年８月31日）
http://www.bunka.go.jp/seisaku/bunkashingikai/bunkazai/kikaku/h29/chukan_matome/pdf/chukan_matome.pdf
41　国際観光旅客税（仮称）の使途に関する基本方針等について（平成29年12月22日，観光立国推進閣僚会議決定）
http://www.mlit.go.jp/kankocho/news01_000266.html
42　おかげ横丁ウェブサイト
https://www.okageyokocho.co.jp/
43　デービッド・アトキンソン『新・観光立国論』（東洋経済新報社）p169
44　公益社団法人日本マーケティング協会ウェブサイト
https://www.jma2-jp.org/jma/award/eight
鶴雅リゾート株式会社ウェブサイト
http://www.tsurugagroup.com/company/outline.html

第5章

住宅産業

1　土地・不動産の状況

1-1　地価と土地取引の動向

最近の土地・不動産の状況について，「平成29年度土地に関する動向」（平成30・2018年版土地白書）より概観する[1]。

平成30（2018）年１月１日時点における全国地価動向によれば，全国の平均変動率では，住宅地は10年ぶりに上昇に転じ，商業地及び全用途について３年連続で上昇している。

三大都市圏の平均変動率では，住宅地はわずかな上昇で，商業地は上昇幅が拡大している。地方圏では，住宅地は下落が続いているものの下落幅は縮小し，商業地は26年ぶりに上昇し，全用途平均でも下落を脱している。札幌市・仙台市・広島市・福岡市の４市平均は住宅地・商業地ともに三大都市圏を上回る上昇となっている。

住宅地は利便性の高い地域を中心に地価の回復が進展している。商業地については主要都市の中心部などで店舗・ホテル等の進出意向が旺盛で，オフィスについては空室率は概ね低下傾向が続き，一部地域で賃料の改善がみられ，商業地の地価は堅調に推移している。

平成29（2017）年の全国の土地取引件数は132万件で，前年比で2.1％増となっている。

平成29（2017）年の新設住宅着工戸数は96万4,641戸で前年比0.3％減であり，首都圏及び中部圏で微増となり，近畿圏及びその他の地域で微減となっている。マンションの新規発売戸数については，全国は７万7,363戸で前年比0.5％増で，首都圏が３万5,898戸で同0.5％増，近畿圏が１万9,560戸で同4.7％増となっている。

宿泊業用建築物の着工床面積は平成24（2012）年以降増加傾向にあり，平成29（2017）年は280万1,000㎡で，ここ２年で約３倍に増加している。

サービス付き高齢者向け住宅の登録数は平成23（2011）年の制度開始以降増加傾向が続いており，平成29（2017）年12月時点で6,877棟，22万5,374戸に達している。また，認知症高齢者グループホーム，有料老人ホーム，介護老人福祉施設が大きく増加している。

Ｅコマース市場の拡大等や圏央道等の一部開通に伴い物流施設の需要が高まり，大規模物流施設の建築が進んでいる。

1-2 住宅ストックの現状

住宅は消費財と資産という２つの性格を有し，個人の住宅所有は家計行動に影響を与える。昨今は，住宅資産効果の研究も蓄積されてきている。「平成26・2014年全国消費実態調査」によれば，２人以上の世帯の家計資産のうち，「金融資産」と「耐久消費財」が増加し，「住宅・宅地資産」が7.6％の減少となっているが，それでも，金融資産（貯蓄－負債）の29.8％に対して，66.6％と高い割合を示している[2]。

家計資産額階級別の世帯分布については，家計資産額階級が高くなるに従って，世帯主の年齢階級が高い世帯が多くなっており，家計資産額が最も多いのは世帯主が60歳代の世帯となっている。

資産価値の上昇は家計消費に正の影響を及ぼすことが考えられるが，隅田和人氏らによれば，一般的に住宅資産効果は金融資産効果に比べて小さいとされる。また，住宅資産効果は中・高齢者世帯において正の効果が観察され，持家世帯では正となり，借家世帯では負の効果となるとされる[3]。

我が国の居住されている住宅ストックは5,210戸あり，そのうち６割が持ち家で，４割が借家となっている。床面積の持ち家と借家の比率は，８：２で，持ち家が大きく上回っている[4]。

住宅ストックの資産評価をみると，住宅ストック資産額が350兆円で，そのうち持ち家が246兆円で70.2％，借家が104兆円で29.8％と，持ち家に比べて借家の資産額比率が床面積比率（持ち家：借家＝８：２）よりも高い。持ち家の92％を占める木造住宅の早期の償却・滅失が影響しているからである。なお，宅地資産額は585兆円となっている[5]。

持ち家，特に木造住宅を資産としてとらえ，建物診断の結果やリフォームにより資産価値を維持・向上させる制度と意識が重要となる。住宅の税法上の耐用年数は，木造・合成樹脂造のものが24年，木造モルタル造が20年，鉄筋鉄骨コンクリート造・鉄筋コンクリート造が47年であり，木造は築20年で評価額がゼロになる。日本は地震国であり，木造住宅の耐用・償却年数がこのように低く抑えられているが，このような耐用・償却年数についても，検討が必要であろう。

因みに，７世紀に創建された法隆寺の西院伽藍は現存する世界最古の木造建築物である。同じく奈良時代の薬師寺の金堂・西塔の再建にあたり，東塔の修理を合わせ，創建当時の木が活かされている。第３章の林業・木材産業でふれた新たな技術に基づく木造建築の意義をふまえ，木造住宅の評価を高める施策が求められる。

1-3 土地問題に関する国民の意識

国土交通省が毎年行っている「土地問題に関する国民の意識調査」によると，「土地は預貯金や株式などに比べて有利な資産か」という質問に対し，「そう思う」と回答した人の割合は，平成５（1993）年度・６（1994）年度は６割以上であったのが，その割合は年々低下し，平成10（1998）年度以降は30％台で推移し，平成29（2017）年度は30.2％となっている。同時に，「そう思わない」と回答した者の割合は年々増加しており，40.5％となっている。土地に対する資産意識が低下し，資産として預貯金や株式が好まれる傾向にあるといえる。

なお，持ち家志向か借家志向かについては，平成29（2017）年度は「土地・建物については，両方とも所有したい」と回答した者の割合が75.7%と調査開始以降最も低い結果となっている。一方，「借家（賃貸住宅）で構わない」と回答した者の割合は16.3%と調査開始以降最も高い結果となっている[6]。

2　定期借家制度

2-1　借地借家法

「平成25年（2013）住宅・土地統計調査」によれば，持ち家の延べ床面積は122.32㎡であるのに対し，借家は45.95㎡で，借家の規模は持ち家の半分以下となっている。因みに，一戸建ての延べ床面積は129.84㎡であるのに対し，共同住宅は48.95㎡で，一戸建ては共同住宅の約2.7倍となっている。戸当り住宅床面積を欧米主要国と比較すると，特に借家の規模が小さい。

旧借地借家法においては，家主は正当事由を証明せずには家賃契約を更新することはできず，現在の借家人を退去させることができない。旧借地借家法は実質的な家賃統制を行っているともいえる。家主がこのような借家の賃貸リスクを感じて，回転率のよい独身者や小家族向けの小規模の賃貸住宅供給に傾倒したと指摘されている。また，岩田規久男氏によれば，帰属家賃あるいは帰属地代には所得税は課せられないが，家賃収入や地代収入等の帰属所得以外の所得には所得税が課せられ，この税制上の差別のために，貸家－借家の組合せよりも持ち家の方が有利になるとされる[7]。需要者側の持ち家志向が，賃貸住宅の水準を著しく低くしているといえる。

「良質な賃貸住宅等の供給の促進に関する特別措置法」が平成11（1999）年12月15日に公布・施行され，借地借家法改正法が平成12（2000）年３月１日から施行され，定期借家制度が導入された。特別措置法の第１条は，「この法律は，良質な賃貸住宅等（賃貸住宅その他賃貸の用に供する建物をいう。以下同じ。）の供給を促進するため，国及び地方公共団体が必要な措置を講ずるよう努めることとするとともに，定期建物賃貸借制度を設け，もって国民生活の安定と福祉の増進に寄与することを目的とする」と定める。

第２条では「良質な賃貸住宅等の供給の促進」，第４条では「賃貸住宅等に関する情報の提供，相談等の体制の整備」が記され，第５条で借地借家法の一部改正により借地借家法第38条が「定期建物賃貸借」に改められた。

このように，良質な賃貸住宅の普及の目的のために，定期借家制度が位置付けられている。定期借家契約は，契約の更新がない，期間満了で契約が終了する契約形態である。定期借家制度のメリットとしては，借り手にとっては期間限定のため家賃が安く設定されている物件がある，１年以下の短い期間限定で借りられるということがある。家主にとっては，好ましくない借主が長く居住することができない点があげられる。一方，床面積が200㎡未満で，借主に転勤，療養，親族の介護などやむを得ない事情が発生した場合にその住宅に住み続けることが困難になった場合は，このように条件が限定されているとはいえ，借主から中途解約ができる。

2-2 定期借家の経済厚生

借地借家法改正後の居住形態と経済厚生について，瀬古美喜氏は持ち家，借家，定期借家の３居住形態ごとに，全標本，所得水準，世帯主年齢，世帯人員数，子供がいる場合といない場合の既婚世帯，築年数の月当たり／１世帯当たりの平均補償変分を計算し，「定期借家の導入により，若年層，低所得，世帯人員数の少ない世帯，少し古い住宅の定期借家世帯での経済厚生の拡大が見られた」としている[8]。同研究では，定期借家導入により持ち家世帯は311円上昇，一般借家世帯は682円上昇，定期借家世帯は1,205円上昇し，定期借家世帯が最も多くの便益を得ていたとする。築年数では新築，２年以上16年未満，16年以上のうち，２年以上16年未満の定期借家に居住する世帯が最も多くの便益を得ている。

この分析結果から，次のような示唆が得られるとされる。

・定期借家の低い家賃で借り手の消費支出が増えるか，持ち家購入のための貯蓄が増える。
・質の高い定期借家の提供で，持ち家を購入する必要がなくなる。
・高年齢世帯は定期借家で家を貸すことで，サービス付き高齢者住宅（サ高住）等への居住の選択肢が増える。

このように定期借家で居住形態の選択肢が増え，持ち家比率が下がり，持ち家の価格が下がり，質の高い家族向け賃貸住宅が増え，持ち家購入のための頭金のための貯蓄をする必要がなくなり消費支出が増大すると考えられる。持ち家を購入することなく，質の高い定期借家に居住し，高年齢になるとサ高住に移行するという居住ライフスタイルも想定される。

一方，借家契約のうち定期借家契約は5.0％で，戸建住宅が12.4％，共同住宅が4.5％で[9]，普及率は高くない。

平成29（2017）年度住宅市場動向調査では定期借家制度については，「知っている」と「名前だけは知っている」の合計は35.7％，「知らない」は64.2％で認知度は低く，平成25（2013）年度から29（2017）年度まで上がってはいない。民間賃貸住宅に住み替えた世帯の賃貸契約の種類については，定期借家制度の利用は2.3％で，普通借家が97.5％となっている[10]。

定期借家制度の普及率が伸びない原因としては，制度の複雑や手続きの煩雑さ，普通借家契約に特段の不都合がないことなどがあげられている。

このような状況で，「小規模住宅（床面積200㎡未満）では，中途解約を排除する特約を有効にすべき」等の制度改革も求められている[11]。

定期借家制度を普及させるには，既存の普通借家契約を定期借家契約に転換させ，定期借家契約の借り手からの一方的な早期解除を無効とするか，借り手に罰則を科すような改正をすべきであろう。長期の定期借家契約の普及によって，既述のとおり，経済厚生が達成できる。

なお，一般社団法人移住・住みかえ支援機構（JTI）による「マイホーム借上げ制度」があるが，同機構のウェブサイト掲載の賃貸住宅は全国で52件と極めて少なく（平成30・2018年８月１日現在），通常50歳以上が対象で，耐震性等の建物診断を制度利用者の負担で行うことなどが課題となっている[12]。

3　住宅補助

3-1　住宅補助の課題

先進諸国ではさまざまな公的家賃補助が制度化されている。公的家賃補助は住宅手当のほか，公的扶助制度によって住居費の給付が行われている国もある。日本においては離職者，一般低所得者，低所得高齢者に向けた住宅扶助と住宅手当のあり方の議論がなされ，国土交通省や厚生労働省あるいは住宅関係団体等で検討や提言がなされている[13]。

厚生労働省の不動産担保型生活資金や国土交通省の安心居住政策研究会のとりまとめ等のほか，平成17（2005）年９月の国土交通省の社会資本整備審議会答申「新たな住宅政策に対応した制度的枠組みについて」が住宅政策の論点・課題について整理している[14]。公的家賃補助については，公営住宅入居者と非入居者の不公平性，コミュニティ・バランスの低下等の解消で有効としながらも，生活保護との関係，財政負担，事務処理体制，受給者の自助努力の促進等を課題としてあげている。

平成28（2016）年度の生活保護負担金（事業費ベース）は３兆6,720億円で，住宅扶助はそのうち5,977億円で16.3％を占めている[15]。

住宅補助政策は住宅減税など持ち家に対するものと賃貸住宅に対する家賃補助などのほか，公的に直接供給（建設）するケースや，供給者に対する建設補助等と購入に対する需要者への補助などがある。

住宅補助については問題も指摘されている。住宅補助によって家賃が下がり必要以上に大きな住宅に住んだり，所得補助の場合には他への支出に充てることが考えられる。

山崎福寿氏と浅田義久氏によれば，地方自治体による公営住宅など公的住宅の直接供給は民間の賃貸住宅の供給量を減少させ，社会的損失（死荷重）を発生させるクラウディング・アウト効果があり，このような住宅政策は効率的でなく，公的住宅の直接供給には合理性がないとされる[16]。公共施設等が老朽化し更新費用問題が深刻化している中，公営住宅の建替えの是非が地方自治体の大きな課題となっている。住宅の供給自体は民間で行うことができ，むしろ民間事業であり，地方自治体が行う合理的な根拠はなく，税金を一部受益者に投じる不公平性がある。条件のよい公営住宅への入居は高い倍率の抽選となっていることもあり，入居者と入居できなかった住民と，さらには入居条件を満たさない又は希望しない住民との不公平性もある。

3-2 住宅バウチャー制度

住宅補助の問題を解決するより好ましい住宅補助政策としてあげられている

のが，住宅バウチャー（切符）制度である。アメリカの住宅補助は，バウチャー制度となっている。住宅バウチャーによれば，住宅以外の財・サービスに向く消費を少なくでき，住宅を必要以上に大きくする効果を抑制でき，民間賃貸住宅のクラウディング・アウトを防ぎ，さらには老朽化した公営住宅の建替えをする必要がなくなる。

大阪府は住宅セーフティネットの再構築のため，住宅バウチャー制度を検討し，国に制度創設に向けた提案をしている[17]。住宅バウチャー制度を導入することによる効果が次のようにまとめられている。

・低所得者に対するセーフティネットの充実
・生活保護世帯への移行の抑止
・民間賃貸住宅の質の向上（低所得者の居住水準の向上）
・民間賃貸住宅市場の活性化
・公営住宅をめぐる諸課題の解消・緩和
・自由な居住地選択が可能

制度の導入には，財源の確保に加え，生活保護制度との整合性の確保，事務処理体制の構築などの検討が必要とされている。

バウチャーについては，ミルトン・フリードマンが学校教育の外部効果をふまえ，義務教育の費用を国家が負担することは妥当としながらも，学校の運営そのものを政府が行うことは正当化できないとして，教育バウチャーの支給を唱えた。同様に公営住宅の供給も正当化できないとしている[18]。政府が公共の目的を政策によって実施しても，民間にできるものは，政府が運営する必要はないということであり，住宅バウチャーによって公営住宅の不公平性と非効率を解消できることになる。

老朽化した公営住宅の建替えの事業手法をPFIにしてコストを軽減しても，相当の財政負担を要する。むしろ公営住宅を廃止し，民間住宅に転換した方が望ましい。住宅は本来的に民間事業である。

リチャード・ロジャースとアン・パワーは「公営住宅のほとんどは，市場性のある住宅に変えることができ，それらはよりアフォーダブルな，より多くの社会集団にとって魅力的な住宅となるだろう」といっている[19]。

4　住宅金融

4-1　ノンリコース・ローン

日本の住宅ローン融資は債務不履行時には担保住宅以外の資産に対しても請求権が及ぶ遡及型融資で，リコース・ローン（recourse loan）となっている。一方，アメリカをはじめとする諸外国の融資制度は非遡及型融資のノンリコース・ローン（non-recourse loan）といわれる。

住宅市場の活性化と経済成長には，家計の転居行動が大きく影響する。リコース・ローンとノンリコース・ローンでは，住宅価格変動と転居（買換え）行動の関係に異なる結果が予想される。リコース・ローンでは，住宅資金に関する流動性制約を介した非対称なロックイン効果が確認されるが，このことはリコース・ローンでは住宅価格が下落し担保価値が住宅ローン残高を下回ると，新たに住宅ローン借入れをしようにも，流動性制約により転居が阻害される，と説明される。結果として，住宅価格の下落が限定的になる可能性が考えられる。

瀬古美喜氏の研究など，データ分析によっても検証されており，特に住宅価格の変動に関しては，リコース・ローンでは短期的には売却による大きな価格下落が生じるものの，価格メカニズムが適正に働き，価格は自律的に回復する。これに対し，ノンリコース・ローンでは流動性制約により転居が阻害され，住宅価格の下落は限定となる[20]。

市場メカニズムによる住宅価格の安定性のためには，日本の住宅金融制度は，ノンリコース・ローンが望ましいと考えられる。アメリカではサブプライム・ローン問題で起きたように，ノンリコース・ローンでは意図的にデフォルトするという事態も生じ，意図的にデフォルトを選択するインセンティブを防ぐ制度設計も求められる。

ノンリコース・ローンでは，貸し手は，借り手という人ではなく，貸す物件を適切に評価し，融資額を決定することとなる。ひいては，住宅の質の向上にもつながる。

4-2 リバース・モーゲージ

リバース・モーゲージは1960年代にアメリカで始まり，日本では武蔵野市（福祉資金貸付制度）が昭和56（1981）年に導入したのが全国初の制度として知られる。

リバース・モーゲージとは持ち家を担保に老後資金を借入するという高齢者世帯向けローンで，自宅は所有するものの，現金収入が少ない（House rich, Cash poor）高齢者が自宅を手放すことなく住み続け，生活資金等を借入れることができる。逆抵当融資ともいわれ，契約者が死亡した時か自宅を売却した時に，売却代金か他の金融資産あるいは相続人により一括返済するというものである。資金使途は事業資金以外で自由か，居住する住宅のリフォーム資金や住み替える先のサービス付き高齢者住宅の入居一時金等に限定されている場合もある。保証人は原則不要とされる。一戸建てのほか，最近ではマンションも対象となってきている。

老後の安定した生活に向け，関心が高まり，利用者は増加しているといわれている。融資の仕組みや商品設計は金融機関で異なり，地方自治体や社会福祉協議会が行うのは低所得の高齢者向けの福祉制度となっている。

リバース・モーゲージにはリスクもある。１つは地価の下落等で担保価値が融資金額を下回った場合，持ち家以外の金融資産等での返済が必要になる。「長生きリスク」もあり，貸付限度額まで借り入れた後も長生きすれば，現金確保ができず，利息払いを続けなくてはいけないという事態になる。このようなリスクから，融資限度額が土地評価の50％から70％程度に抑えられている。金利は変動型で，金利上昇時の利払い負担増も考えられる。

リバース・モーゲージは地価の高い大都市圏で，所有権を持つ敷地に建てられた一戸建てに住む高齢者世帯を想定している制度ともいえる。そのような中，地方銀行でもリバース・モーゲージ制度が始まっている。

常陽銀行は平成25（2013）年９月より，一般社団法人移住・住みかえ支援機構（JTI）と提携し，自宅の売却を前提としない家賃返済型のリバース・モーゲージローンの取扱いを開始した。対象は20歳以上で，元利均等返済となる。

同行はまた，土浦市と締結した中心市街地に関する連携協定に基づき，平成26（2014）年10月より，新たに「土浦市まちなか定住促進ローン」3商品の取扱いを開始し，「住みかえプラン」と「空き家活用プラン」はリバース・モーゲージを活用した，金融機関と市町村が連携した定住促進・空き家対策の全国初の取組みである[21]。

土浦市は中心市街地活性化基本計画の一環として，平成26（2014）年10月より「まちなか定住促進事業」を開始し，平成30年度まで住宅建替え・購入補助と賃貸住宅家賃補助を行う[22]。平成27（2015）年度認定中心市街地活性化基本計画のフォローアップに関する報告では[23]，住宅建替え・購入借入金補助については平成26（2014）年度に8件（15人），平成27（2015）年度に20件（30人），賃貸住宅家賃補助は平成26（2014）年度に2件（5人），平成27（2015）年度に18件（41人）となっている[24]。

図表5-1　土浦市まちなか定住促進ローン「空き家活用プラン」イメージ図

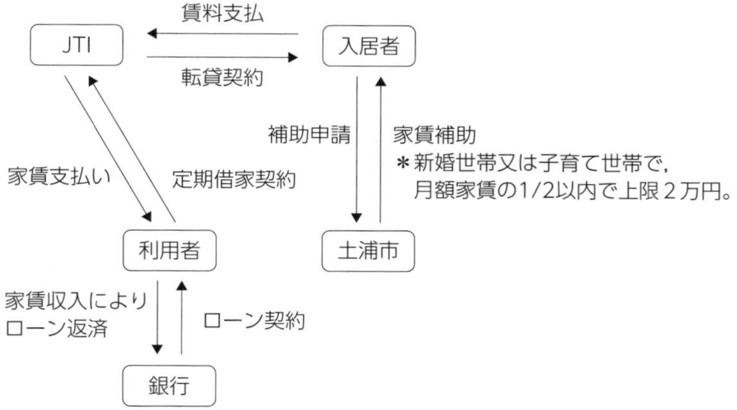

JTI
賃料支払
転貸契約
入居者
補助申請
家賃補助
＊新婚世帯又は子育て世帯で，
月額家賃の1/2以内で上限２万円。
家賃支払い
定期借家契約
利用者
土浦市
家賃収入により
ローン返済
ローン契約
銀行

出所：常陽銀行及び土浦市の資料に基づき作成

リバース・モーゲージへの関心が高まり，取扱金融機関が増える一方，先駆的な武蔵野市においては，不動産価格下落リスク，貸付期間の長期化リスクという制度リスクの顕在化を踏まえ，また，制度に要する費用は全て市の一般財源であり，民間金融機関や国で類似の制度で代替可能であるとして，廃止の方向で見直されている[25]。

国では，厚生労働省が平成14（2002）年度に実施主体を都道府県社会福祉協議会として，居住用不動産を担保とした長期生活支援資金を創設した。本制度は平成27（2015）年４月より生活福祉資金貸付事業の見直しが行われ，不動産担保型生活資金となった[26]。

国土交通省では平成26（2014）年９月より「安心居住政策研究会」を開催し，平成28（2016）年４月に居住支援協議会の取組強化の方向性等のとりまとめを公表し，リバース・モーゲージの普及に言及している[27]。

5　空き家問題

5-1　総住宅数と総世帯数

５年毎に行われる総務省の「住宅・土地統計調査」の平成25（2013）年結果により，空き家と高齢者世帯について状況を確認する[28]。

平成25（2013）年度の我が国の総住宅数は6,063万戸，総世帯数は5,245万世帯となっており，平成20（2008）年からそれぞれ304万戸（5.3％），248万世帯（5.0％）の増加となっている。昭和38（1963）年以前には総世帯数が総住宅数を上回っていたが，昭和43（1968）年に逆転し，その後も総住宅数は総世帯数の増加を上回っている。平成25（2013）年には総住宅数が総世帯数を818万戸上回って，１世帯当たりの住宅数は1.16戸となっている。このことは世帯数の増加に比べて，住宅の新築件数が多いことを示唆している。１世帯が１戸以上の住宅を所有することは一般的にそれほど多いとは認められず，いわゆる空き家が増加したものと考えられる。

5-2　空き家の増加

総住宅数が総世帯数を上回る状況で，総住宅数のうち，「居住世帯のある住宅」は5,210万戸で総住宅数の85.9％であり，空き家・建築中の住宅などの「居住世帯のない」住宅は853万戸で14.1％となっている。居住世帯のない住宅のうち，空き家については，一貫して増加を続けている。空き家の数は平成５（1993）年に448万戸だったところ，平成25（2013）年には820万戸でこの20年間で1.8倍になり，空き家率は13.5％と過去最高になっている。

空き家の内訳をみると，「賃貸用の住宅」が429万戸（52.4％），「売却用の住宅」が31万戸（3.8％）で，供給可能な住宅が過半数を占めている。「賃貸用の住宅」のうち共同住宅の割合が90％近くになっている。

また，「その他の住宅」が318万戸で平成15（2003）年度と比べて1.5倍，平成5（1993）年と比べて2.1倍に増加している。「その他の住宅」とは，「世帯が長期にわたって不在の住宅，建て替えのために取り壊すこととなっている住宅等」である。

このような空き家の増加に対して，空家等対策の推進に関する特別措置法が平成27（2015）年2月に施行された。「倒壊等著しく保安上危険となるおそれのある状態」等の特定空家等に対する措置として，除却，修繕，立木竹の伐採等の措置の助言又は指導，勧告，命令が可能となり，さらに，要件が明確化された行政代執行の方法により強制執行が可能となった。財政上の措置及び税制上の措置等も講じられる。

空家等に関する施策を総合的かつ計画的に実施するための基本的な指針，特定空家等に対する措置に関する適切な実施を図るために必要な指針も定められた。

社会資本整備総合交付金等の基幹事業の空き家再生等事業として，除去と活用の2つの事業タイプをあげている。

5-3　高齢者世帯の増加

65歳以上の世帯員いわば高齢者のいる普通世帯数は2,089万世帯で，普通世帯全体（5,230万世帯）の39.9％となっている。平成20（2008）年（1,824万世帯）と比べると，265万世帯増加し，増加率は普通世帯の5.0％の約3倍の14.5％となっている。高齢者のいる普通世帯の割合は，平成5（1993）年が28.8％，平成10（1998）年が31.5％，平成15（2003）年が34.9％と3割を超え，平成25（2013）年は約4割を占めるにいたっている。

また，高齢単身主世帯の割合の増加，高齢者のいる主世帯は一戸建てに居住する割合が高い，高齢者のいる主世帯が居住する共同住宅の2割が高齢者対応型，高齢者のいる主世帯は持ち家の割合が高い，などの傾向が指摘される。

5-4 地域別の状況

関東・中京及び近畿の三大都市圏の総住宅数をみると，関東大都市圏は1,839万戸で全国6,063万戸の30.3％，近畿大都市圏は965万戸で同15.9％，中京大都市圏は416万戸で同6.9％となっており，これら三大都市圏で3,220万戸となり，全国の53.1％と過半数を占めている。

地域別の空き家率は，別荘などの二次的住宅を除くと，山梨県が17.2％，愛媛県が16.9％，高知県が16.8％，徳島県及び香川県が16.6％と高く，最も低いのは9.1％の宮城県で，同県を除く全ての都道府県で空き家率は10％を上回っている。甲信・四国地方で高い一方，関東大都市圏は11.1％，中京大都市圏は12.4％と全国の13.5％を下回っている。近畿大都市圏は13.8％と上回っている。

5-5 自治体の取組み

「平成27（2015）年度土地に関する動向」では，低・未利用不動産の有効活用に向けた先進的な取組みとして，NPO法人空家・空地管理センターによる空き家・空き地の管理サービス，山梨市の空き家活用に関する地方自治体と宅建業協会の連携協定の締結，また，南房総市の空き公共施設の活用を通じた企業誘致の推進が紹介されている。

尾道市は空き家バンク制度要綱をつくり，空き家再生によるまちを守る活動で知られている。

京都市は平成25（2013）年７月に「総合的な空き家対策の取組方針」を策定し，さらに「京都市空き家等の活用，適正管理等に関する条例」を定め平成26（2014）年４月１日に施行された。条例の基本的な考え方は空き家をまちづくりの資源としてとらえ，空き家の発生の予防，空き家の活用，空き家の適正な管理，跡地の活用に取り組んでいくとするものである。条例では京都市，空き家等の所有者等，事業者，市民等のそれぞれの責務とともに，自治組織及び市民活動団体等の役割も記し，相互の協力を求めている。具体的な施策として，普及・啓発に関して，空き家活用の講演イベント，空き家所有者と空き家活用希望者のマッチングイベント，空き家の活用方法や相続等に関する情報等をまとめた「空き家便利帳」作成等を実施している。

活用・流通の促進では，地域連携型空き家流通促進事業を柱に，地域の身近な“まちの不動産屋さん”を登録し相談は無料の「京都市地域の空き家相談員」制度を立ち上げ，まち再生空き家活用モデル・プロジェクト等を実施している。

適正な管理では，管理不全等空き家問題等に対する指導等や代執行等を行っている。

空き家率の高い東山区では，六原学区の積極的な取組みが知られている。六原学区では平成17（2005）年から空き家に関する活動を開始し，平成22（2010）年には市との地域連携型空き家流通促進事業に取り組み，平成23（2011）年には自治連合会の空き家対策部会として六原まちづくり委員会が発足した。

主な取組みとしては，住まいに関するセミナーの開催，空き家所有者アンケート，「空き家の手帳」の発行，空き家の現状等を知ってもらう出前講座，空き家の流通・活用を促す地域有志による空き家の片づけプロジェクト等があげられる。また，平成24（2012）年度から始まった防災まちづくりの取組みでも空き家対策の成果を活かし，袋路の緊急避難経路整備，袋路始端部の耐震防火改修，昭和小路の３項道路指定等があり，防災まちづくりマップを作成している。京都市の「若手芸術家等の居住・制作・発表の場づくり」事業との連携により，空き家を改修し，東山アーティスツ・プレイスメント・サービスのオフィスがオープンしている[29]。

6　既存住宅市場

6-1　既存住宅の流通市量

わが国の既存住宅の流通量は年間約17万戸で，全住宅流通量に占める既存住宅の流通シェアは約14.7%にとどまっている。欧米と比べ６分の１程度の低い水準にある。既存住宅流通のシェアは高まっているものの，新築志向が強く，中古住宅の普及に有効な施策が求められる。

6-2　住宅評価

既存戸建て住宅の建物評価に関しては，住宅の状態にかかわらず一律に築

20〜25年程度で市場価値がゼロとされる扱いが一般的である。本来の住宅の性能や維持管理の状態が適切に反映されていない。このような問題に対し，国は平成26（2014）年３月に「中古戸建て住宅に係る建物評価の改善に向けた指針」を定め，建物評価に住宅の性能やリフォームの状況等を適切に反映することを求めた。平成27（2015）年７月には宅地建物取引業者が査定時に用いる「価格査定マニュアル」を改訂し，宅地建物取引業者の実務における普及を図り，同月に不動産鑑定士が既存戸建住宅の鑑定評価を行うにあたっての留意点を示した。

また，既存住宅の質に対する不安の解消のために，既存住宅売買瑕疵保険に関する仕組みの整備と「既存住宅インスペクション・ガイドライン」[30]等を通じたインスペクションの普及促進も始まっている。

土地問題に対する国民の意識調査では，「難しくてわかりにくい」，「なんとなく不安」とう回答が60%を占めている。不動産取引が難しい，不安と感じる理由は「不動産の価格の妥当性を判断しづらいから」，「不動産取引の流れが分かりづらいから」，「不動産の品質の良否を見極めづらいから」が多くなっている。国内投資家アンケートでは，「不動産投資関連情報の充実度」，「不動産投資関連情報の入手可能性」が重要とされるが，実際の充実度・入手容易性は不十分とされる。災害リスク評価も求められている。

そこで，不動産情報の多様化が課題となり，国において不動産総合データベースの検討が進められ，民間では既存マンションの参考価格算出サービスも始まっている。

不動産の取引は一般的な財と比べて取引頻度が低い上に，個別性が強い財であり，個別案件ごとの価格等に関する情報や資産価値を入手し評価するのは容易ではない。中古不動産の販売や仲介の事業者は大手ディベロッパー等から地域の不動産会社までさまざまであり，事業者の信用情報や取引の透明性も課題となる。一般消費者が既存住宅の購入にあたって，物件の質と価格に信頼をよせられるよう，これら施策の整備と充実が急がれる。

先にふれた京都市は安心すまいづくり推進事業として，第三者による建物検査制度の普及活動を実施しており，また，市場で流通していない空き家を対象に，空き家を活用又は流通しようとする空き家所有者等に対して，空き家の劣化状況の診断や活用・流通等に関する助言や提案等を行う専門家を派遣する制度を始めている[31]。京（みやこ）安心すまいセンターは「すまいのワンストップ総合窓口」として，すまいの全般に関する相談，耐震・エコの助成制度に係る申請等の受付業務を行っている。

このように空き家対策や既存住宅活用の施策が図られているが，新築住宅を購入する方が有利な税制の改革，既存住宅の解体費の補助，既存住宅をリノベーションして賃貸住宅にする誘導政策などが求められる。

7　土地利用の新たな課題

7-1　大都市の社会空間構造

都市内部の土地利用について，都市地理学，都市経済学，都市社会学の分野から議論がなされている。

1925年にアーネスト・バージェスが付け値地代理論の地代曲線を踏まえ，中心業務地区（CBD）からさまざまな土地利用が円環状に広がっていくという，同心円モデル（concentric ring model）を唱えた。

1939年にはホーマー・ホイトが同心円モデルに修正を加え，都市は中心業務地区から主な交通路線に沿って扇型に成長していくという扇型理論（sector model）を唱えた。ホイトはシカゴについて検討し，住宅地価や地代に基づいて住宅地区の分布を調べ，交通路線は都心から放射状に広がり，住宅地区は家賃の高低ごとに都心を核に扇型に展開するとした。

1945年にはチョーシー・ハリスとエドワード・ウルマンが多核心モデル（multiple nuclei model）を唱えた。この理論は自家用車の普及による移動の拡大をふまえたもので，都市は中心業務地区から広がっていくにしても，特定の機能が特化して配置され，複数の核心が形成される[32]。

都市形成は鉄道交通網の発達の有無，自家用車での郊外から都市への通勤の可否，地勢等によって，大きく異なってくる。

都市の形成と社会空間の変動については，コミュニティ・ライフサイクルの観点からも論じられている。米国の都市のコミュニティ変動は主として建造物の老朽化に伴う住民の入れ替えによって生じる。日本の都市では住民の定住志向が強いためコミュニティは高齢化に向かい，中心部も郊外部もライフサイクルが一巡し，衰退過程に入ると指摘されている[33]。中心都市の空洞化が懸念されるが，米国でも日本でも再開発による都心居住とジェントリフィケーション（gentrification：高級化）も見られる。

都市政策としては中心部と郊外の再開発，公共交通の整備によるコンパクトシティ，老朽化した建造物の建替えとリノベーションが有効といえよう。

7-2 都市のスポンジ化

空き家を含む空き地問題の根底には世帯数を大きく上回る住宅ストック数の増加と，野放図な居住地の拡大があげられる。住宅投資は，国内総生産を押し上げる景気対策として，政府によって積極的に推進されてきた。

都市計画法の規制緩和で，地方自治体は条例によって，市街化調整区域の農地等で宅地開発ができるようになった。川越市等で郊外の新築住宅が急増し，羽生市等で賃貸空き家が問題になっている[34]。川越市が政策を転換するなど地方自治体独自の取組みが始まっているが，国としての土地利用，都市計画，住宅政策のあり方が問われている。

国土交通省では，「都市のスポンジ化」を取り上げる都市計画基本問題小委員会を立ち上げた。「都市のスポンジ化」とは，「都市の内部において，小さな孔が空くように，空き地，空き家等が，小さな敷地単位で，時間的・空間的にランダムに，相当程度の分量で発生すること」をいう。「地域にふさわしい土地利用の実現」等幅広いテーマを検討課題として取り扱っていく予定とあり，住宅・宅地開発についての検討が進むことが期待される[35]。

なお，平成30（2018）年版首都圏白書では，首都圏をめぐる最近の動向として「都市のスポンジ化」を取り上げている。「都市のスポンジ化」への対応として，空き地等の有効活用事例について，商店街の再生（宇都宮市・もみじ通り），地方自治体との協定の締結による流通促進（神奈川県海老名市），隣地統合（埼玉県毛呂山町），ポケットパーク整備事業（埼玉県本庄市），公共空間の広場としての有効利用（東京都町田市），交流拠点整備による団地再生（埼玉県・鳩山ニュータウン）を紹介している[36]。

7-3 所有者不明土地

所有者不明土地の問題が指摘されている。所有者不明土地問題研究会（座長：増田寛也）によれば，平成28（2016）年度地籍調査のサンプル調査において登記簿上の所有者の所在が不明な土地は20.1％で，DIDでも14.5％，宅地で17.4％，農地で16.9％，林地で25.6％となっている。総人口，65歳以上死亡者数との相関関係（いずれも市区町村別）により全国の市区町村に拡大すると，不明率は約20％で，面積換算で約410万haに相当し，九州の土地面積と同等の水準となる。2040年には約720万haに拡大し，北海道の面積にまで増加する。2040年までの経済損失は約６兆円とされる。所有者不明土地の原因として，人口減少・少子高齢化による土地需要・資産価値の低下，先祖伝来の土地への関心の低下や管理に対する負担感の増加，地方から大都市・海外への人口移動に伴う不在地主の増加，登記の必要性の認識の欠如があげられている[37]。同研究会は所有者不明土地を円滑に利活用し，適切に管理する施策等の検討を行っている。

そのような中，「所有者不明土地の利用の円滑化等に関する特別措置法」が平成30（2018）年６月６日に成立した。本法は所有者不明土地を円滑に利用する仕組み（公共事業における収用手続の合理化・円滑化（所有権の取得）），地域福利増進事業の創設（利用権の設定），所有者の探索を合理化する仕組み（土地等権利者関連情報の利用及び提供，長期相続登記等未了土地に係る不動産登記法の特例），所有者不明土地を適切に管理する仕組みを内容とする。

本法によって，建築物がなく反対する権利者もいない土地に市町村が公園を設置したり，民間が直売所や駐車場等を造れるようになる。

〈注〉

1　国土交通省「平成29年度土地に関する動向」平成30年６月８日
http://www.mlit.go.jp/report/press/totikensangyo02_hh_000110.html

2　総務省統計局「平成26年全国実態調査　家計資産に関する結果　結果の概要」平成28年３月25日
http://www.stat.go.jp/data/zensho/2014/kekka.htm

3　隅田和人・直井道夫・奥村保軌『都市・地域・不動産の経済分析』慶應義塾大学出版会，第1章「住宅資産と家計の消費行動」
Levin, L. (1998) "Are Assets Fungible? Testing the Behavioral Theory of Life-Cycle Savings," journal of Economics Behavior and Organization, 36(1), pp.59-83都市・地域・不動産の経済分析p25
Hori, M. and S. Shimizutani (2004) "Asset Holding and Consumption:Evidence from Japanese Panel Data in the 1990s," Seoul Journal of Economics, 17(2), pp.153-179.
4　国土交通省「平成27年度住宅経済関連データ」〈1〉住宅整備の現状1．世帯数，住宅戸数の推移(6)住宅ストックの姿（総計）」
http://www.mlit.go.jp/common/001081905.pdf
5　国土交通省「平成27年度住宅経済関連データ〈1〉住宅整備の現状1．世帯数，住戸数の推移(8)住宅ストックの資産評価（我が国の住宅・宅地資産）
http://www.mlit.go.jp/common/001081907.pdf
6　国土交通省「平成29年度土地問題に関する国民意識」平成30年7月
http://www.mlit.go.jp/totikensangyo/totikensangyo_tk2_000018.html
7　岩田規久男『土地と住宅の経済学』（日本経済新聞社）
8　瀬古美喜『日本の住宅市場と家計行動』第5章「借地借家法改正後の居住形態と経済厚生」（東京大学出版会）
9　国土交通省住宅局・定期借家推進協議会・財団法人日本住宅総合センター「定期借家制度実態調査の結果について」平成19年7月
http://www.mlit.go.jp/kisha/kisha07/07/070703/01.pdf
10　国土交通省住宅局「平成29年度住宅市場動向調査報告書」平成30年5月
http://www.mlit.go.jp/report/press/house02_hh_000126.html
11　定期借家推進協議会「定期借家制度をはじめとする借地借家法改正への提言」2014年3月5日
http://www.teishaku.jp/pdf/teigen20140305.pdf
12　一般社団法人移住・住みかえ支援機構
https://www.jt-i.jp/
50歳未満の年齢要件特例や「DIY長期リースによるおまかせ借上げ制度」が設けられるなど制度の改善は進んでいるが，「田舎暮らし」物件がなく，さらなる制度の充実と物件情報が望まれよう。
13　齋藤純子「公的家賃補助としての住宅手当と住宅扶助」レファレンス平成25年12月号
http://dl.ndl.go.jp/view/download/digidepo_8392373_po_075501.pdf?contentNo=1
14　国土交通省の社会資本整備審議会答申「新たな住宅政策に対応した制度的枠組みにつ

いて」平成17年９月26日
http://www.mlit.go.jp/kisha/kisha05/07/070926_.html

15　厚生労働省「生活保護の現状，予算事業等について」
https://www.mhlw.go.jp/topics/2018/01/dl/tp0115-s01-01-03.pdf

16　山崎福寿・浅田義久/シリーズ新エコノミクス『都市経済学』第７章「市場の失敗と再配分政策」（日本評論社）

17　大阪府「住宅バウチャー（家賃補助）制度の提案について」平成24年３月
http://www.pref.osaka.lg.jp/fukushisomu/juutaku-safety-net/process/p0000005.html

18　ミルトン・フリードマン『資本主義と自由』第６章「教育における政府の役割」及び第11章「社会福祉政策」（日経BP社）

19　リチャード・ロジャース/アン・パワー『都市　この小さな国の』（鹿島出版会）p83及びp75

20　瀬古美喜『日本の住宅市場と家計行動』東京大学出版会，第１章「不動産価格の変動とマクロ経済への影響」でデータ分析とモデル推計がなされている。遡及型融資制度のもとでの住宅資金に関する流動性制約を介した非対称なロックイン効果の理論的説明については，Seko, M., K.Sumita and M.Naoi（2012），"Residential Mobility Decision in Japan: Effects of Housing Equity Constraints and Income Shocks under the Recourse Loan System", Journal of Real Estate Finance and Economics,Vol.45(1), pp.63-87.を参照のこと。

21　常陽銀行リバース・モーゲージ関係資料
http://www.joyobank.co.jp/personal/loan/reverse_mortgage/index.html
http://www.joyobank.co.jp/news/pdf/20140924_03.pdf

22　土浦市まちなか定住促進事業
http://www.city.tsuchiura.lg.jp/page/page006310.html

23　土浦市「平成27年度認定中心市街地活性化基本計画のフォローアップに関する報告」平成28年３月
http://www.city.tsuchiura.lg.jp/jgcms/admin74892/data/doc/1467070935_doc_34_0.pdf

24　平成28年度「まちなか定住促進事業」の申請状況について（平成29年２月13日現在），住宅建替え・購入補助の予定件数50件に対し残数（目安）は14件，賃貸住宅家賃補助の同40件に対して５件となっている。
http://www.city.tsuchiura.lg.jp/page/page007655.html

25　武蔵野市福祉資金貸付制度見直し検討委員会報告平成25年３月
http://www.city.musashino.lg.jp/_res/projects/default_project/_page_/001/010/579/honnbunn_p1-11.pdf

26　厚生労働省「生活福祉資金貸付制度」
https://www.mhlw.go.jp/stf/seisakunitsuite/bunya/hukushi_kaigo/seikatsuhogo/seikatsu-fukushi-shikin1/

27　国土交通省「居住支援協議会の取組強化の方向性等をとりまとめ」平成28年4月8日
http://www.mlit.go.jp/report/press/house07_hh_000147.html

28　総務省「平成25年住宅・土地統計調査」
http://www.stat.go.jp/data/jyutaku/2013/tyousake.htm

29　京都市の空き家対策及び防災まちづくりについては，次のウェブサイトを参照。
http://www.city.kyoto.lg.jp/tokei/page/0000150375.html
http://www.city.kyoto.lg.jp/tokei/page/0000184112.html

30　国土交通省「既存住宅インスペクション・ガイドライン」平成25年6月
http://www.mlit.go.jp/common/001001034.pdf

31　京都市空き家活用・流通支援専門家派遣事業実施要領（平成26年6月26日）
http://www.city.kyoto.lg.jp/tokei/cmsfiles/contents/0000168/168674/youryou.pdf

32　Burgess, E.W.（1964）" The Growth of the City," in Robert E.Park, Ernest W. Burgess and Roderick D. McKenzie,（eds.）The City, University of Chicago Press.
Hoyt, Homer.（1939）" The Structure and Growth of Residential Neighborhoods in American Cities. Federal Housing Administraion.
Harris,C.D. and E.L.Ulman（1945）"The Nature of Cities," The Annals of the American Academy of Political and Social Science, Vol.242

33　松本康「日本の大都市におけるコミュニティ・ライフサイクル」総合都市研究　第84号2004

34　野澤千絵『老いる家　崩れる街　住宅過剰社会の末路』（講談社現代新書）

35　国土交通省「第1回都市計画基本問題の開催」
http://www.mlit.go.jp/report/press/toshi07_hh_000105.html
国土交通省「都市のスポンジ化」現象への取組（平成29年2月13日）
http://www.mlit.go.jp/report/press/toshi07_hh_000105.html

36　「平成29年度首都圏整備に関する年次報告」（平成30年版首都圏白書）
http://www.mlit.go.jp/report/press/toshi03_hh_000035.html

37　「所有者不明土地問題研究会　中間整理」平成29年6月ウェブサイト
www.kok.or.jp/project/fumei.html及び増田寛也「2040年には北海道の面積に　所有者不明土地が日本中を喰い荒らす」中央公論2017年12月号

第6章

不動産と金融

1　不動産投資市場

1-1　不動産投資の意義と政策

『日本再興戦略』改訂2015－未来への投資・生産性革命－で，「不動産投資市場の商品・資金供給の担い手の多様化を図り，不動産投資市場の持続的な成長を実現するため，成長目標とその達成に向けた政策を取りまとめる」と述べられている。また，「経済財政運営と改革の基本方針2015～経済再生なくして財政再建なし～」では，「大規模な災害等への備えとしての官民境界を含めた地籍整備等の推進や地価公示の充実，不動産証券化手法の活用により，土地取引，民間開発事業の円滑な推進を図る」とある。このような政府方針に基づき，有識者による不動産投資市場政策懇談会が設けられ，平成28（2016）年３月に「不動産投資市場の成長戦略～2020年に向けた成長目標と具体的取組～」が公表された。

同提言では，不動産投資市場の社会的意義として，国民生活・経済成長を支える不動産ストックの形成・再生・活用，民間の資金・ノウハウ活用による不動産ストックの形成・再生・活用，金融資産運用の適切なポートフォリオ形成と金融市場の魅力向上をあげている。そして，不動産投資市場の成長目標として，「2020年頃にリート等の資産総額を約30兆円に倍増」としている。この不動産投資市場の裾野と厚みの拡大に向けた具体的取組みとして，次の４つをあげている。

① 成長分野における不動産投資市場の拡大と国際競争力の強化
② 地域を活性化する不動産ストックの再生
③ 資金供給の担い手の多様化等
④ 不動産市場の透明性向上等

1-2 拡大と強化の施策

不動産投資市場の社会的意義と成長目標をふまえた「成長分野における不動産投資市場の拡大と国際競争力の強化」では，次のような施策があげられている。

○リートによる成長分野（国際ビジネス・観光・物流・ヘルスケア等）の施設取得支援の継続・拡充
○耐震化，環境改修，観光・物流・ヘルスケア施設の再生等を促進するための不動産特定共同事業の充実
○PFI事業等への資金へのファンドやリート等の活用
○CREや個人所有不動産の更なる有効活用や流動化の促進

「地域を活性化する不動産ストックの再生」では，次のような取組みがあげられている。

○志ある資金等を活用して地域の空き家・空き店舗等を再生する「ふるさと再生投資」事業のための枠組みの整備
○地域の金融資産を地域活性化に資する不動産事業に活用する地域ファンド等の形成促進

これらの取組みは空き家・小規模不動産・PREに対するクラウドファンディングや不動産証券化の普及を図ろうとするものである。

このように，不動産投資市場の拡充と不動産証券化は日本再興と地域創生の柱と位置付けられている。

2　不動産の金融手法

2-1　不動産証券化の実態

国土交通省の「平成29年度不動産証券化の実態調査」によれば，平成29（2017）年度に不動産証券化の対象として取得された不動産または信託受益権の資産額は約4.8兆円で，前年と同額となっている。このうち，証券化ビークル等から取得されたものは約2.6兆円で，証券化ビークル等が譲渡した資産額は約4.2兆円であった[1]。

スキーム別では，リートが約1.83兆円で全体の約38.0％を占めた。次いでGK-TKスキーム等が約1.41兆円，TMKが約1.32兆円，不動産特定共同事業が約0.20兆円となっている。また，平成29（2017）年度に譲渡された資産はTMKが最も多く約2.40兆円，次いでGK-TKスキーム等が約1.24兆円となっている。

資産額の用途別では，オフィスが全体の41.0％，次いで倉庫が17.9％，住宅，商業施設がともに12.4％となっている。

都道府県別では東京都が436件，神奈川県が102件，大阪府が95件，千葉県が80件，愛知県が68件，福岡県が55件となっている。

開発型証券化については，平成29（2017）年度は70件，約0.44兆円となっている。

2-2　Jリート

リート市場規模の国際比較については，リート市場の名目GDPに対する比率は平均3.29％に対し2.20％，リート市場の株式市場規模に対する比率は平均4.55％に対し1.78％と欧米等各国に比べ低く，成長の余地がある[2]。

次にJリートについて見てみると，Jリートが取得する不動産はオフィス，住宅，商業施設等が中心であったのが近年ではホテル，物流施設等へと多様化が進んでいる。また，Jリートによる不動産の取得は三大都市圏のみならず，地方都市まで広がりを見せ，平成24（2012）年度以降，地方都市における物件取得割合が増加している。

2-3　ヘルスケアリート

高齢化の進展に伴い，ヘルスケア施設の供給の拡大等が求められる中，日本再興戦略（平成25・2013年6月14日閣議決定）において，「民間資金の活用を図るため，ヘルスケアリートの活用に向け，高齢者向け住宅等の取得・運用に関するガイドラインの整備，普及啓発等」を行うこととされ，平成26（2014）年6月には「高齢者向け住宅等を対象とするヘルスケアリートの活用に係るガイドライン」が公表された。同ガイドラインは宅地建物取引業法（昭和27年法律第176号）第50条の2等に基づく取引一任代理等の認可申請等に際して整備すべき組織体制を示すとともに，ヘルスケア施設の取引に際し留意すべき事項を示すことを目的としている。

なお，「ヘルスケア施設供給促進のための不動産証券化手法の活用及び安定利用の確保に関する検討委員会」の取りまとめと参考資料（平成25・2013年3月）では，証券化やリート，ヘルスケア施設を核とした地域活性化やCCRC等について言及されている。

2-4　病院不動産リート

産業競争力の強化に関する実行計画（平成26・2014年1月24日閣議決定）において，「戦略市場創造プラン」関連として，「平成42年には，予防サービスの充実等により，国民の医療・介護需要の増大をできる限り抑えつつ，より質の高い医療・介護を提供することにより，国民の健康長寿が延伸する社会を目指すべきである」とされ，施設項目「安心して歩いて暮らせるまちづくり」の中で，病院（自治体病院を含む）を対象とするリートの活用に関して，ガイドラインの策定等の環境整備を行うこととされた。

「病院不動産を対象とするリートに係るガイドライン」（平成27・2015年6月26日）は宅地建物取引業法（昭和27年法律第176号）第50条の2等に基づく取引一任代理等の認可申請等に際して整備すべき組織体制を示すとともに，リートと不動産取引を行う病院を開設し又は運営する者（医療法人の理事長のほか役員を含む）との信頼関係の構築，医療法等の規定及びこれに関連する通知の遵守等を示すことを目的としている。

なお，病院の耐震化率は平成29（2017）年調査では72.9％であり，社会福祉施設等の耐震化については平成28（2016）年では89.6％となっている[3]。

平成26（2014）年６月に成立した「医療介護総合確保推進法」により，平成27（2015）年４月より都道府県が「地域医療構想」を策定している。「地域医療構想」は2025年に向け，病床の機能分化・連携を進めるために，医療機能ごとに2025年の医療需要と病床の必要量を推計し定めるものであり，推計方法を含む「地域医療構想策定ガイドライン」が平成27（2015）年３月に公表されている。

このようなヘルスケア施設，病院不動産に対する耐震化や改修，整備，地域活性化における医療・介護の位置付け，民間資金の活用等の施策が進められ，地方創生でもこれらに該当する諸事業の重要性が増している。

2-5 セール・リースバック

不動産マネジメントの手法の１つに，所有する不動産を売却し，その後ただちに売却先から同不動産を借り受けるというセール・リースバックがある。セール・リースバックによって，バランスシートに塩漬けされていた不動産をオフバランスし，資金を調達できる。また，資産運営がプロ業者の運営に替わり，新たなノウハウによって資産マネジメントの質が上がり，運営費用が低下する。セール・リースバックにはコスト削減効果が大きい。

芦谷典子氏は企業不動産（CRE）マネジメントとして，セール・リースバック手法のコスト削減効果を定式化し，法人税率がキャピタルゲイン課税率のキャップ（上限）としての指標となるとし，キャピタルゲイン税による活用意欲減殺効果，法人税率が高いときほど節税メリットが大きいなどの示唆が得られるとしている。その上で，税バランスの中立化への留意はセール・リースバックに限らず，こうした留意は税を通じたあらゆる施策に共通すると指摘している。

また，芦谷氏はPRE（公的不動産）のセール・リースバックについて，さいたま市の公開情報の実証分析によって，箱モノの総数の１割程度にコスト削減効果の余地があるとしている[4]。

セール・リースバックには不動産の売却による資金調達と老朽化に伴う修

繕・更新費用の売却先への移転というメリットがある一方，リース料には売却先の利益と金利が上乗せされており，売却先でのコスト削減効果とセール・リースバックのコストメリットが認められるか，慎重に検証する必要がある。

2-5 不動産投資市場の成長に向けたアクションプラン

経済成長を支える不動産ストックの有効活用の最適化が喫緊の課題とされ，未来投資戦略2017においても，2020年頃までにリート等の資産総額を約30兆円に倍増することを目指すとした。そこで，不動産投資市場の成長に向けたアクションプランが策定された[5]。アクションプランでは具体的施策として，CRE等の改革，リート市場等の改革，不動産投資家の投資環境の改革，人材育成の改革があげられている。

CRE等の改革ではCRE戦略ガイドライン・手引きの拡充，CREフォーラムの設置・運営等，老朽化不動産の更新・活用の促進，PRE戦略の一層の推進が示されている。老朽化不動産のリノベーション・更新・活用と，老朽化した中小ビル等遊休不動産の所有と経営の分離によって，中心市街地と商店街の活性化が図られる。

リート市場等の改革ではリートの多様性の促進，ESG不動産投資の基盤整備，地方創生型の不動産証券化の促進が示されている。

地方創生型の不動産証券化の促進では，空き家・空き店舗等の老朽化・遊休化した不動産ストックの再生・活用にあたり，「通常よりも低い配当利回りでもリスクテイクしながら地域のために役に立ちたいという思いを持った市民等からの志ある資金」を不動産証券手法に結び付けるとしている。このような取組みを促進して地方創生につながる動きを加速させる制度として，不動産特定共同事業法の改正によるクラウドファンディング等を通じた小口資金による小規模不動産特定共同事業等の制度があげられている。

不動産特定共同事業は組合形式で出資を行い不動産の売買や賃貸による収益を投資家に配当する事業であるが，許可要件が地方の事業者にとってはハードルが高く，資金調達での電子化への対応と良質な不動産ストックの形成を促進するための規制の見直しが必要とされた。

2-6 不動産特定共同事業法の一部改正

不動産特定共同事業の活用をより一層促進するとともに，観光等の成長分野を中心に良質な不動産ストックの形成を促進するため，不動産特定共同事業法の一部を改正する法律が平成29（2017）年12月１日に施行された[6]。

法改正によって，空き家・空き店舗等の再生・活用事業に地域の不動産事業者等が幅広く参入できるよう，出資総額等が一定規模以下の小規模不動産特定共同事業が創設された。また，事業者の資本金要件を緩和するとともに，５年の登録更新制とするなどの投資家保護が確保された。これによって，古民家を宿泊施設に改装して運営する空き家等の再生・活用事業が図られるようになった。

クラウドファンディングに対応した環境整備としては，投資家に交付する契約締結前の書面等についてインターネット上での手続きに関する規定，インターネットを通じて資金を集める仕組みを取り扱う事業者について適切な情報提供等の必要な業務管理体制に係る規定が整備された。

良質な不動産ストックの形成を促進するための規定の見直しでは，プロ向け事業の規制の見直しと特別目的会社を活用した事業における事業参加者の範囲の拡大がなされた。後者の見直しによっては，一部のリスクの小さな事業（修繕等）における事業参加者の範囲が一般投資家まで拡大され，旧耐震のホテルを建て替え，環境性能の高いホテルを開発する事業が始まっている。

3　不動産証券化の仕組み

3-1 不動産証券化の概念

不動産は大きく，居住用の住宅と非居住用の事業用地や農地あるいは公的不動産等に分けられる。不動産の活性化のための金融手法として，不動産の流動化が図られ，その仕組みとして不動産の証券化が普及している。

国土交通省の「不動産証券化の解説」によれば，不動産の流動化とは流動性の低い資産を流動性の高い資産に転換することで，「資産を保有する者が，特定の資産保有を目的とする別の主体（特別目的事業体＝SPE：Special Purpose

Entity）を設立して，そこに当該資産を移転してその資産が生み出す将来のキャッシュ・フロー（「CF」という）を原資に資金調達を行う手法」をいう[7]。この資産流動化の手法の中でも特に「資産の証券化」とは，ローン債権の元利支払やビルテナントの賃料等のCFを生み出す特定の資産をバランスシートから切り離し（オフバランスという），有価証券等の流動性の高い投資商品を発行する手法で，証券化される資産が不動産あるいは不動産から派生する資産（不動産担保債権等）であるケースを不動産証券化という。

不動産証券化の目的と効用としては，幅広い投資家からエクイティ（資本金）出資を募る，ノンリコース・ローンの調達という主に2つがあげられる。ノンリコース・ローンとは，資金の貸し手が特定の不動産にしか責任財産（返済原資となる資産）を求めることができない責任財産限定特約付融資をいう。

3-2 不動産証券化の基本構造

不動産証券化では，一般的に，①証券化の対象となるCFを生み出す不動産（原資産），②不動産の生み出すCFに投資を行う投資家，③不動産と投資家をつなぐ導管体の役割を担う仕組みとしての特別目的事業体（SPV，ビークル等），そして④実際の投資対象となる証券化商品の4つが基本要素となる。

図表6-1　不動産証券化の基本構造

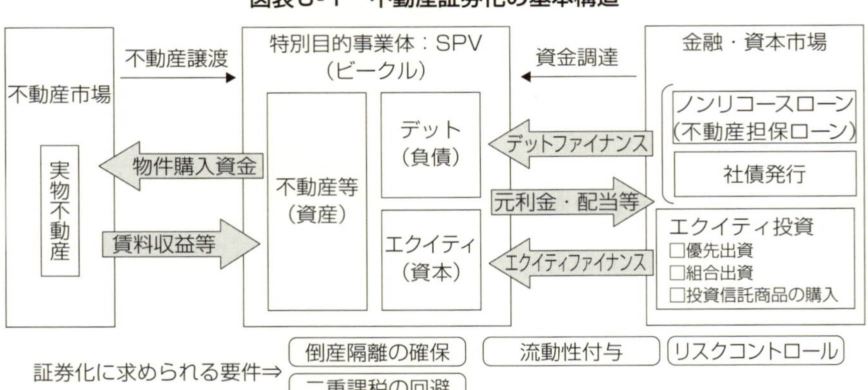

出所：国土交通省「不動産証券化の解説」より作成

不動産証券化には，流動性の付与のほか，資産の所有者・オリジネーターが倒産した場合にビークルがその倒産に巻き込まれないようにする倒産隔離，投資家から見て二重に課税されることがないようにするための二重課税回避，各種リスクコントロールの仕組みが必要となる。

不動産証券化は不動産と金融を融合させるストラクチャード・ファイナンスであり，適用される法令と案件毎に異なる細分化された高度な専門性を有する多様なプレイヤーがそれぞれの役割りを果たす。

プロジェクトを立ち上げファイナンスを組成するのがアレンジャーであり，不動産証券化のためのスキーム全体をオリジネーター，投資家，レンダー（ノンリコース・ローンを実行する金融機関でデット投資家をいう）等の関係者と協議を重ね構築する。

不動産証券化のスキームは特別目的会社の種類や根拠法等によって，次のように分類される。

① TMK

資産の流動化に関する法律に基づくスキームで，特定目的会社（TMK）を設立し，TMKに資産を売却し，TMKが投資家からの優先出資と金融機関からの特定借入や特定社債により資金を調達し，現物不動産又は不動産信託受益権を取得し運用する。

② GK－TK

合同会社を設立し，投資家からの匿名組合（TK）出資と金融機関からの借入金により資金を調達し，不動産信託受益権を取得し運用する。

③ REIT

投資信託及び投資法人に関する法律に基づく投資法人（REIT）を設立し，投資家からの出資金，金融機関からの借入金等により資金を調達し，現物不動産又は不動産信託受益権を取得し運用する。

④ 不動産特定共同事業（特例事業）

不動産特定共同事業法に基づき合同会社（GK）を設立し，投資家からの匿名組合（TK）出資による出資金，金融機関からの借入金により資金を調達し，現物不動産を取得し運用する。

REITは既存の収益性の高い不動産を長期的に運用するスキームで，投資口を上場する場合には幅広い投資家から資金を調達することができる。

3-3 不動産証券化の類型

不動産証券化はその活用の目的や形態によって，資産流動化型証券化と資産運用型証券化の２つに分類される。

資産流動化型不動産証券化は，オリジネーターが資金調達・資産処分・財務体質改善等を目的に，証券化の対象となる不動産をビークルへ譲渡し，当該不動産が生み出す収益（CF）を裏付けに資金調達を行うスキームで，いわば「資産ありきの不動産証券化」といえる。

資産運用型不動産証券化は，資産運用を目的とするものであり，複数の投資家から集めた資金を用いて不動産投資を行い，そこから得られる収益を投資家に配分する仕組みで，リートや不動産プライベートファンド等が代表的なものである。

開発型不動産証券化は，不動産開発資金の調達を目的とした証券化の形態である。開発型不動産証券化は，すでに収益を生み出している稼働中の不動産に投資する資産流動化型不動産証券化や資産運用型不動産証券化に対して，収益を生み出す前の不動産への投資であり，開発不動産が生み出すであろう将来のCFを裏付けとする証券の発行や金融機関からの借入れによって開発資金を調達する。そして当該資金によって，開発用地の取得や建物の建設を行い，完成後に対象資産を運営ないし売却して得られる収益で，投資家への配当や金融機関への支払を行う。

地方においては，有効利用な土地を集約し複合化し，新たなCFを生む不動産を開発することが必要で，開発型不動産証券化の活用が期待されている。

3-4 市街地再開発

市街地再開発事業に不動産証券化手法が活用されている。市施行では浦和駅東口駅前地区第二種市街地開発事業（埼玉県さいたま市），組合施行では川崎駅北口地区第３西街区第一種市街地再開発事業（神奈川県川崎市），武蔵浦和駅第８-１街区第一種市街地再開発事業（埼玉県さいたま市），東京都市計画白

金一丁目東地区第一種市街地再開発事業（東京都港区），川口一丁目１番地区第一種市街地再開発事業（埼玉県川口市），東池袋四丁目第一種市街地再開発事業（東京都豊島区）などが知られている。

3-5 地方都市における不動産証券化事業のハンドブック

国土交通省は平成28（2016）年３月に「地方都市の不動産証券化ガイドブック～先進事例にみる地域活性化事業の構築と不動産ファイナンスのポイント～」を公表している[8]。本ガイドラインの背景として，地方都市における地域の活性化を支える不動産ストックの形成・再生は地方創生の観点からも喫緊の課題であり，地域活性化に資する不動産を形成・再生する際に地元事業者や地域金融機関等の多様な地域関係者の参画を得て資金を調達できる不動産証券化は有効な手段である一方，証券化の経験やノウハウを持った人材が不足しており不動産証券化手法の活用が進んでいない，としている。

地方都市における不動産証券化事業のポイントとして，収益性を確保した事業の構築と地域関係者間の連携及び専門家の確保をあげている。地方都市では大都市に比べ不動産の収益力が低く，地域のニーズに応じた用途の検討，まちづくりの方針との整合性や官民連携，マスターリースなどによる減収リスクの軽減，ふるさと投資や市民ファンド，公的資金の活用が必要とされている。

3-6 地方都市中心市街地の再生

地方都市中心市街地の再生に向けて，効果的な手法としてあげられるのが，市民ファンドと地域金融機関融資を活用した地産地消の証券化スキームである。事業者は不動産を開発もしくは取得・運用するために設立された特別目的会社（SPC）で，事業手法は不動産証券化となる。不動産証券化の特徴としては，一般の不動産会社が自社の内部で不動産開発の企画，資金調達と財務管理，不動産の管理・運用を行うのに対して，これらの機能をアレンジャー，アセット・マネジャー及びプロパティ・マネジャーと呼ばれる外部専門家に委託する点にある。

地方都市では，この機能の外部化によって，地元の事業者が単独では事業化しにくい大型案件の共同開発を可能にする。事業例としては，高齢者居住施設，駅前の複合施設の開発，老朽化したオフィスビルの改修，旧耐震のホテル等の改築などがあげられる。特にサービス付き高齢者向け住宅（サ高住）では，運営を行う医療法人や社会福祉法人は自ら施設を開発することは難しく，地元開発事業者が企画，具体化した事業に出資者兼運営事業者として参画することで，事業の確実性と安定性が増し，入居者だけでなく介護職員の確保も容易になる。

4　不動産証券化の先進事例

4-1　市民ファンド活用のヘルスケア施設

札幌市では周辺都市からの人口流入により人口が増加し，特に高齢者人口の増加が著しく，ヘルスケア施設開発に対する強いニーズがある。

本事業はフィンテックグローバル株式会社がアレンジャーとなり，ヘルスケア施設の保有・運営を目的とするSPC（旭ケ丘HC1号合同会社）を設立し，地元金融機関の貸付金（ノンリコース・ローン），地元証券会社が匿名組合出資の私募取扱いを行った市民ファンド（旭ケ丘市民ファンド合同会社）が引き受けた社債等により，ヘルスケア施設の開発用地を取得し，建物を建設するもので，平成28（2016）年９月に竣工している。

出資金額（約3.8億円）の50％について，国交省系のファンドである「まちなか居住再生ファンド」から出資を受けることにより，収益性の向上，事業運営の安定化や事業の早期実現化が図られた。

市民ファンドの募集条件については，期間１年，予想分配率8.0％（税引前）であったが，大口の出資もあり，販売開始後わずか２週間ほどで完売となり，24名の地元市民から1.5億円の資金が集まった。地域貢献になるのであれば，と拠出した市民も多いという。

本スキームのメリットは，地元介護事業者は地主の建貸しスキームとほぼ同様の形態となり，不動産にかかる資金負担を行うことなく運営場所を確保できる一方，一般的な証券化スキームにおけるメリットと同様，建設会社のリスク，プロジェクトにかかるさまざまなリスクを各関係者が分担し合って進められる点である。また，市民ファンドを活用することにより，地域住民にも分配金という恩恵がもたらされ，地域が支えるヘルスケア施設となる。

4-2 稚内駅ビル開発

(1) 複合化拠点整備事業

稚内市は人口減少と高齢化が進んでいる。本事業は「稚内市市街地総合再生計画」（平成16・2004年）で示されたまちづくりの拠点となる交通・情報・公益・生活機能等の複合化した拠点施設の整備事業である。同市は「まちなか居住推進計画」（平成19・2007年）に基づく公営住宅の整備や土地利用規制の変更等，中心市街地活性化基本計画（平成19・2007年策定，平成21・2009年認定）に基づく商店街活性化事業等の推進を通じて，中心市街地の人口の増加を期待している。いわば稚内市のコンパクトシティとももとらえられる。

事業費は約29.3億円で同市は約８億円で公共床を購入している。敷地面積は約3,440㎡，延床面積は約6,777㎡，RC造（一部Ｓ造）５階建てとなっており，本再開発の複合施設はJR稚内駅と直結し，宗谷管内の市町村で運営する路線バスのバスターミナルがあり，名称は全国募集でキタカラKITAColorと決まり，平成24（2012）年４月にグランドオープンしている。１階のテナントは飲食・物販・エンターテインメントのショップ&グルメ，コンビニ，まちなか情報センター，稚内観光協会であり，２階はキッズルーム，市内で唯一の映画館と演劇や音楽ライブも可能な総合エンターテインメント施設，多世代交流ロビーとなっている。３階から５階までがグループホームとサ高住（36戸）となっている。

(2) 事業スキーム

不動産証券化にあたっては，さまざまな工夫がなされている。本事業では当初，再開発ビルの保有のみを目的とした株式会社をSPCとして不動産証券化スキームを構築し，まちづくり会社を通じた稚内市等の出資，地元事業者や街なか居住再生ファンドの出資，地域金融機関からのノンリコース・ローンにより資金調達を行った。しかし，株式での出資では二重課税が回避できず，収益性が低下するため，アセットマネジメント会社が主体となって実物不動産を保有し，かつ，匿名組合出資の配当部分を損金に算入できる不動産特定共同事業法の特例事業スキームに変更された。

図表6-2　稚内駅ビル開発事業スキーム

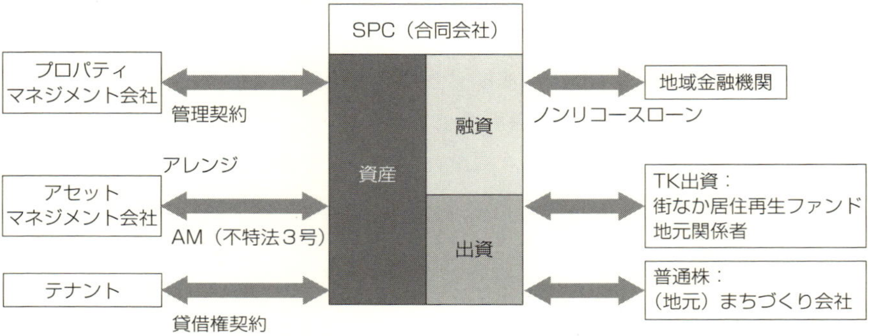

出所：国交省「地方都市の不動産証券化ガイドブック」

収益性を確保した事業の構築にあたっては，本事業の目的でもある中心市街地活性化・街なか居住の拠点整備のほか，長期賃貸借による空室リスクの軽減，再開発組合に対する国・北海道・稚内市からの補助金の支出，再開発ビルを保有するSPCに対する街なか居住再生ファンドからの出資金，中心市街地再興戦略事業費による補助が行われており，これらの資金の活用により地域金融機関からの借入れを圧縮し資金調達の円滑化が図られている。

地方都市での地元関係者による再開発では，出資者の確保に苦労する。その点，本事業では，テナントに敷金の代わりに出資金での協力を求め，配当がない敷金ではなく，少額ながらも配当があるテナントによる出資金で本事業全体で約25％の事業費を確保している。

街なか居住再生ファンドは公益社団法人全国市街地再開発協会が運営を行い，制度発足以来，平成27（2015）年９月までに全国13市，17件の共同住宅，高齢者居住施設やその関連施設の整備に52億5,000万円の出資がなされている。

4-3　恵庭駅西口第一種市街地再開発事業

(1)　土地区画整理と再開発

北海道恵庭市は駅を中心としたコンパクトなまちづくりに取り組んでおり，恵庭地域中心プロジェクトに位置付けられる恵庭駅西口周辺再整備事業は土地区画整理事業と市街地再開発事業を一体的に進めるものである。再整備の基本目標は「恵庭市の玄関口にふさわしい「まちの顔づくり」」で，基本方針は交通結節機能の強化（駅前広場再整備，公共駐輪場・空中歩廊整備等），スムーズな自動車交通・歩行者の安全の確保（幹線道路・補助幹線道路整備等），賑わい・たまりの場の形成（再開発ビル・駅前広場待合所整備）となっている。

(2) 地域主体のまちづくり

本事業にあたっては，地域主体のまちづくりに向け，市民自らが「企画し・つくり・運営する」新しい取組みとして「恵庭地区まちづくり市民委員会」を立ち上げ，「恵庭地区まちづくり委員会」が平成23年度より活動を開始している。

同市施行の土地区画整理事業は，西口周辺の約7.6haを平成23年度から32年度にかけて約25億円の事業費で整備する。

市街地再開発事業はアルファコート恵庭駅西口開発株式会社が施行し，平成27（2015）年春に再開発ビルが竣工した。

図表6-3　恵庭駅西口周辺整備事業施設概要

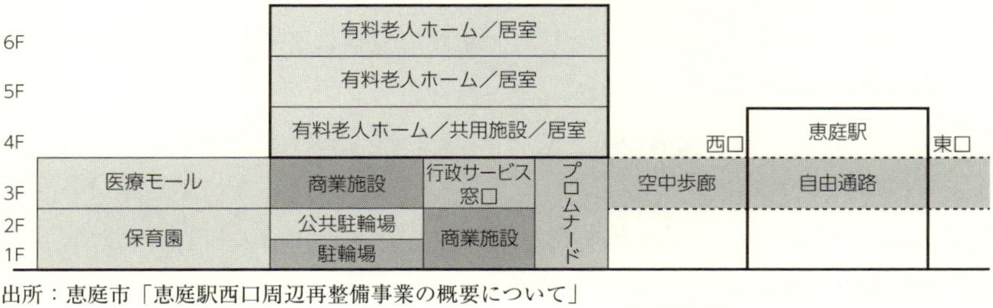

6F
5F
4F
3F
2F
1F
有料老人ホーム／居室
有料老人ホーム／居室
有料老人ホーム／共用施設／居室
医療モール
商業施設
行政サービス窓口
プロムナード
保育園
公共駐輪場
駐輪場
商業施設
西口
恵庭駅
東口
空中歩廊
自由通路

出所：恵庭市「恵庭駅西口周辺再整備事業の概要について」

施設用途のうち，保育園，公共駐輪場，行政サービス窓口の３区画は市が権利変換と保留床で取得し区分所有している。事業者の保留床は証券化され，有料老人ホーム，医療モール，商業施設はヘルスケアリート（ジャパン・シニアリビング投資法人）に売却している。１階及び３階の一部にある店舗部分は本施設を開発したアルファコート株式会社が固定賃料でマスターリースし，３階の医療モール部分は株式会社アインファーマシーズが固定賃料でマスターリースを行っている[9]。

4-4 恵庭市「緑と語らいの広場複合施設整備事業」

(1) サードプレイス

恵庭市内の複数の公共施設が老朽化している一方，市は直接には建て替えないという方針の下，遊休市有地を活用し官民複合施設を整備するのが，多世代が集まる「第三の居場所，3rd place（サードプレイス）」をコンセプトとする緑と語らいの広場複合施設整備事業である。

本事業では市有地7,675㎡に対して事業用定期借地権を30年設定し，民間事業者が建物を新築・所有し，床を市と民間テナントに賃貸する。延べ床面積が約3,800㎡で公共部分が約３分の２で市民活動センター，保健センター，図書館分館，学童クラブなどに活用し，民間部分はスポーツクラブとコンビニエンスストアなどが入居する。約110台のスペースの駐車場を確保し，隣接の街区公園とお祭りなどのイベントで連携する。平成30（2018）年４月に「アルファコート緑と語らいの広場（愛称：えにあす）」として供用を開始した。

(2) 施設賃借のメリット

同市は大規模修繕や建替えに対して，施設の賃借によって30年間で約６億円のメリットがあるとしている[10]。

恵庭市は内閣府の「地域のチャレンジ100」の「稼げるまちづくり取組事例集」（平成29・2017年３月）で「コミュニティの賑わいづくりによる稼げるまちづくり」において，「住民主体の花のまちづくりと民間活力による官民複合施設整備による賑わいづくり」として選ばれている[11]。

4-5 京町家の再生事例

(1) 地域の志ある資金

地域の志ある資金を地域づくりに活用した事例として知られるのが，証券化手法による京町家３件の再生である。京町家証券化事業研究会による「京町家証券化事業報告書―証券化の実際と今後の課題・展望―」（平成19・2007年５月）と同じく「京町家証券化事業終了報告書―証券化事業の総括と今後の展望―」

（平成23・2011年４月）を引用し，事業の概要を紹介する。

本事業では，京都の不動産会社である株式会社八清と地元の不動産会社13社で構成される京都不動産投資顧問業協会が発起人として特定出資を行い，特定目的会社を設立し，アレンジャー業務を行った。はじめに，八清が取得した町家３件を特定目的会社に売却し，業務を遂行した。なお，特定目的会社は八清との間にサブリース原賃貸借契約を結び，八清が転借人である町家テナントから受領した転借料から発行会社に対し賃料を支払うこととし，テナントからの賃借料が入らなくなることによる事業リスクを軽減している。

本件の事業期間は５年間で，事業コストを抑制するため，アレンジャー費用や専門職への支払はボランティアベース（実費支弁レベル）としている。資金調達に関しては，事業費１億500万円のうち，元本割れのリスクの低い第１種優先出資を上限配当利率年間３％，１口10万円で550口発行した。また，劣後する第２種優先出資証券を１口10万円で100口発行している。残る4,000万円の事業費は，地元の金融機関である京都銀行と京都中央信用金庫から年利２％のノンリコース・ローンで調達した。

⑵　社会貢献としての出資

本事業のコンセプトは「地元の京町家を，地元のスタッフ関係者が協力し，地元を中心とする資金調達により証券化事業を実施し，地元の振興に寄与する」というものであり，地域主体で京町家の保存・再生をめざすことにある。京都市，NPO法人京町家再生研究会，公益財団法人京都市景観・まちづくりセンターがサポーターとして本事業に協力し，いわば信用補完の機能も果たし，広く市民・団体の出資を募った。募集金額を上回る応募があり，事業期間中５年間にわたり，予定通り年３％の配当（第１優先出資）を行い，終結時に出資金全額の返済と清算分配2.1％を実施し，事業終了後も町家として利活用されている。

出資者へのアンケートで，地域住民の主体性と配当利回りに関する興味深い回答が示されている。「出資を積極的に考えた理由」としては，「京町家の再生や保存に役立ちたかった」が最も多く74％で，出資者の社会貢献姿勢がうかがえる。配当率に関する「配当率（３％）は，どの程度重要だったか」では，

「あまり重要ではない」が45%,「ほとんど重要でない」が18%など，配当率がそれほど重視されていなかったことがわかり，配当率については，２%でも７割近く，１%でも半分近くが出資に応じていたと回答している。配当率がより低くても，事業が成立した可能性が示されている。

4-6 ムーミンバレーパーク

(1) 飯能市の地方創生事業

フィンテックグローバル株式会社（以下,「フィンテック社」）は埼玉県飯能市と「地方創生に関する基本協定」を平成26（2014）年６月に締結した。飯能市は同社及び同社の主要投資先である株式会社ムーミン物語（以下,「ムーミン物語」）が計画する「ムーミン」の物語を主題とした世界を追体験できる施設を誘致し，平成30（2018）年11月に無料ゾーンの「メッツァビレッジ」が開業した。

飯能市は埼玉県の南西部に位置し，都心から約50km圏内という交通アクセスがよく，市域の約76パーセントを森林が占め，緑と清流に恵まれている。昭和40（1965）年代からは宅地地域が広がり，高校や大学，工場などの立地も進み自然と都市機能が調和した首都圏の近郊住宅都市となっており，平成17（2005）年４月１日には「森林文化都市」を宣言している。

また，年間を通してハイキングや自然散策に観光客が訪れ，鉄道の相互乗入れや圏央道の整備等により首都圏からのアクセスが向上し，近年の健康志向や登山ブームにより低山登山客が増加している。このように交流人口の増加が同市のイメージと認知度を上げ，さらなる人口増加や地域の活性化が図れることを期待し，本事業の誘致となった。

全体計画は同市の宮沢湖を中心とした東京ドーム約7.7個分のエリアに，北欧のライフスタイルを体験できる無料ゾーンの「メッツァビレッジ」とムーミンの物語を主題とした有料ゾーンの「ムーミンバレーパーク」を整備するもので，有料ゾーンの「ムーミンバレーパーク」は平成31（2019）年３月にグランドオープンした。なお,「メッツァビレッジ」と「ムーミンバレーパーク」を合わせた全体計画を「メッツァ」と呼んでいる。

(2) 事業スキーム

本事業は地域の企業と金融機関が参画し，不動産流動化を活用し実施されている。不動産流動化の実施主体は，特別目的会社として設立された飯能地域資源利活用合同会社（以下，「地域SPC」という）である。

図表6-4　ムーミンバレーパーク事業の不動産流動化スキーム

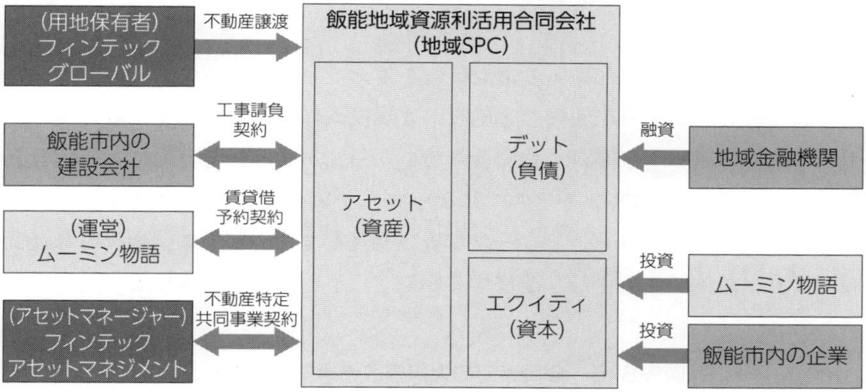

(用地保有者)
フィンテック
グローバル
不動産譲渡
飯能地域資源利活用合同会社
(地域SPC)
工事請負
契約
飯能市内の
建設会社
アセット
(資産)
デット
(負債)
融資
地域金融機関
賃貸借
予約契約
(運営)
ムーミン物語
エクイティ
(資本)
投資
ムーミン物語
不動産特定
共同事業契約
(アセットマネージャー)
フィンテック
アセットマネジメント
投資
飯能市内の企業

出所：フィンテックグローバルウェブサイト

メッツァ全体の土地はフィンテック社（及び地域SPC）が民間企業として所有する部分と同市の行政財産である公有地をフィンテック社（及び地域SPC）が使用許可を得ている用地で構成される。事業開始後，フィンテック社が取得したムーミンバレーパークに係る土地は，地域SPCに譲渡され，地域SPCが施設の整備を行うため，地域SPCがムーミンバレーパークの不動産を所有することになる。ムーミン物語は地域の企業及び飯能市とともに地域SPCに出資し，ムーミン物語は地域SPCと不動産について賃貸借契約を結び借り受けた上で，施設の運営を行う。地域SPCの出資以外の必要資金については地域金融機関が融資する。

メッツァビレッジはフィンテック社が開発，保有，管理し，地域（飯能市）と，北欧が融和した商品等を提供するマーケット，レストラン，駐車場等を整備する。

ムーミンバレーパークの土地・建物は，地域の資金で開発・保有されるため，永続的に地域社会の発展に貢献する「公共資産」としての性格を持つこととなる[12]。本事業は地方創生における開発型の不動産流動化としては最大級の取組みであり，地方創生に資する不動産流動化を推進するものとして注目されている。

4-7 大規模改修事業の証券化

(1) 事業スキーム

山形県鶴岡市の中心部にある集会機能を備えたホテル，バスターミナルを備えた商業施設，スポーツ施設の３施設の大規模改修事業に不動産証券化手法が用いられている。本事業は，合同会社であるSPCが匿名組合契約により出資を募るスキーム（GK-TKスキーム）によって，不動産特定共同事業による匿名組合出資及びノンリコース・ローンで資金調達をする。SPCは投融資された資金により当該施設を取得し，改修する。SPCは不動産の賃料等により元利金を

図表6-5　鶴岡市での大規模改修事業のスキーム

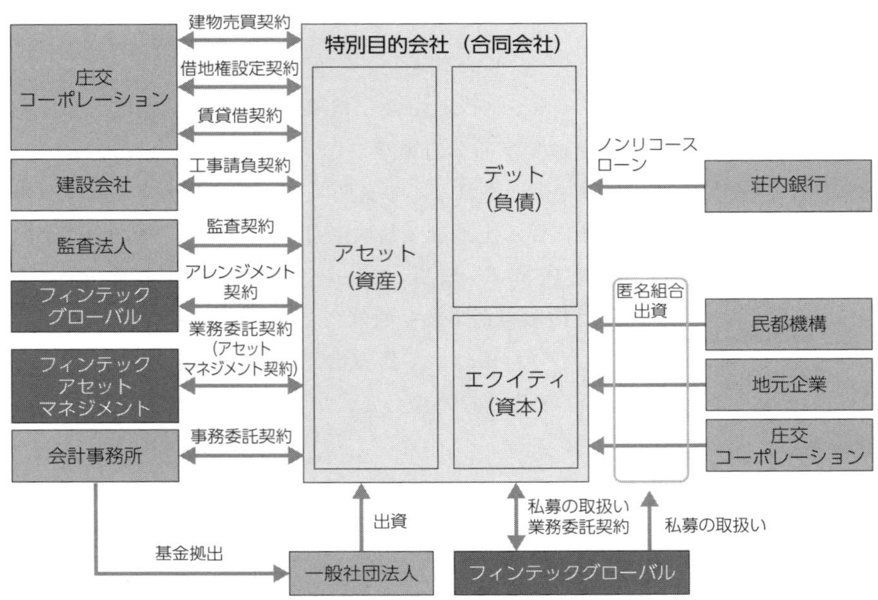

出所：フィンテックグローバルウェブサイト

返済し，最終利益は投資家に分配される[13]。

(2) 民間誘導施設等整備計画

当該施設は鶴岡市の立地適正化計画（コンパクトシティ推進に向けたマスタープラン）で定められた都市機能誘導区域内で「誘導施設」として設定されている。また，本事業は国土交通省が都市再生特別措置法第96条第１項に基づき，平成29（2017）年４月１日に全国で初めて民間誘導施設等整備計画として認定している[14]。

〈注〉

1　国土交通省「平成29年度不動産証券の実態調査」の結果（平成30年５月31日）
http://www.mlit.go.jp/totikensangyo/totikensangyo_tk5_000110.html

2　国土交通省「不動産投資市場の成長戦略」参考資料
www.mlit.go.jp/common/001124252.pdf

3　厚生労働省「病院の耐震改修状況調査の結果」平成30年４月17日
https://www.mhlw.go.jp/stf/houdou/0000203552.html
厚生労働省「社会福祉施設等の耐震化状況調査の結果」平成29年12月５日
https://www.mhlw.go.jp/stf/houdou/0000188985.html

4　隅田和人・直井道生・奥村保規『都市・地域・不動産の経済分析』慶應義塾大学出版会・芦谷典子第７章「企業不動産（CRE）マネジメント―セール・リースバック手法の活用と税に関する留意点」
芦谷典子「PRE－日本における有効なセール・リースバック手法の導入基準」『季刊誌公共施設マネジメント』第９号公共ファイナンス研究所，Ashiya, N." Determinants of Potential Seller/Lessee Benefits in Sale-Leaseback Transactions," International Real Estate Review.

5　国土交通省「不動産投資市場の成長に向けたアクションプラン」平成29年６月21日
http://www.mlit.go.jp/report/press/totikensangyo05_hh_000132.html

6　国土交通省「不動産特定事業法の一部を改正する法律案」閣議決定及び政令に関する報道・広報
http://www.mlit.go.jp/report/press/totikensangyo05_hh_000119.html
http://www.mlit.go.jp/report/press/totikensangyo05_hh_000138.html

7　国土交通省「不動産証券化の解説」

http://tochi.mlit.go.jp/chiiki/securitization/doc1-1.html

8　国土交通省「地方都市の不動産証券化ガイドブック」(平成28年3月18日)
http://www.mlit.go.jp/report/press/totikensangyo05_hh_000086.html

9　恵庭市「恵庭駅西口周辺整備事業について」
http://www.city.eniwa.hokkaido.jp/www/contents/1368692408094/index.html
パンフレット「恵庭駅西口周辺再整備事業」
http://www.city.eniwa.hokkaido.jp/www/contents/1400113208953/index.html
アルファコート株式会社樋口千恵「地方創生に資する不動産流動化・証券化に関する意見交換会　地方都市の不動産開発に携わる立場から」
http://www.kantei.go.jp/jp/singi/tiiki/ikenkoukankai/dai2/31_summary2.pdf
ジャパン・シニアリビング投資法人保有施設S-13アルファ恵庭駅西口再開発ビル
http://www.jsl-reit.com/portfolio/s13/

10　恵庭市長定例記者会見（H29.6.26)
http://www.city.eniwa.hokkaido.jp/www/contents/1498802202205/index.html
恵庭市「緑と語らいの広場　えにあす」
http://www.city.eniwa.hokkaido.jp/www/contents/1514337680347/index.html
アルファコート株式会社（前注）資料

11　内閣府「稼げるまちづくり取組事例集「地域のチャレンジ100」」(平成29年3月)
http://www.kantei.go.jp/jp/singi/tiiki/seisaku_package/houdou.html

12　フィンテックグローバル株式会社平成27年7月12日「～地方創生に資する不動産証券化推進～ムーミンバレーパークの用地譲渡，設備投資計画，資金の借入等及び子会社の異動に関するお知らせ」等プレスリリース。
http://www.fgi.co.jp/

13　フィンテックグローバル株式会社2017年9月29日「国土交通省「民間誘導施設等整備事業計画」で認定（全国初）の大規模改修事業ファイナンス・アレンジメント等に関するお知らせ～地方創生に資する不動産流動化～」プレスリリース。
http://www.fgi.co.jp/

14　国土交通省 報道発表資料（平成29年4月3日発表）
全国初！民間誘導施設等整備事業計画を認定～鶴岡市のコンパクトシティ推進に向けた，民間によるまちづくりを支援～
http://www.mlit.go.jp/report/press/toshi05_hh_000180.html
国土交通省ホームページ 都市再生関連施策 民間誘導施設等整備事業計画一覧（認定番号1 東京第一ホテル鶴岡他改修事業）
http://www.mlit.go.jp/toshi/crd_machi_tk_000010.html

第7章

コンパクトシティ

1　公共交通とコミュニティ

1-1　ネイバーフッド

人口減少，財政負担の軽減，地域経済の活性化等を背景に，コンパクトシティの推進が図られている。コンパクトシティは経済，社会，環境面でその効果が認められているが，コンパクトシティの概念をよく説いているのが，先に紹介したリチャード・ロジャースとアン・パワーで，「ダイナミックで，密度の高い中心市街地を作ること。都市の内部のネイバーフッドを再生すること。都市の公共交通を再編すること。環境を守り，その働きを促進させること」とし[1]，また，都市内の連繋に関する４つの軸として「技術と雇用機会を高めることによって地域経済を刺激し，それを中心市街地へと連繋させること。地域をまとめていくための，住民の声。ネイバーフッドの運営など，平等な公共サービス。その地域に住んできた人々に自信を与えるような物質的，環境的な配慮」をあげている[2]。

また，公共交通のハブのまわりのコミュニティの集合体であり，スプロールの対極にあるとされ，徒歩圏・自転車交通圏，近接性と相互作用，複合，統合，多目的，新しい建物の建設と古い建物のリノベーション，低・未利用地の再利用，美化，協働，出会いと交流等がキーワードとなっている[3]。

コンパクト化とは公共交通のハブにコミュニティを形成することであるが，

ハード面だけではなく，「近隣界隈」と訳される「ネイバーフッド」が強調されているように，人々の出会いと交流が大きな要素となる。

1-2 縮小都市

人口が減少する産業都市は，縮小する。縮小都市の研究が進み，脱フィアットで経済社会を転換させたイタリアのトリノが知られている。「トリノの軌跡」は，人口減少の荒廃した都市の再生に，多くの示唆を与える。縮小は創造的になし得る。縮小は否定的な現象ではなく，創造的な転機となる。ジェントリフィケーション，工場のコンバージョン，空き家や空き倉庫のリノベーション，スモールビジネス，スローフード，スローシティ等が創造的に都市を縮小させ，都市を再生させる[4]。

1-3 行政コストの低減

日本で都市のコンパクト化を進める論拠として，行政コストの低減があげられる。国土交通省の「国土の長期展望」（中間とりまとめ，平成23・2011年２月21日）で，人口密度が小さいほど１人当たりの行政コストが増大すると示している。また，人口規模が小さいほど１人当たりの行政コストが増大するとしている。

沓澤隆司氏は実証研究によって，コンパクト化で都市の外延から中心までの距離が一割縮減すれば，財政支出総額を1.7％から2.7％削減できるとし，分析対象としている約13.8万人の自治体の場合では約８億円から13億円程度の削減効果になるという[5]。

2 法制度

2-1 まちづくり三法

平成10（1998）年から平成12（2000）年にかけて制定された「大規模小売店舗立地法」（大店立地法），「中心市街地における市街地の整備改善と商業等の活性化の一体的推進に関する法律」（中心市街地活性化法），「改正都市計画法」

のまちづくり三法が，人口減少・超高齢社会の到来を背景に見直され，「様々な都市機能がコンパクトに集約した，歩いて暮らせるまちづくり」を進めることを理念に，改正都市計画法と改正中心市街地活性化法がそれぞれ平成18（2006）年５月と６月に公布された。改正都市計画法では「都市機能の無秩序な拡散防止」を図り，大規模集約施設の立地規制の強化，開発許可制度の見直し，用途緩和型地区計画の創設等が盛り込まれた。

改正中心市街地活性化法は「中心市街地への都市機能の集積」を促し，多様な民間主体が参画する中心市街地活性化協議会が法制度化され，内閣総理大臣が基本計画を認定することとなった。支援策，予算措置の充実としては，従来の市街地の整備改善，商業等の活性化に加え，街なか居住の推進，公益施設の立地促進，公共交通機関の充実が追加されている。

基本計画が認定されると，社会資本整備交付金（都市再生整備計画事業）交付率の上限の拡充，イベント等の中心市街地活性化ソフト事業の財政措置，戦略的中心市街地商業等活性化支援事業費補助金の交付といった特別措置が講じられる。

中心市街地活性化基本計画は平成19（2007）年２月に富山市と青森市が認定されて以来，平成29（2017）年11月28日時点で141市213計画となる。

2-2　立地適正化計画

コンパクトシティを推進するため都市再生特別措置法の改正によって，立地適正化計画が創設された。立地適正化計画は「コンパクトシティ・プラス・ネットワーク」の考え方で，「コンパクトなまちづくり」と「公共交通によるネットワーク」の連携を具体化する。

「公共交通によるネットワーク」は地域公共交通の活性化及び再生に関する法律に基づく地域公共交通網形成計画と地域公共交通再編実施計画に依る。

立地適正化計画は公共交通施策のほか，商業施策，住宅政策，医療・福祉施策，農業・林業政策，低炭素まちづくり，公共施設再編などさまざまな行政分野にまたがる。多様な施策・計画との連携が必要となる。

立地適正化計画区域は，都市機能誘導区域を居住誘導区域が囲み，地域公共交通によって生活利便施設等にアクセスが可能となる。立地適正化計画の意義と役割は，次の７つの柱からなる。

1．都市全体を見渡したマスタープラン
2．都市計画と公共交通の一体化
3．都市計画と民間施設誘導の融合
4．市町村の主体性と都道府県の広域調整
5．市街地空洞化防止のための選択肢
6．時間軸をもったプラン
8．まちづくりへの公的不動産の活用

コンパクトなまちづくりに向けた都市構造を評価する手法と指標が，「都市構造の評価に関するハンドブック」として策定されている[6]。

平成29（2017）年７月31日時点で，357都市が立地適正化計画について具体的な取組みを行い，このうち112都市が計画を作成・公表している。

3　富山市のケーススタディ

3-1　公共交通とコンパクトシティ

富山市は「公共交通を軸としたコンパクトなまちづくり」を目指し，その先進的な取組みと成果で高い評価を得ている。富山市の人口は富山県全体の約４割（41万8,957人，平成27（2015）年９月末住民基本台帳）で，面積は富山県全体の約３割（1,241.77k㎡）を占める。平成17（2005）年４月に旧富山市はじめ７市町村が合併し，現在に至る。人口減少と超高齢化に加え，同市の特性として，全国２位の自動車保有台数と高い自動車分担率という過度な自動車依存，公共交通の衰退，市街地の拡大と低密度化があげられる。過度な自動車依存と公共交通の衰退によって，市民の約３割にあたる車を自由に使えない人（女性が８割，60代以上の高齢者が７割を占める）にとっては生活しづらい街となる。県庁所在地では全国でも最も低密度な市街地となっており，ごみ収集や除雪等の都市管理コストが上昇し，中心市街地が衰退する。

そこで，同市は公共交通を軸としたコンパクトなまちづくり，質の高い魅力的な市民生活づくり，地域特性を充分に活かした産業振興を未来像として，まちづくりの基本方針を「公共交通を軸とした拠点集中型のコンパクトなまちづくり」と定めた。その概念は，「串」と「お団子」で，「串」は「一定水準以上のサービスレベルの公共交通」で，「お団子」は「串で結ばれた徒歩圏」を意味する。この概念を実現するための３つの柱が，公共交通の活性化，公共交通沿線地区への居住推進，中心市街地の活性化である。

同市は平成29（2017）年３月31日に立地適正化計画を策定・公表している。

3-2 LRTの整備

公共交通の活性化で知られるのがLRTで，利用者の減少が続いていたJR富山港線を公設民営で新たに整備した。富山ライトレール（ポートラム）となって利用者が大幅に増加し（平日で約２倍，休日で３倍），特に高齢者の利用者が増加した。

図表７-１　富山市LRT上下分離方式の事業スキーム

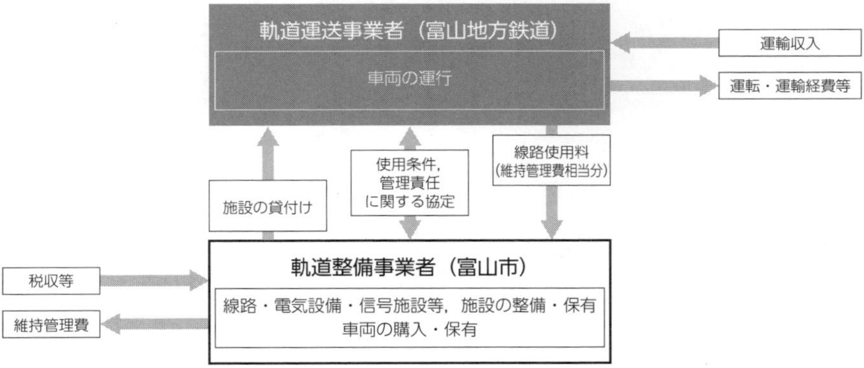

出所：富山市資料

市内電車環状線化事業（セントラム）は日本初の上下分離方式で整備し，中心市街地での環状線利用者の滞在時間が増加し，買物のための外出で飲食の割合も高くなった。

3-3 地域自主運行バス補助制度

コミュニティバスの充実も図られた。富山市内のバスのうち，4地域で市の補助制度を利用した自主運行バスが運行されている。富山市地域自主運行バス事業補助実施要綱と富山市地域自主運行バス事業補助金交付要綱によれば，事業者が運営主体となり，一定の受益者負担を求める等の運行を継続するための収支計画が立案され，公共交通の空白地域で市民の生活交通手段確保の目的で行われるバス事業に補助される。公共交通空白地域とは，鉄軌道駅及び民間路線バスから750m以遠の地域をいい，補助金の額は1事業につき運営経費の9/20を乗じて得た金額内であり，「日常生活に最低限必要な交通サービスであり，1日2往復のバス等による運行（循環路線の場合，1日2週の運行）」に対しては運行経費の全額が補助される。バス車両等は市が購入・所有し，事業者又は運行を行う交通事業者に無償貸与されるほか，車両の維持に要する経費は市がその全額を補助している。

図表7-2　富山市地域自主運行バス区域図

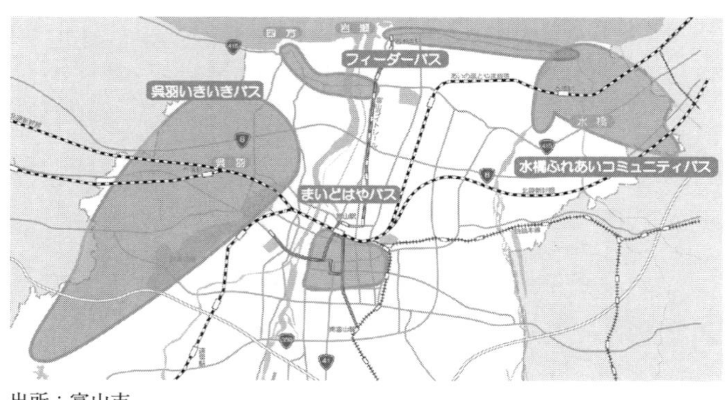

出所：富山市

平成17（2005）年4月に運行開始の有限会社まちづくり公社呉羽による呉羽いきいきバスの場合，2ルートを1日に20便（土曜は14便）運行され，車両2台が無償貸与され，地元の住民と企業が運賃収入と市の支援以外に経費を負担する。平成28（2016）年度実績で運行経費2,999万4,000円に対し，運賃収入は490万3,000円（100円/人），世帯からの協賛金は267万円（400円/年・世帯で約

7,000世帯），地元企業からの協賛金は429万4,000円（約80社），市の運行経費補助金は1,812万7,000円となっており，平成28年度は５万7,867人が利用している（１日当たり約200人）。

3-4 まちなかへの居住推進事業

中心市街地への居住を促すには，政策的な誘導が必要であり，中心市街地居住のメリットがなければならない。まちなか居住推進事業では，良質な住宅の建設事業者や，住宅の建設・購入，賃貸で入居する市民に対してさまざまな支援を実施している。

まちなか居住推進事業の補助内容
（事業者向けの支援）
①共同住宅の建設費への補助
（50万円/戸，補助限度額2,500万円）
②優良賃貸住宅の建設費への補助
（120万円/戸，補助限度額4,200万円）
③業務・商業ビルから共同住宅への改修費補助
（50万円/戸，補助限度額2,500万円）
④共同住宅に設置する店舗・医療・福祉施設等の整備費用への補助
（２万円/㎡，補助対象面積上限300㎡）
⑤宅地開発への補助
（70万円/区画，補助限度額7,000万円）
⑥ディスポーザー排水処理システムの整備費用への補助
（５万円/戸，補助限度額250万円）
（市民向けの支援）
①１戸建て住宅または共同住宅の購入費に対する補助
（補助限度額50万円/戸）
②リフォームに対する補助
（補助限度額30万円/戸）
③まちなかへの転居による家賃補助（１万円／月，３年間））

図表７-３　富山市の居住誘導区域

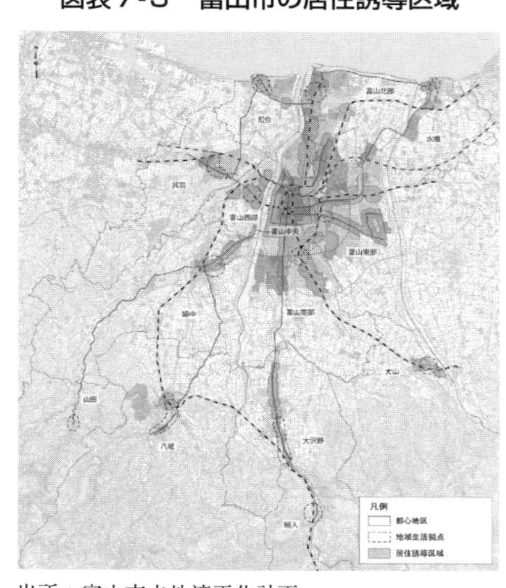

出所：富山市立地適正化計画

図表７-４　公共交通沿線居住推進事業の補助内容

事業者向けの支援
①　共同住宅の建設費への補助 （35万円／戸，補助限度額1,750万円） ②　地域優良賃貸住宅（サービス付き高齢者向け住宅）の建設費への補助 （70万円／戸） ③　宅地開発への補助（50万円／区画，補助限度額5,000万円）
市民向けの支援
①　１戸建て住宅・分譲住宅の建設・取得に対する補助（30万円／戸） ・区域外からの転入の場合は上乗せ補助（10万円／戸） ・60歳以上の高齢者との同居等の場合は上乗せ補助（10万円／戸） ②　ひとり親家庭等への家賃補助 （家賃－住宅手当，限度額１万円・３年間）

出所：富山市ウェブサイトより作成

これら助成のほか，まちづくり計画策定支援事業，高齢者の持家活用による住み替え支援事業，マルチハビテーション（二地域居住）推進事業が実施されている。

まちなか居住推進事業の助成実績は平成17（2005）年７月から平成29（2017）

図表7-5　公共交通が便利な地域に住む人口目標

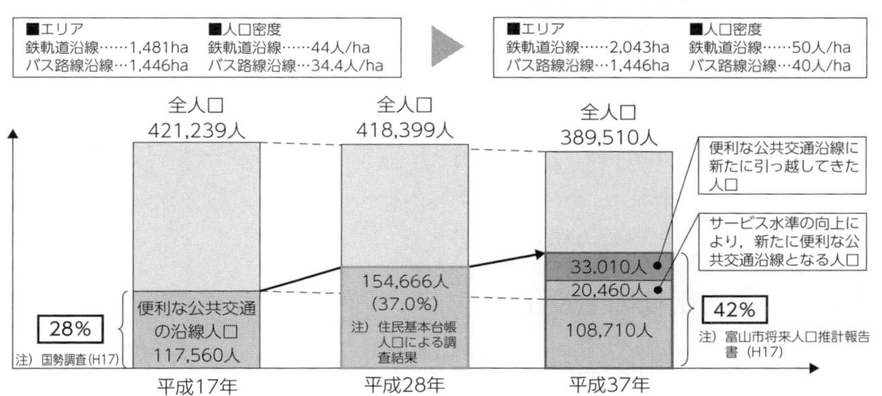

出所：富山市立地適正化計画

年３月で合計954件，2,420戸となっている。

まちなか居住推進事業利用者の特徴として，年代別では20代が14%，30代が41%，40代が27%，50代が13%，60代以上が５%で，世帯人数別では単身が37%，２人が25%，３人が20%，４人が14%などとなっている。前住所別ではまちなかが18%，市内からの転居が55%，市外からの転入は27%となっている。若者，単身，ファミリー層が多く，８割以上がまちなか以外からの転入・転居となっている。

3-5　公共交通沿線への居住推進

同市はまた富山ライトレール沿線をはじめ，公共交通沿線への居住推進に向けた支援を実施している。公共交通沿線居住推進地区は，鉄軌道の駅から半径500m以内の範囲もしくは，運行頻度の高いバス路線（１日概ね60本以上）のバス停から半径300m以内の範囲で，かつ用途地域が定められている区域（工業地域及び工業専用地域を除く）を対象としている。

公共交通沿線への居住推進の助成実績は平成19年10月から平成29年３月までで，合計642件，1,489戸となっている。

まちなか居住推進への補助金額の方が上回っていることがわかるが，地代や住宅購入費用・賃料に対応した補助金額であろうし，同市のまちなか居住推進の誘導策であると思われる。

公共交通沿線居住推進事業利用者の特徴としては，年代別では20代が13%，30代が58%，40代が24%，50代が５%，世帯人数別では単身が２%，２人が21%，３人が34%，４人が32%，５人以上が11%となっており，子育て世代のファミリー層が大半を占めている。前住所別では公共交通沿線居住推進地区が49%，市内からの転居が38%，市外からの転入が13%で，約半数が公共交通沿線居住推進地区以外からの転入・転居となっている。

3-6 中心市街地の活性化

中心市街地の活性化のため，積雪寒冷地の気候にも配慮し，賑わいの核となる全天候型の多目的広場「グランドプラザ」が整備された。イベント等で年間約８割の稼働率で利用されている。

おでかけ定期券事業として，公共交通を利用し中心市街地へ出かける際の割引制度をもうけ，高齢者の外出機会が創出された。学生が地域活動に参加する仕組みもある。市内全域の地元農林水産物の情報発信と販売促進を図る拠点「地場もん屋総本店」を整備し，富山市や富山商工会議所，商業者等が出資する第三セクターのTMOである株式会社まちづくりとやまが運営している。公園を耕す街区公園でのコミュニティガーデンの整備等も実施している。

中心市街地の18カ所に設置された専用ステーションから，自由に自転車を借りて任意のステーションに返却することができる自転車市民共同利用システムを導入した。街路景観を演出するハンギングバスケット，バナーフラッグ等の設置も進めている。

中心市街地にある小学校を７校から２校に統合し（うち１校は小中学校），跡地には必要な都市機能を，民間活力を活かして整備している。公設民営の介護予防センターやプロポーザル方式によるPPPで公民館等と食品スーパー・ドラッグストアが整備された。

平成27（2015）年８月には，隈研吾氏設計によるガラス美術館と図書館等が入る複合施設がオープンした。

北陸新幹線開業を契機とした富山駅周辺整備も計画され，路面電車の南北接続事業が進んでいる。

3-7 コンパクトなまちづくりの効果

まちなか居住推進事業と公共交通沿線居住推進事業の助成実績にふれたが，同市はコンパクトなまちづくりの成果を次のような項目であげている。

・転入人口の増加
・市内電車の利用者増
・歩行者数増と空き店舗の減少
・中心市街地の小学校児童数と市全体に占める中心市街地の小学校児童の割合の増加
・おでかけ定期券の効果としての，利用者の歩数増

また，公共投資が呼び水となり，市街地再開発事業など民間投資が活発化している。

3-8 人口集中地区の人口と割合

平成27（2015）年国勢調査によれば，富山県の人口が106万6,328人で平成22（2010）年から2万6,919人減少し，増減率はマイナス2.4623％であるのに対し，富山市は41万8,686人で同じく3,267人減少し，マイナス0.77426％となっている。世帯数では富山県は39万1,171世帯で同じくプラス2.01649％，富山市は16万3,862世帯で同じくプラス2.96008％となっている[7]。富山市の人口は減少しているものの，富山市へ人口と世帯が移る傾向が読み取れる。

富山市の地区別人口と世帯集計表によれば[8]，富山市合計の平成27（2015）年世帯数が17万,052世帯で平成22（2010）年から1万463世帯（6.5％）の増加，人口が41万8,957人で同じく1,243人（0.3％）の増加となっている。富山地域については世帯数は13万6,936世帯で，8,408世帯（6.5％）増，人口は32万1,604人で，2,440人（0.8％）増となっている。

富山地域の50地区のうち，10地区がまちなか居住推進地区で，人口増減を見ると，総曲輪が10.2％増（平成28・2016年と平成27・2015年比では4.2％増），八人町が13.1％増（同じく2.3％増）などと主要なまちなか居住推進地区が人口

増を牽引している。

図表7-6　居住を推進する区域における社会増減

【中心市街地（都心地区）の社会増減（転入一転出）の推移】

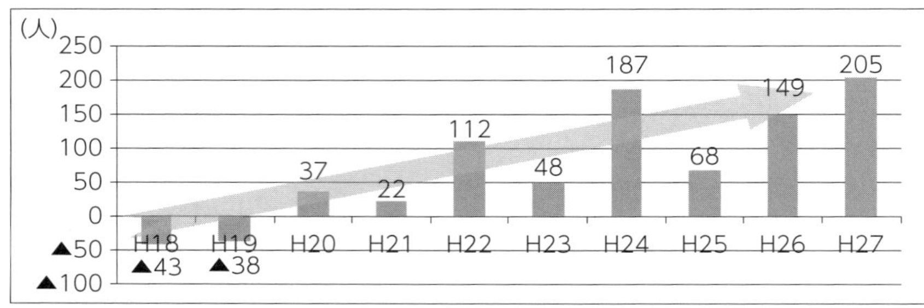

【公共交通沿線居住推進地区の社会増減（転入一転出）の推移】

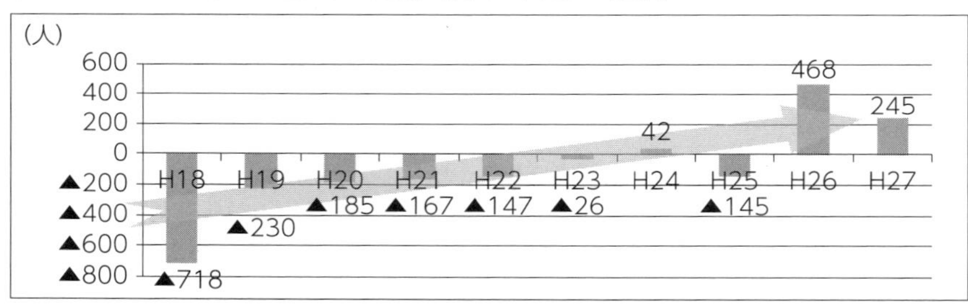

出所：同前

また，都市・沿線居住推進地区の建築着工数の割合は，平成19（2007）年まで20％台の後半で推移していたが，平成20（2008）年以降は30％台の前半で推移し，平成26年には38.2％（都心地区5.9％＋沿線居住推進地区32.4％）まで上昇している。

3-9　財政効果

コンパクトシティは人口減少と高齢化をふまえ，インフラ維持管理費の低減や公共施設の統廃合を行い，財政負担を軽減し，人口集中地区の経済を活性化させ財政効果をねらうものである。コンパクトシティへの財政投資の効果は中長期的に把握すべきであるが，費用対便益，費用対効果を適切に評価する必要がある。中心市街地と公共交通結節点への人口集中のほか，建設投資と消費支

図表7-7 富山市の地価の変化

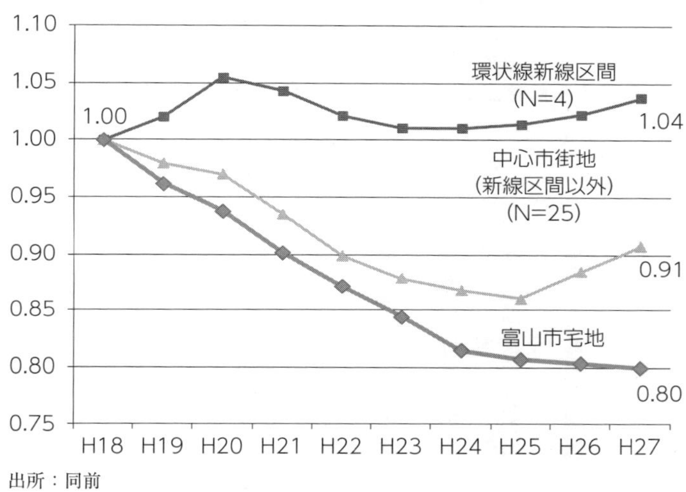

出所：同前

出といった経済波及効果だけでなく，財政効果，税収増が認められなければ，コンパクトシティ政策が成功しているとは言い難い。

コンパクトシティの経済を表わす指標の1つが地価の動向である。富山県全体の地価平均は平成5（1993）年以降（23年間連続）下落が続いているが，同市では環状線新設区間の沿線の地価は平成18（2006）年の水準（平成18年を1.0とした場合）を維持し，中心市街地においては平成26（2014）年以降回復傾向となっている。

平成28（2016）年7月の地価公示では，富山市全体では前年比平均+0.4%，特に商業地は平均+1.0%以上上昇している。

財政の観点では，固定資産税と都市計画税がコンパクトシティ政策の評価に参考となる。富山市の平成28（2016）年度一般会計歳入決算額は約1,612億円で，そのうち市税は約723億円で44.9%となっている。市税のうち個人市民税は約236億円で約32.6%，法人市民税は約77億円で約10.6%，市税の決算額に占める構成比は合わせて44.9%である。固定資産税は約298億円で約41.1%，都市計画税は約39億円で約5.4%となっている。固定資産税と都市計画税を合わせると，市税のうち約46.5%を占める。

中心市街地の課税額は平成24（2012）年以降，横ばい傾向にあり，富山市の課税額に占める中心市街地の割合は約21％で推移している。

図表7-8　富山市の土地・家屋の固定資産税課税額の推移

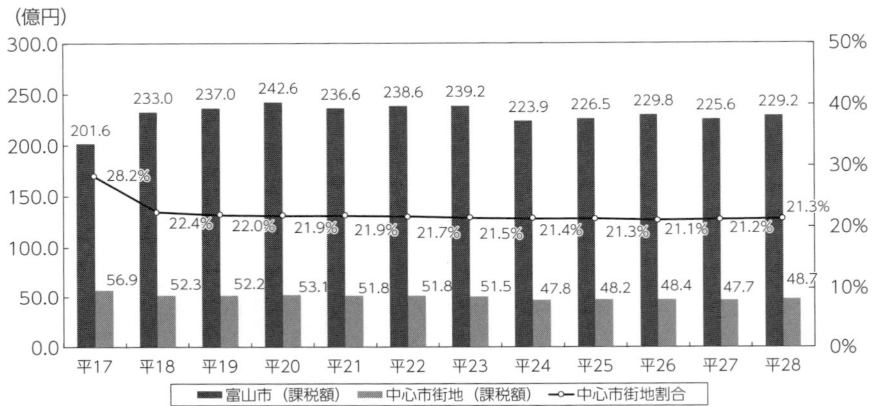

出所：富山市中心市街地活性化基本計画

同市によれば，同市の市街化区域の市域全体における面積比は5.8％，そのうち中心市街地は0.4％で（その他地域が94.2％），固定資産税と都市計画税の合計は市街化区域で74.3％，そのうち中心市街地は22.1％（その他地域が25.7％）であり，同市はこのような数値を踏まえ，中心市街地への集中的な投資は，税の還流という観点からも合理的で効果的としている。

まちなか居住と公共交通沿線居住への助成は，助成対象とならない市民との間で，公金支出が公平ではないという見方もあり得る。しかし，ごみ収集や上下水道等の同一の行政サービスの受益にあたり，負担という側面では税金をより多く支払い，コスト低減に寄与する居住誘導地域への転居・転入を助成する論理は成立するであろう。居住誘導で行政コストが低減すれば，居住誘導区域以外の行政サービスを継続することが可能になる。

日本国憲法22条2項に謳う「何人も，公共の福祉に反しない限り，居住，移転及び職業選択の自由を有する」との「居住，移転の自由」に反するものではない。財政面からみた中心市街地活性化の意義は妥当といえよう。さらに，中心市街地に住宅・商業施設等が建設され，また地価が上がり，固定資産税が増加するという経済・財政効果も考えられる。

コンパクトシティ政策は規制ではなく，誘導による。今後，道路や橋りょうが維持できず，危険な地域は規制され，居住誘導地域への転居・転入が勧められるという事態も想定される。

3-10 中古マンションの売買動向

富山県内の中古マンションの売買が活発化している[9]。公益社団法人中部圏不動産流通機構によれば，富山県の中古マンションの成約件数に関して，平成24（2012）年は72件（平均価格は1,180万円），平成25（2013）年は74件（同1,148万円），平成26（2014）年は90件（同1,301万円），平成27（2015）年は103件（同1,450万円）と上昇しており，その約９割が富山市となっている[10]。平成27（2015）年３月の長野～金沢間の北陸新幹線開業とともに，まちなか居住促進助成の効果と考えられる。

3-11 中心市街地活性化

富山市のまちなかの商業集積は，地元百貨店の富山大和がキーテナントである複合商業施設や，接続するグランドプラザと２つのアーケード街からなる。西武富山店が閉店するなど，繁華街としての地位低下がみられたが，このような状況において，まちなか居住推進と中心市街地活性化基本計画によって，商業施設・マンション等からなる複合商業ビルの建設をはじめ，周辺一帯で開発計画が多数進行している。

平成24（2012）年４月から平成29（2017）年３月までの第２期計画では，「路面電車市内線一日平均乗車人数」と「中心市街地の居住人口の社会増加」については目標値を達成し，「中心商業市区の歩行者通行量（日曜日）」については大きく下回っている。目標指標以外では，中心市街地の小売店舗数，小売年間商品販売額が減少し，中心商店街の空き店舗数は25％と高い水準で推移している。

富山市は３期目となる平成29（2017）年４月から2022年３月までの富山市中心市街地活性化基本計画を策定し，平成29（2017）年３月24日に国の認定を受けた。同計画は都市マスタープランに唱える「富山型コンパクトなまちづくり」等の上位計画をふまえ，富山駅の南北一体的な整備事業や市街地再開発事業といった前計画から引き継ぎ取り組む事業に加え，商店街の組織力やマネジメント能力の強化等の推進を中心市街地のまちづくりの方向としている。そして，「人が集い，人で賑わう，誰もが生き生きと活躍できるまち」を中心市街地の都市像として，公共交通・都市空間，商業・賑わい，暮らしの3つの観点ごとに活性化の方針と目標指標が設定されている[11]。中心市街地の商店街の活性化が大きな課題となっている。

富山市は平成24（2012）年6月にOECDが取りまとめた「コンパクトシティ政策報告書」で，メルボルン，バンクーバー，パリ，ポートランドとともに，先進5都市の1つとして評価された。また，平成26（2014）年9月には，国連SE4ALL（Sustainable Energy for All：万人のための持続可能エネルギー）における「エネルギー効率改善都市」に日本で唯一選定されるなど，同市のコンパクトなまちづくりへの国際的な評価が高まっている。

3-12　商業施設の広域調整

水俣市は平成23（2011）年度より産業連関表を作成し，環境事業をはじめ地域経済の課題を明らかにし，対策に取り組んできている。「水俣市産業振興戦略2015」は産業構造・経済構造（地域経済循環）の分析と産業振興の基本理念や施策・重点プロジェクト等を明示している。同市の総合戦略は第5次水俣市総合計画を基礎に置いて策定されているが，経済・産業に関しては，産業振興戦略2015に詳述されている。広域連携に関連して，商業の現状分析において，隣接する出水市のロードサイト型店舗について言及している。

それによると，水俣市中心部の平成9（1997）年から平成19（2007）年の10年間で小売業販売額を見ると，約50億円も減少している。一方，隣接する出水市のロードサイド型店舗が集積している地区では，同じ10年間で約85億円増加している。このことから，消費が市外に流出し，この傾向は近年さらに強まっていると考えられる，としている。なお，出水市中心部は79.1億円減少している[12]。

コンパクトシティを推進している富山市に隣接する射水市に，平成27（2015）年8月に米国の会員制倉庫型量販店のコストコがオープンした。富山市は広域

図表7-9　水俣市の平成９年から19年の小売販売額の変化

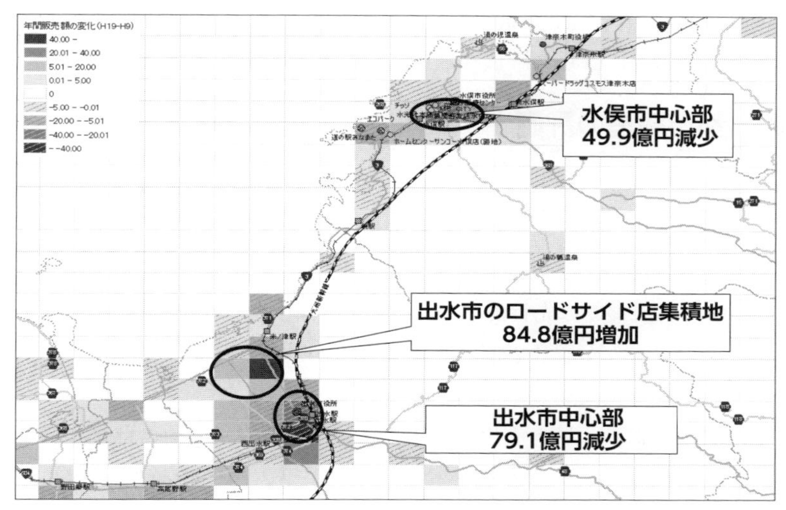

出所：水俣市産業振興戦略2015

調整の必要性を訴えたが，射水市は期待する効果として，雇用の創出，射水市の知名度アップと富山県のイメージアップ，観光客の増加による地域経済の活性化，防災対策での連携をあげ，誘致した[13]。同店舗は富山市中心部から車で20分程度の距離にあり，主に日用品・食料品を扱い，富山市内のスーパーマーケットや小売店への影響が考えられる。なお，同県小矢部市は市内小売業者への影響を考慮し日用品や食料品は避け，買回り品を中心とした三井不動産のアウトレットモールを誘致している。

商業の広域調整に関しては，福島県が積極的に取り組んでいる。同県のまちづくりは福島県商業まちづくりの推進に関する条例（平成17・2005年10月制定，平成18・2006年10月施行），福島県まちづくり基本方針（平成18・2006年６月策定，平成25・2013年12月改定），地域貢献活動ガイドライン（平成18・2006年６月策定）からなる。

商業まちづくりを実現するための基本的な方向としては，各生活圏の都市機能等が集積されている地域への特定小売商業施設の集積，郊外部への特定小売商業施設の立地の規制・誘導及び抑制が明確化され，条例では，特定小売商業施設（店舗面積6,000㎡以上）の立地に関する広域の見地からの調整が定められている。

商業の広域調整に限らず，広域連携における都道府県の役割は大きい。

3-13 都市構造の評価

国土交通省はコンパクトシティ・プラス・ネットワーク実現のための先行的取組事例をまとめ，分野間連携の先行的取組事例集のほか，個別事例として富山市の公共施設再編，学校再編を通じた都市機能の集積促進等が紹介されている[14]。これら事例集では先行的取組としての整備内容や目標等が記されているが，すべての取組みが成功事例と評価できるかはわからず，参考にするには慎重を要する。

また，取組成果の「見える化」としてコンパクトシティ化の評価指標を示した「都市構造の評価に関するハンドブック」が平成26（2014）年８月に策定された。同年10月には評価指標例の都市規模別平均値の修正等がなされ更新されている。主な評価指標として，生活利便性，健康・福祉，安全・安心，地域経済，行政運営，エネルギー/低炭素の評価分野で，評価軸と主な評価指標の例が示されている。全国平均値と都市規模別平均値が算定・提示され，同規模自治体との比較による偏差値レーダーチャートを作成することができる。データの有無や取り方によって，評価指標が適切に得られるかが課題であるが，現状分析の方法と方向性を検討する上での参考になろう。

〈注〉

1　リチャード・ロジャース/アン・パワー『都市　この小さな国の』（鹿島出版会）p284

2　同前p287

3　リチャード・ロジャース/フィリップ・グラムチジャン『都市　この小さな惑星の』（鹿島出版会）p165，p57，p81
リチャード・ロジャース/アン・パワー『都市　この小さな国の』（鹿島出版会）p16

4　矢作弘『縮小都市の挑戦』岩波新書，脱工業化都市研究会編著『トリノの軌跡』（藤原書店）

5　沓澤隆司『コンパクトシティと都市居住の経済分析』（日本評論社）

6　国土交通省「都市構造の評価に関するハンドブックの策定について」平成26年８月
http://www.mlit.go.jp/toshi/tosiko/toshi_tosiko_tk_000004.html
立地適正化計画の先行的取組事例と取組成果の「見える化」（コンパクトシティ化の評価指標）国交省ウェブサイト

7　平成27年国勢調査，人口等基本集計全国結果2016年12月16日更新

8　富山市の住民基本台帳に基づく人口の推移・各年９月末，平成28年12月最終更新
http://www.city.toyama.toyama.jp/kikakukanribu/johotokeika/tokei/zinkosuii/toyamashijinkodotai28.html

9　2016年（平成28年）５月10日北日本新聞。特にシニア層で郊外の一軒家からまちなか物件への移る世帯が少なくないという不動産会社の声を記している。

10　公益社団法人中部圏不動産流通機構によれば，富山市の中古マンションの成約件数は2012年は62件（販売価格平均は同機構のデータを基に筆者計算1,300万円），2013年は70件（同1,297万円），2014年は82件（1,354万円），2015年は91件（1,402万円）となっている。2016年１月から９月は富山県は66件（同1,470万円），富山市は60件（同1,523万円）となっている。

11　富山市「認定中心市街地活性化基本計画の最終フォローアップに関する報告」（平成29年５月），「富山市中心市街地活性化基本計画」（平成29年４月）
https://www.city.toyama.toyama.jp/toshiseibibu/chushinshigaichi/chushinshigaichi.html

12　水俣市「水俣市産業振興戦略2015」p11
http://www.city.minamata.lg.jp/2382.html

13　富山県射水市「コストコホールセールの進出決定について」平成25年12月20日
www.city.imizu.toyama.jp/appupload/EDIT/028/028001.

14　国土交通省ウェブサイト，2017年１月９日参照。分野間連携の先行的取組事例集は平成28年９月公表。
http://www.mlit.go.jp/toshi/city_plan/toshi_city_plan_tk_000039.html

第8章

エリアマネジメント

1　エリアマネジメントの諸制度

1-1　エリアマネジメントの定義

エリアマネジメントは「地域における良好な環境や地域の価値を維持・向上させるための，住民・事業主・地権者等による主体的な取り組み」（国土交通省）とされる。つくること（開発）だけでなく，その後の運営，維持，管理に配慮したまちづくりであり，マネジメントが問われている。

エリア内では未利活用の私有地・公有地の活用，老朽化した施設の建替え，公園や公道の使用のあり方なども課題となる。行政自体にはマネジメント機能はなく，一方，商店街は公共的な性格を有する。そこで，エリアを一括管理し，公民連携によるエリアマネジメントが取り組まれるようになった。エリアマネジメントの対象は大きく住宅地と商業地，大都市圏と地方圏に分けられ，その固有の課題に応じた事業が行われ，手法がとられる。

エリアマネジメントの事業と投資財源については，米国等のBIDやTIFなどすぐれた施策があり，日本でも法制度が次第に整えられ，先進的な事例が見られるようになった。

美濃部都政の時に課税自主権が主張され，新財源構想研究会（昭和47・1972年設置）の提言として５つの新規課税が提言されたが，その１つが開発利益の還元と都市開発協力金であった。社会資本投資による土地・不動産保有者が得る利益への課税は，公共サービス費用逓増への対処として，日本でも論じられてきた[1]。

1-2 BID

近年，開発とともに維持管理・運営を重視し，地域の賑わいや地域の価値を高めるエリアマネジメントの取組みが進んでいる。エリアマネジメントの背景としては，環境や安全・安心への関心，維持管理・運営の必要性，地域間競争の進行に伴う地域の魅力づくりの必要性があげられ，エリアマネジメントは「地域における良好な環境や地域の価値を維持・向上させるための，住民・事業主・地権者等による主体的な取り組み」と定義される[2]。国土交通省は「エリアマネジメント推進マニュアル」をまとめ，エリアマネジメントの進め方や取組事例を紹介している。

エリアマネジメントでは特に財源の確保が課題となっているが，財源確保に効果的で米国をはじめ世界で普及しているBID（Business Improvement District）制度が注目されている。地方創生政策においても推進の検討がなされ，「日本版BIDを含むエリアマネジメントの推進方策検討会（中間とりまとめ）」を公表している[3]。

BIDは地域の合意に基づき，資産保有者・事業者から強制的に負担金を税として徴収し，当該事業を実施する民間団体に提供し，民間団体はこれを主な財源として，警備や清掃，公共空間の維持・管理，地域の情報発信・プロモーション，あるいは街路灯の整備等を行う。民間団体にこれら事業に関する権限を委譲し，公民連携で事業を実施する。税金として徴収するのは，フリーライダーを防ぐ目的がある。

全米では約1,000件，全英では約200件のBIDが設立されている。米国と英国では制度に違いがあり，BIDごとに事業内容等も異なるが，防犯や景観維持，観光・商業の活性化，資産価値の向上等の効果があると評価されている。ニューヨーク市のGrand Central Partnershipやロスアンゼルス市のDowntown Center Business Improvement District（DCBID）等が知られているが，大都市に限らず，人口10万人以下の地方都市でもBIDが普及している[4]。

1-3 都市再生推進法人

日本では都市再生特別措置法によりBIDに類似する取組みが促されている。都市再生推進法人（旧法では都市再生整備推進法人）は，都市再生特別措置法に基づき，まちづくりを担う法人として，市町村が指定するもので，公的位置付けが付与され，都市利便増進協定を結ぶことが可能となり，まちの賑わいや交流創出のための整備と管理を行う。都市再生推進法人に指定されると，土地譲渡にかかる税制優遇，エリアマネジメント融資，民間都市開発推進機構による支援等が得られる。都市再生推進法人にはまちづくり会社，NPO法人，一般社団法人，一般財団法人がなることができ，平成23（2011）年12月に札幌大通りまちづくり株式会社が第１号として指定され，平成30（2018）年３月末時点で41団体となっている。

図表8-1　都市再生推進法人制度

●都市再生推進法人の関係フロー

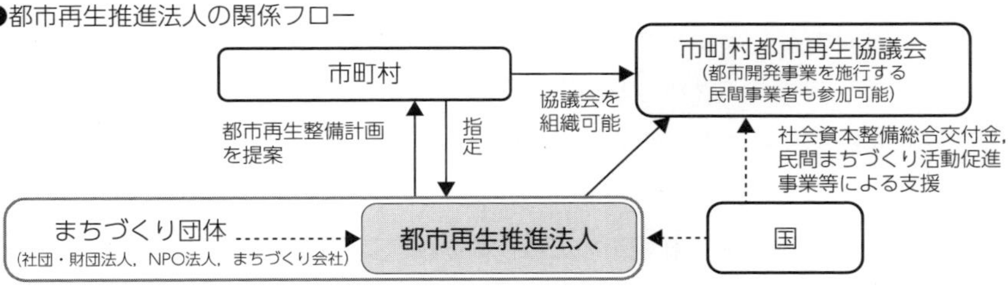

出所：国土交通省「都市再生推進制度について」

これまでのまちづくり，都市再生整備計画は行政が中心となって行ってきたが，都市再生特別措置法によって，官民連携によって推進されるようになった。官民連携関連施策として官民連携のまちづくり（都市再生整備計画を活用したまちづくり）があげられ，「官民連携まちづくりの進め方～都市再生措置特別措置法等に基づく制度の活用手引き～」が示され，官民連携のまちづくりが総合的に進められるようになっている[5]。

同法の平成23（2011）年一部改正によって，道路占用許可の特例として，オープンカフェや広告板の設置が可能となり，これら収入を道路維持管理，地域イベント等のまちづくりに還元する事業が，新宿区，群馬県高崎市，札幌市等で実施されている。

1-4 道路占用許可

平成17（2005）年3月に，地域の活性化や都市における賑わいの創出等の観点から，路上イベントに伴う道路占用許可にあたって，弾力的な判断がなされるようになった[6]。

平成20（2008）年3月には，地域における公共的な取組みに要する費用への充当を目的とした，既存物件に添加する広告物等の占用が認められた。

平成17（2005）年3月に「道を活用した地域活動の円滑化のためのガイドライン」が公表され，その後の制度改正を踏まえ，平成28（2016）年3月に改定されている[7]。当ガイドラインは道路空間を活用して地域活動を活発に，また，円滑に実施するための手法をとりまとめたものであるが，「規制改革に関する第3次答申」（平成27・2015年6月）及び「規制改革実施計画」（平成27・2015年6月閣議決定）において，道路の利活用を促進するため，制度の仕組みや活用例を広く周知することが示されたことが背景にある。道路空間の活用の規制改革によって，地域の賑わいの創出，沿道の景観向上，民間事業者のビジネスチャンス等の多くのメリットが実現される。

図表8-2　札幌市の広告物の道路占有許可のスキーム

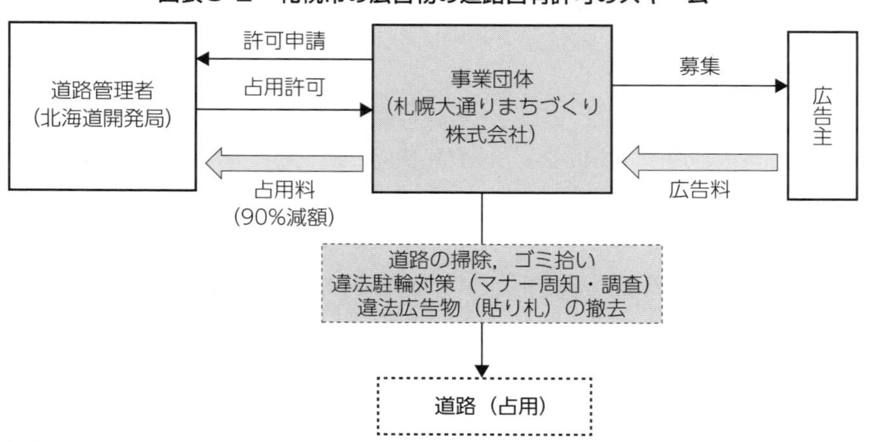

出所：国交省ウェブサイト

国土交通省は広告物の道路占用許可の事例として北海道札幌市，東京都千代田区（大丸有地区），東京都千代田区（秋葉原地区），東京都港区，神奈川県川崎市，愛媛県松山市，大分県豊後高田市の事例をあげている。

都市再生特別措置法の一部改正による道路関係規定については，平成23年10月から施行され，食事施設・購買施設・その他これに類する施設が道路占用許可対象物件へ追加された。「施設」の概念は建築物に限られるものではないことから，食事施設等は机・椅子・調理器具等が一体となってオープンカフェ（食事施設）としての機能を果たすものであっても差し支えないとされた。

また，都市再生特別地区に関する都市計画において，特定都市道路の上空に設ける施設等が道路占用許可対象物件に加えられた。国土交通省によるオープンカフェ等の先行事例紹介としては，新宿三丁目モア４番街（オープンカフェ・広告事業），うめきた先行開発地区（オープンカフェ・広告事業），札幌大通駅周辺地区（オープンカフェ・広告事業等），高崎市中心市街地（オープンカフェ・自転車駐輪器具），岡山駅東口地区（サイクルポート（自転車駐車器具））事例があげられている。

特例道路占用区域の指定は，道路占用の許可基準のうち「道路の敷地外に余地がなくやむを得ないこと」というわゆる無余地性の基準（道路法第33条第１項）が障害となる場合に，余地要件の適用を除外するもので，都市再生特別措置法に設けられている道路占用許可の特例制度の活用のほか，同様の特例制度は国家戦略特別区域法（全国初の福岡市の国家戦略道路占用事業がある），中心市街地の活性化に関する法律においても設けられている。

特例による余地要件の適用除外に際しては，民間の活力を活用して道路環境の整備を進めていくため，道路美化活動や放置自転車対策などの公益活動をあわせて実施することが占用許可の条件になっている。国土交通省では，占用主体が占用区域以外の除草，清掃，植樹の剪定など道路の維持管理への協力を行うことを条件として，占用料を減額することとしている。

なお，対象となる物件は特例制度を活用しなくても，通常の占用許可によって設置が可能となる場合もある。

2　浜松市のエリアマネジメント

2-1　道路利活用運用基準

浜松市はまちなか公共空間利活用制度を創設し，事業主体が道路法に基づく占用許可によりテーブル・椅子等と広告物の占用許可を受け，オープンカフェ事業と広告事業を実施している。同市では道路の利活用に係る共通の運用基準をあらかじめ策定し，公平性を確保している。事業主体は株式会社遠鉄百貨店と浜松まちなかにぎわい協議会（浜松まちなかマネジメント株式会社）であり，路上広告物の設置にあたっては，浜松まちなかにぎわい協議会を通して占用を申請し，後述するように広告収益の一部を地域のイベント支援，情報発信，清掃活動等の公共的な取組みに充当している。

浜松市の中心市街地はJR浜松駅の周辺地区であり，商業機能・都市機能が集積している。昭和50（1975）年以降はファッションの街として「まちへ行く」と若者がおしゃれをして出かけ多くの市民が集まる場所であった。平成の時代に入り，モータリゼーションにより中心市街地の老舗百貨店などが相次いで閉店し，郊外では大型ショッピングセンターの開業が続き，中心市街地の歩行量や小売業の販売額が大幅に減少していった。駅前地区の空き店舗率はそれほど高くはないが，新たな出店はほとんどが飲食店となっている。平成12（2000）年頃には浜松市が中心市街地の活性化に熱心に取り組んだものの，思った成果は得られなかった。

2-2　民間主体の組織

そのような中，浜松市と浜松商工会議所と民間企業が協議し，従来とは違う取組みとして，まちなかの民間企業が中心となって平成22（2010）年４月に，浜松まちなかにぎわい協議会が設立された。現在は59会員（平成30・2018年６月）であり，役員は民間企業・団体，商工会議所，浜松市等で構成されている。同協議会はまちなか活性化に向けた民間主体の任意団体であり，「自分たちのまちは，自分たちの手で」をコンセプトに，街中イベント活性化，まちなかの魅力づくりや情報発信，公共空間利用に取り組んでいる。

平成29（2017）年の主な活動としては，平成27（2015）年11月にオープンしたコミュニティスペースAnyでの「まちなか多様性創造事業」，街中の物販店・飲食店の約100店舗が参画し1,000円で1,300円分の買物ができる「まちなかくるくるチケット」というプレミアム商品券の企画・発売，街中の空きテナントをリノベーションした貸会議室の新設があげられる。

同協議会は役員団体からの会費が主な収入であり，この負担が重いと長続きできないと考えた。また，任意団体では契約行為も会長の個人無限責任となってしまう。そこで，同協議会の活動を継続的に支える財源を確保するとともに，自らも積極的に中心市街地の活性化を推進することを目的として，平成22（2010）年10月に，浜松まちなかマネジメント株式会社（資本金610万円）が設立された。

行政の出資が３％あれば国からの補助金等のメリットがあるが，手続きや政策の変更の可能性があり報告等も必要になるので，業務に手間がかからないよう民間の出資のみとした。株式の譲渡制限があり，配当はしない。

2-3 収益事業

同社の財源確保のための主な収益事業としては，浜松駅前の公共空間（JR浜松駅からバスターミナルまでの７箇所）を使った広告を設置する「エリアマネジメント広告」，駅前広場のイベントスペース「ソラモ」（浜松市ギャラリーモール）と子ども向け施設の「浜松こども館」の指定管理事業，街中の駐車場共通サービス券の販売および利用普及による「まちなか駐車場管理事業」，遠鉄百貨店本館と新館を結ぶ公共空間である多重層「イコイ・スクエア」に飲料水の自動販売機を設置しその手数料を収入としたもの，イベント用品のレンタル事業などがある。

エリアマネジメント広告事業については，関連する団体等により構成される「浜松市路上屋外広告物連絡協議会」により広告の掲出基準，掲出場所，運用上の留意事項など取扱事項が策定されている。浜松市の同連絡協議会主管課の土木部土木総務課が中心になり，同連絡協議会で取り扱う要綱案を作成し，浜松市内部でも関係部署の調整を要した。許可が認められたのは浜松まちなかにぎわい協議会であるが，契約行為等で支障があるため，同社が広告営業を請け負い，「公共的な取組み」についても同社で実施した。行政，同連絡協議会との協力で実現した事業であり，広告営業については出向元の企業の協力を仰いで交通広告のノウハウを得ながら，売り上げを初年度から少しずつであるが伸ばし，平成29（2017）年度の広告収入は1,144万円となっている。

2-4 中心市街地活性化事業

中心市街地活性化のための事業としては，まちなかで行われるイベント支援事業，コミュニティスペースAnyのレンタルスペース・コワーキングスペースの運営，浜松市からの歩行量調査の委託事業などがあり，官民連携でまちづくりに積極的に取り組んでいる。

平成30（2018）年度で９期目に入った浜松まちなかマネジメント株式会社の平成29（2017）年度の売上は４億900万円にまで成長し，事業は軌道に乗ってきている。利益はすべてまちなかのにぎわいのために還元されている。これら事業によりイベントが盛んになり回遊性が増し，市による市民アンケートでは中心市街地のあり方に関する満足度が上がってきている。

これまでは，まちづくりの活動を維持する財源の確保に努めてきたが，現在はまちづくりに携わる人材の育成に注力している。

浜松市の中心市街地のエリアマネジメントは，浜松まちなかにぎわい協議会及び浜松まちなかマネジメント株式会社という民間主体の組織で実施されている先進事例であるが，財源確保の事業とともに，今後はまちづくり人材育成のあり方が注目される。

3 公的資金等

3-1 分担金制度

米国でのBID税に相当する分担金制度等は地方自治法・都市計画法に定めがある。

・地方自治法第224条（分担金）

普通地方公共団体は，政令で定める場合を除くほか，数人又は普通地方公共団体の一部に対し利益のある事件に関し，その必要な費用に充てるため，当該事件により特に利益を受ける者から，その受益の限度において，分担金を徴収することができる。

・都市計画法第75条（受益者負担金）

国，都道府県又は市町村は，都市計画事業によつて著しく利益を受ける者があるときは，その利益を受ける限度において，当該事業に要する費用の一部を当該利益を受ける者に負担させることができる。

地方自治法の分担金の事例としては，和歌山市，石川県かほく市，宮崎市等の下水道事業分担金（負担金）条例がある。公共下水道の費用負担区域外から，公共下水道に下水を流入させようとする土地所有者等（受益者）に，負担の公平性という原則から，地方自治法第224条に基づく条例により，事業費の一部に充てるため受益者分担金を徴収している[8]。

3-2 大阪市の分担金制度

大阪市は都市計画法の地区計画制度，都市再生特別措置法の都市再生整備計画制度，都市再生推進法人制度及び都市利便増進協定制度，地方自治法の分担金制度をパッケージ的に適用して，平成26（2014）年度に，大阪市エリアマネジメント活動促進制度（大阪版BID制度）を創設した。

エリアマネジメント活動促進条例では財源徴収の仕組みを設けている。都市再生特別措置法による都市再生推進法人が都市利便増進施設の一体的な整備又は管理を行うにあたって，地方自治法第224条の規定による分担金を徴収し，その費用に対して補助金として交付される。

一般社団法人グランフロント大阪TMOは平成24（2012）年５月にタウンマネジメント組織（TMO）として設立された。同TMOはうめきた先行開発区域の開発事業において，大阪市が策定した大阪駅北地区まちづくり基本計画，大阪駅北地区地区計画及び都市再生特別地区の都市計画を踏まえ，都市再生推進法人として活動する。事業としては，文化・芸術振興とコミュニティ形成に関するプロモーション事業，広告事業，公共空間を含めた一体的な施設管理と収益事業，エリア巡回バス・レンタサイクルの運営等を行う[9]。

自主財源で行う事業としては，巡回バス・レンタサイクル・イベント等のほか，オープンカフェ・広告事業があげられる。都市利便増進施設の管理のうち，歩道空間の管理（施設の点検，清掃，放置自転車対策，巡回）は分担金で行う事業となる。

道路空間の屋外広告物の設置にあたっては，大阪市屋外広告物条例を改正し，第7条の3に次のように規定する。

・地方公共団体，地方自治法（略）第260条の2第1項に規定する地縁による団体，商店街振興組合法（略）第2条第1項に規定する組合，特定非営利活動促進法（略）第2条第2項に規定する特定非営利活動法人等が，その行う地域における公共的な取組（市規制で定めるものに限る。）に要する費用の一部に充てるため，広告主との契約に基づき表示し，又は設置する広告物又は提出物件については，第4条の規定は適用しない。

同条例第4条は広告物の禁止の規定で，第7条の3はエリアマネジメント広告に対する特例となる。なお，「都市景観における屋外広告物に関するガイドプラン」が指定地域や基準を示している。

3-3 地域再生エリアマネジメント負担金制度

海外におけるBID取組事例等を参考に，平成30（2018）年6月1日に，フリーライダーの発生を防ぎ，安定的な活動財源を確保し，地域再生に資するエリアマネジメント活動を促進するため，地域再生エリアマネジメント負担金制度が創設された[10]。

本制度は3分の2以上の事業者の同意を要件として，市町村が，エリアマネジメント団体が実施する地域再生に資するエリアマネジメント活動に要する費用を，その受益の限度において活動区域内の受益者（事業者）から徴収し，これをエリアマネジメント団体に交付する官民連携の制度であり，地域再生法に位置付けることで，官民が連携してエリアマネジメント活動の促進に取り組む

図表8-3　地域再生エリアマネジメント負担金制度の概要

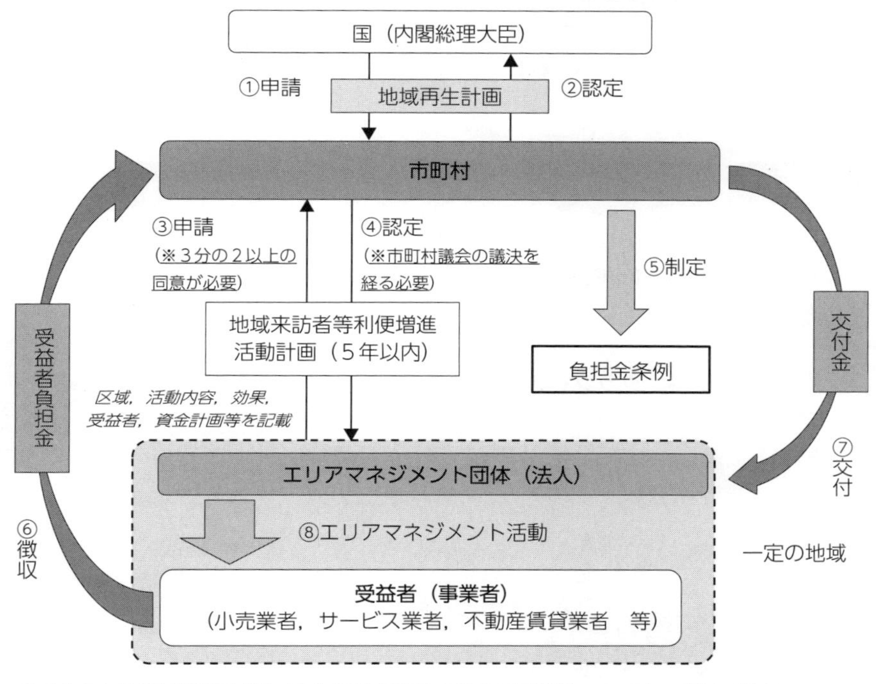

※3分の1超の事業者の同意に基づく計画期間中の計画の取消等についても，併せて規定
出所：まち・ひと・しごと創生本部ウェブサイト

スキームが構築される。

本制度の対象となるエリアマネジメント活動として，来訪者や滞在者の利便の増進に資する施設や設備の設置・管理に関する活動ではサイクルポートの設置，オープンスペースの活用，巡回バスの運行があげられている。来訪者や滞在者を増加させるための活動としてはイベントの開催と情報発信，賑わいの創出に伴い必要となる巡回警備や清掃活動としてはイベント開催に伴う巡回警備があげられている。

手続きの流れは大きく，市町村による地域再生計画の作成，エリアマネジメント団体による活動計画の作成，市町村による計画の認定，市町村による負担金の徴収と交付金の交付，エリアマネジメント活動の実施と監督等となり，地域再生法に定められている。

地域再生計画はエリアマネジメント団体から市町村に提案が可能で，エリアマネジメント団体の発意による自主的なエリアマネジメント活動の一層の促進が図られている。

3-3 まちづくりファンド

まちづくり会社に対する公的出資の例として，一般財団法人民間都市開発推進機構（以下，MINTO機構という）による住民参加型まちづくりファンド支援業務がある[11]。

図表8-4 クラウドファンディング活用型まちづくりファンド

① まちづくり事業者が一般的なクラウドファンディングを実施する場合

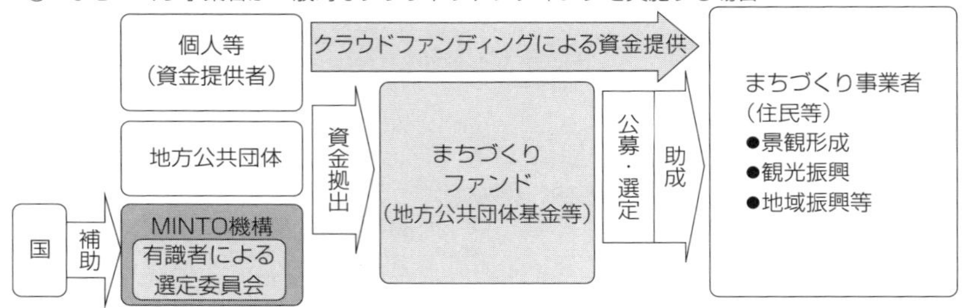

② まちづくり会社等がクラウドファンディングを実施する場合※1

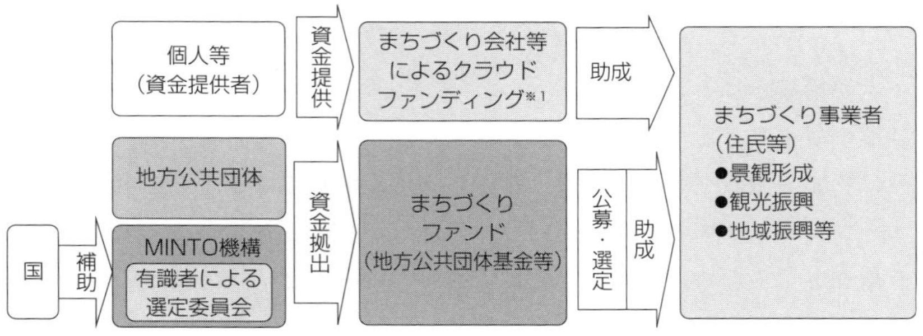

※1 まちづくり会社等（地方公共団体を除く）が，まちづくり事業者（住民等）に代わりクラウドファンディングを実施し資金を集めることを想定。

出所：MINTO機構ウェブサイト

同ファンド支援業務は通常型とクラウドファンディング活用型の2種類があ

り，後者はまちづくりに資するハード事業と一体となるソフト事業も助成・出資の対象となり，支援限度額と支援対象まちづくり事例は次のようになっている。

〈支援限度額〉

①原則として2,000万円。ただし，まちづくりファンドの規模，助成の対象等を考慮し，必要と認められる場合には，最大１億円。

②当該まちづくりファンドに対する地方公共団体の拠出金額

③当該まちづくりファンド総資産額（MINTO機構拠出分を含む）の1/2

（クラウドファンディング活用型の場合のMINTO機構拠出金額は上記のうち最も少ない金額となる）

〈まちづくりの事例〉

・景観形成

・まちの魅力アップ

・伝統文化の継承，歴史的施設の保全

・観光振興

・空家等の利活用

・安心安全なまちづくり

（これらまちづくりに資することを目的とする事業に限り，被災地支援・震災復興の例としては継続的なボランティア活動のための施設の整備，上記例示事業で被災した場合の復旧・再生があげられている）

MINTO機構による住民参加型まちづくりファンド支援事業のうち，クラウドファンディング活用型としては，なごや歴史まちづくり基金による「歴史的建造物の保存活用（飲食店への改修等）」に関する事業（平成27・2015年度），未来ファンドおうみによる「世代間コミュニティの形成（古民家を改修し多世代間交流施設整備）」と「地域活性化拠点整備（空き家を改修し外国人旅行者向けゲストハウスの整備等）」に関する事業（平成27・2015年度），京町家まちづくりクラウドファンディング支援基金による「京町家を保存・活用」に関する事業（平成27・2015年度）が知られている。

3-3 指定管理者制度

平成22（2010）年９月に，札幌駅前通振興会，札幌駅前通の沿道企業10社，駅前通隣接企業４社，札幌商工会議所，札幌市が出資し，札幌駅前通まちづくり株式会社を設立した。同社は平成23（2011）年３月に開通した札幌駅前通地下歩行空間（チ・カ・ホ）の「地下広場」と，平成26（2014）年７月に開業した地上の「札幌市北３条広場（アカプラ）」の指定管理者として，その管理・運営を行っている。平成29（2017）年度（８期）事業報告によると，約95％に上る高い広場の貸出稼働率と安定した壁面広告事業により，2,089万円の純利益で７期連続の黒字となっている[12]。

3-4 協定制度

都市再生基本方針が平成28（2016）年８月に一部変更され，都市再生特別措置法の平成28（2016）年９月施行の改正では，都市の国際競争力・防災機能強化，コンパクトで賑わいのあるまちづくり，住宅団地の再生の３点の措置が講じられるようになった。これら措置によって，空き地・空き店舗を有効に活用するための協定制度が創設され，賑わいの創出に寄与する施設（観光案内所，サイクルポート等）の都市公園の占有が可能となった[13]。

3-5 TIF

都市再開発のための資金調達手法として，米国で普及しているのが，TIF（Tax Increment Financing）である。荒廃地域等の再開発にあたって，再開発効果に伴う指定された計画地域（Tax Increment Financing District）の財産税（Property Tax，日本の固定資産税に相当）等の税収増分を都市基盤整備等のプロジェクトに充当するファイナンス手法である。

毎年，税収増効果額をプロジェクトに投資する方法と，将来の開発利益を担保として債権（TIF Bond）を発行し資金を調達する方法がある。後者では事業開始時に多額の資金を調達でき，これを原資に再開発プロジェクトを立ち上げることができる。TIF Bond は再開発主体が，将来利益が見込め償還財源が十分確保できる場合に発行が可能となり，１年当たりの税収増が年間元利償還額の1.2倍程度とされる。受益者である固定資産保有者は固定資産評価額の上昇後の評価額に基づき財産税を支払うので，増税とはならない。

TIFによって，民間投資が誘導され，公民連携で再開発が行われる。TIF債権の発行と税収増のイメージは次のようになる。

図表8-5　Tax Increment Financingのイメージ図

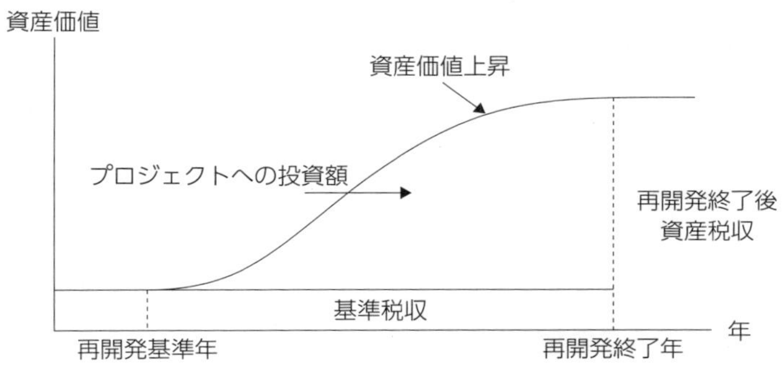

出所：筆者作成

TIFを積極的に活用しているのがシカゴ市で，同市には約150のTIF指定地区があり，同市のウェブサイトには地区ごとのアニュアルレポート等TIFに関するさまざまな情報が公開されている[14]。

同市のTax Increment Financing Assistance Application Packet はTIFの申請にあたっての注意事項と申請フォーマットをまとめたものであるが，プロジェクトの概要のほか，低取得者向けの住宅や雇用の創出から職業訓練の機会まで11の求められるPublic Benefitsが例示されている。収支計画を含め，法的な確認等が行われ，およそ８カ月の手続きを経てプロジェクトが開始される。

米大リーグのサンフランシスコ・ジャイアンツの2000年にオープンした新球場パシフィック・ベル・パーク（現AT&T Park）の建設に，TIF債が活用されている。サンフランシスコ市の港湾局が所有する工業・港湾用地を特別用途地域に指定し，民間資金で新球場を建設することを住民投票にかけ高い支持率で承認され，港湾局と球団が借地契約を結んだ。

３億2,000万ドルに及ぶ総開発費のうち，TIFによって1,500万ドルが調達され，周辺整備など公共的な部分に支出された。返済には球団が支払う占有権税

(Possessory Interest Tax) が充てられる。残りは，パシフィック・ベル電話会社との命名権契約，コカ・コーラ等とのスポンサー契約，終身会員権の販売，個人投資家からの資金等を得て，銀行融資を約1億7,000万ドル受けている[15]。

先にふれた地方自治法の分担金と都市計画法の受益者負担金はいわばBID税ととらえることができるが，日本ではTIF・TIF債といえるファイナンス手法・財政の仕組みはまだない。このような中，財団法人大阪ベイエリア開発推進機構が平成18（2006）年度自主調査として，神戸ハーバーランドの土地利用について検討している。シミュレーションにおける固定資産税評価額上昇率と利回り等の仮定によって，資金調達が可能としている[16]。

〈注〉

1　山本正雄編『都市財政改革の構想―東京都新財源構想研究会報告集』新地書房

2　国土交通省「エリアマネジメント推進マニュアル」
http://tochi.mlit.go.jp/tocsei/areamanagement/web_contents/shien/index_01.html
http://tochi.mlit.go.jp/seido-shisaku/area-management

3　内閣官房まち・ひと・しごと創生本部事務局/内閣府地方創生推進事務局「日本版BIDを含むエリアマネジメントの推進方策検討会（中間とりまとめ）」
http://www.kantei.go.jp/jp/singi/sousei/about/areamanagement/h28-06-30-areamanagement-chuukan.pdf

4　ロスアンゼルス市のDowntown Center Business Improvement District 2017 Annual Report を参照。
https://www.downtownla.com/do-biz/research-information/reports-resources/333-2017-dcbid-annual-report

5　国土交通省「官民連携のまちづくり（都市再生整備計画を活用したまちづくり）」
http://www.mlit.go.jp/toshi/toshi_machi_tk_000047.html

6　国交省「道路占有制度」
http://www.mlit.go.jp/road/sisaku/senyo/senyo.html

7　国土交通省道路局「道を活用した地域活動の円滑化のためのガイドライン―改定版―」平成28年3月
http://www.mlit.go.jp/road/sisaku/senyo/pdf/280331guide.pdf

8　和歌山市都市計画下水道事業受益者負担に関する条例
http://www.city.wakayama.wakayama.jp/kurashi/sumai_jyougesuidou

/1001111/1001990.html

9　一般社団法人グランフロント大阪TMOウェブサイト

http://www.grandfront-osaka.jp/about_tmo/

10　まち・ひと・しごと創生本部「地域再生エリアマネジメント負担金制度について」

https://www.kantei.go.jp/jp/singi/sousei/about/areamanagement/index.html

11　国土交通省「住民参加型まちづくりファンド支援の概要」

http://www.mlit.go.jp/common/001118193.pdf

一般財団法人民間都市開発推進機構，住民参加型まちづくりファンド，クラウドファンディング活用型

http://www.minto.or.jp/products/fund.html

12　札幌駅前通まちづくり株式会社ウェブサイト

https://www.sapporoekimae-management.jp/

13　国土交通省「都市再生特別措置法等の一部を改正する法律（平成28年法律第72号）」基礎資料

http://www.mlit.go.jp/toshi/toshi_machi_tk_000059.html

14　シカゴ市ウェブサイトのTIFに関するDATA PORTAL

https://www.cityofchicago.org/city/en/depts/dcd/provdrs/tif.html

なお，TIFにおけるPublic Benefitsの例示は次の通りとなっている。Creation of affordable housing, Creation of new permanent jobs, Creation of new retail choices in an underserved neighborhood, Rehabilitation of a historic building, Catalist for new private investment in a neighborhood, Re-occupancy of a vacant building, Elimination of blight, Incorporation of environmentally-friendly features, Increased Sales tax revenue, Increased property tax revenue, Job-training opportunities。

15　パシフィック・ベル・パークに関する本文記述は川合正兼「水辺の新球場―パシフィック・ベル・パーク」サンフランシスコ：まちの話題第８号2000年９月学芸出版社 http://www.gakugei-pub.jp/kanren/kawai/sin08.htmに基づく。

サンフランシスコ・ジャイアンツとAT&T Parkについては，サンフランシスコ・ジャイアンツのウェブサイトを参照。

http://sanfrancisco.giants.mlb.com/sf/ballpark/index.jsp

http://sanfrancisco.giants.mlb.com/index.jsp?c_id=sf

16　財団法人大阪湾ベイエリア開発推進機構「都市開発整備のための新たな資金調達制度に関する調査（概要）」平成18年度自主調査

http://www.o-bay.or.jp/page/research_pdf/18_1.pdf

第9章

商店街の活性化

1　中心市街地活性化

1-1　小売と消費

地域経済における消費と雇用，さらには，賑わいや生活の利便性という観点で，商業のあり方は地域の発展を左右する。バリューチェーンの川上には採掘や製造の活動があり，物流と卸売を経て，川下では地域での小売と消費活動へと至る。

R.コックスは「都市を形成する産業」(City Forming Industry) と「都市に奉仕する産業 (City Serving Industry)」という概念を提示した[1]。コックスの提示は都市間と都市内の経済，卸売のみならず小売とともに流通を考える基本的な視点となる。消費は都市への奉仕である一方，消費のあり方は都市の形成に影響する。消費は流通システムにおける都市間流通と卸売に連なる小売と消費者の活動である。小売と消費は地域の賑わい，地域住民の生活と相互に作用する。

内発的発展を流通において適用すると，地域内で生産されたものを調達し，地元小売店で購入し，消費すれば地域経済の活性化につながる。そこで，商業集積と中心市街地の活性化が課題となり，商店街の活性化が地域のテーマとなる。

1-2 地域の再生と雇用

総務省が中心市街地活性化法・都市再生法・地域再生法に基づく，地域活性化３計画に関する行政評価・監視の結果と結果に基づく勧告を，平成28（2016）年７月に公表した。人口移動の現状，地域活性化施策の実施状況，国の支援施策の活用状況，効果の発現状況等の調査結果が示されている[2]。

同調査では平成18（2006）年度から平成20（2008）年度までに地方都市が作成した地域活性化３計画から，291計画を抽出調査している。平成24（2012）年から平成27（2015）年までの全国の人口移動を分析した結果については，地方都市は周辺等市町村からの移動が最も多く，東京圏へは地方都市からの移動が最も多くなっており，「今後の地域活性化や東京圏への過度の人口集中を是正する観点から地方都市の役割が重要」としている。

効果の発現状況としては，地域再生計画と都市再整備計画は一定の効果が発現している一方，中心市街地活性化基本計画は所期の効果が発現しているとみることは困難としている。効果の発現状況の的確な把握に関して，「指標の設定が不適切な例，指標の測定が不適切な例などあり」とし，計画期間中に発現した効果が持続しているか検証するため，継続的な効果測定に取り組んでいる例がある一方，取り組まれていない例があるとしている。また，地域再生計画と地域雇用創造計画は一体的に作成・運用するメリットがあるとして，内閣府と厚労省に，計画書の書式の統一化，府省による情報共有の仕組みの整備，更なる手続きの簡素合理化の検討と所要の措置を勧告している。

2　青森市の中心市街地活性化

2-1 中心市街地活性化基本計画

青森市は富山市とともに中心市街地活性化基本計画が認定され，コンパクトシティのまちづくりに先行的に取り組んだものの，基本計画のフォローアップによれば，中心市街地の歩行者通行量，年間観光客施設入込客数，中心市街地夜間人口，空き地・空き店舗率，中心市街地小売業年間商品販売額の指標は目標を達成していない[3]。

2-2 青森駅前再開発ビル

フェスティバルシティ・アウガは平成13（2001）年1月に第3セクターの青森駅再開発ビル株式会社の運営する複合商業ビルとして開業した。開業時，地階にはアウガ建設以前にあった商店街の生鮮食品店舗が出店し，1階から4階はファッションを主とするショッピングフロアとなっていた。5階と6階は青森市男女共同参画プラザ・カダール等，6階から9階は図書館となっている。

商業施設と図書館をはじめとする公共施設，そして駐車場からなるアウガは話題を呼び，開業当初は賑わい，中心市街地活性化の成功事例と評されたものの，売上は低迷し，同社は平成27（2015）年度決算で債務超過となった。平成29（2017）年2月には商業施設を整理し，テナント等との商取引債券を返済し，3月に同社を解散し清算した。そして，青森市が全ての土地及び建物を取得し，アウガを公共化し，平成30（2018）年1月に1階から4階に市民課などの約40の窓口を集約し青森市役所駅前庁舎としてオープンした。

青森市はアウガへ施設整備費に約132億4,912万円，公共施設維持管理に約68億1,711万円，青森駅再開発ビル株式会社への出資金等の支出で，これまで約216億円を財政支出している[4]。

ファッションビルとしてのアウガの実質的な破たんは，郊外型ショッピングセンターとの競合とされる。青森自動車道青森中央インターチェンジの完成もあって，青森駅から車で約20分の浜田地区には昭和52（1977）年完成のサンロード青森（イオンが核店舗で映画館の青森松竹アムゼもある）のほか，青森市がコンパクトシティ構想を進める中で，平成19（2007）年9月にはドリームタウンAli（アリー）が，平成20（2008）年3月にはイオンタウン青森浜田が開業している。ドリームタウンAli（アリー）にはイトーヨーカドー青森店が隣接し，浜田地区はショッピングセンターの激戦区といわれる。青森市内には青森浜田，青森東，浪岡と3つのイオンタウンがある。

青森駅から車で約15分の距離で，新青森駅と東北自動車道青森インターチェンジの近くには，ガーラタウン・青森ウエストモールがある。

中心市街地には2つの地域系の百貨店があるが，老舗百貨店の1つは平成15

(2003) 年に閉店し，跡地は分譲マンションになっている。

2-3 青森駅周辺におけるまちづくりと課題

青森駅周辺地区では商業，業務，居住，交流等のさまざまな機能と施設の整備が進められた。主な事業として青森駅周辺整備推進事業，中新町ウエスト地区優良建築物等整備事業，中新町センター地区優良建築物等整備事業，古川一丁目12番地区優良建築物等整備事業，中心市街地歩道融雪施設等整備事業，港湾文化交流施設改修事業，戦略的中心市街地活性化事業，商店街空き店舗対策事業，中心市街地にぎわい創出事業，AOMORI春フェスティバル事業，青い森のハロウィン事業等の46事業の計画が進んでおり，まちなか居住を推進する地域住宅支援の住環境整備事業も大きな柱となっている。

中心市街地の空き店舗を市が買い取り，取り壊して多目的の「パサージュ広場」として仮設店舗を設置し，商業ベンチャーに安価な家賃で賃貸する事業も実施している。商業ベンチャーに対しては，中心商店街有志の出資により設立された有限会社が，経営指導等を行っている。

アウガとともに，同市のコンパクトシティ構想のモデルといわれるのが，高齢者対応型マンションのミッドライフタワー青森駅前で，青森駅前第一地区第一種市街地再開発事業で整備された。低層には福祉・医療・商業店舗が入居する17階の複合施設となっている。

また，郊外の市営住宅の建て替えに伴い，まちなか居住誘導エリアの民間土地所有者に補助し建設された賃貸住宅を市が市営住宅として，原則として20年間借り上げる事業を実施し，平成16 (2004) 年に完成し，40戸のうち20戸が高齢者向け住宅となっている。1階には，まちなかの賑わいのため，コンビニなど商業・事務系施設が入居している。

また，高齢者世帯や子育て世帯等の住みかえを推進し，移住・住みかえ支援機構 (JTI) のマイホーム借上げ制度の活用のための相談窓口を開設し，必要な情報提供を行っている。民間事業者のマンション建設も進み，まちなかへの住宅供給が進んでいる。

青森市はかつての人口増加の時代に市街地が拡大し，県立図書館や県立中央病院などの公共・公益施設や大型商業施設の郊外移転や，モータリゼーションの進展と主要幹線道路の整備もあり，中心市街地が空洞化した。豪雪地帯で除雪費用の削減という課題もある。

そこで，中心市街地とその周辺に広がった既成市街地の約2,000haのインナー，郊外のほとんどが市街化調整区域のアウター，その中間部分の約3,000haのミッドと，3つの都市構造に区分し，インナーへ商業・行政・居住機能を集中させ，ミッドでは居住・近隣商業機能を廃止し，アウターは開発を抑制し自然と農業の環境の保全に努める土地利用方針を定めた。そして，青森駅を中心としたコンパクトシティが構想され，市をはじめ関係者と有識者によって検討が重ねられ，二度にわたり中心市街地活性化基本計画が策定され，さまざまな施策が実施されてきている。「人と環境にやさしいコンパクトシティ」というまちづくりの考え方や「歩いて暮らすことのできる質の高い生活空間，ウォーカブルタウン（遊歩街）の確立」という同市の目指すべき姿は妥当といえよう。

しかし，同市の基本計画のフォローアップにみるように，年間観光施設入込客数は増加しているものの，中心市街地の活性化は途上にある。

青森市のアウガの破綻と中心市街地活性化事業の困難は，コンパクトシティと中心市街地活性化，都市計画の難しさを示唆しており，青森市のこれらにかかる論点と課題は他の地域の同種事業の成否に役立つ。

3　商店街の現状と課題

3-1　商店街の実態

シャッター通りや空き家の問題等，商店街の衰退は地域の大きな問題となっている。かつて商店街は地域の小売を担い賑わっていたが，郊外へのショッピングセンターの進出と，現在はネット通販の拡大でなお一層，厳しい状況にある。

平成26（2014）年度商業統計によれば，小売業の年間販売額約122兆円のうち商店街は約45兆円と36.8％を占め，事業所数では約78万カ所のうち約28万カ所で36.1％，従業員数では約582万人のうち215万人と36.9％となっている。商店街は小売業年間販売額と従業員の約４割を占める小売業の大きな存在ということができる。商店街は中小企業庁で実施される商店街実態調査報告書で「①小売業，サービス業等を営む者の店舗等が主体となって街区を形成し，②これらが何らかの組織（例えば○○商店街振興組合，○○商店会等で法人格の有無およびその種類を問わない。）を形成しているもの」と定義されている。街区と組織の形成が商店街の要件となっている。

商店街のタイプは，次のようにまとめられる[5]。

図表9-1　商店街のタイプ

近隣型商店街	最寄品中心の商店街で地元主婦が日用品を徒歩又は自転車などにより買物を行う商店街
地域型商店街	最寄品及び買回り品が混在する商店街で，近隣型商店街よりもやや広い範囲であることから，徒歩，自転車，バス等で来街する商店街
広域型商店街	百貨店，量販店を含む大型店があり，最寄品より買回り品が多い商店街
超広域型商店街	百貨店，量販店を含む大型店があり，有名専門店，高級専門店を中心に構成され，遠距離から来街する商店街

出所：中小企業庁「平成27年度商店街実態調査報告書」

平成27（2015）年度商店街実態調査報告書[6]によれば，商店街の最近の景況については，「繁栄している」が2.2%，「繁栄の兆しがある」が3.1%，「まあまあである（横ばいである）」が24.7%であり，「衰退している」が35.3%，「衰退の恐れがある」が31.6%となっている。

最近３年間の商店街への来街者の変化については，「減った」と回答した商店街が56.6%で前回調査よりも16.0ポイント減少し，「増えた」が11.2%で4.5ポイント増加している。来街者増加要因の上位５つは，「集客イベント等の実施」が44.6%（前回調査比11.3ポイント増），「商店街の情報発信（PR）」が23.0%（同7.6ポイント増），「地域の人口増加」が22.4%（同7.6ポイント減），「交通利便性の向上」が21.2%（同6.7%減），「魅力ある店舗の増加」が20.8%（同2.5%増）となっている。一方，「減った」要因については，「近郊の大型店の進出」が46.5%（同3.8%減），「魅力ある店舗の減少」が59.2%（同4.0%増），「業種・業態の不足」が55.1%（同2.9%増），「地域の人口減少」が45.7%（同3.6%増），「駐輪場・駐車場の不足」が15.2%（同1.4%増）となっている。

空き店舗率については，13.17%と前回調査より1.45ポイント減少したものの，

10%を超えている。最近３年間の１商店街当たりの空き店舗数の変化については，「増えた」が31.9%で，「減った」の13.1%を18.8ポイント上回っている。

空き店舗が埋まらない理由で，「地主や家主等貸し手側の都合によるもの」については「所有者に貸す意思がない」が39.0%，「店舗の老朽化」が34.6%，「家賃の折り合いがつかない」が29.2%となっている。「テナント等借り手側の都合によるもの」については，「家賃の折り合いがつかない」が33.8%，「商店街に活気・魅力がない」が33.6%，「店舗の老朽化」が26.9%となっている。

空き店舗の今後の見通しについては，「増加する」と回答した商店街が，全体の42.6%を占めている。

最近３年間に退店（廃業）した店舗数の平均は3.6店で，退店（廃業）の理由の66.6%を「商店主の高齢化・後継者の不在」が占めている。

商店街の業種別店舗数の割合（業種構成）については，「飲食店」が30.0%，「衣料品・身の回り品店等」が22.9%，「最寄品小売店」が16.4%の順になっている[7]。最近３年間の業種別店舗数の変化については，「増えた」と回答した店舗では，「飲食店」が22.8%，「サービス店」が10.1%，「最寄小売店」が7.3%の順に多くなっている。「減った」と回答した店舗は，「衣料品，身の回り品店等」が18.9%，「最寄品小売店」が16.9%，「飲食店」が12.7%の順に多くなっている。業種別店舗で「増えた」から「減った」を差し引くと，「飲食店」のみが10.1ポイント増加している。

商店街の抱える問題については，「経営者の高齢化による後継者問題」が64.6%，「集客力が高い・話題性のある店舗・業種が少ない又は無い」が40.7%，「店舗等の老朽化」が31.6%，「商圏人口の減少」が30.6%となっている。後継者対策については，90.0%が対策を講じていないと，取組状況は極めて低い。

3-2 商店街の活性化事業

このような商店街の現状と課題を認識し，個店の魅力向上や空き店舗の発生に対するさまざまな取組みがなされている。繁栄していると回答した商店街が実施しているソフト事業については，「祭り・イベント」が87.8%，「防災・防犯」が75.6%，「環境美化，エコ活動」が70.5%と上位を占めている。ハード事業は，「防犯設備（カメラ等）の設置」が76.9%，「街路灯の設置（LED化を含む)」が76.3%,「カラー舗装など歩行空間の整備」が61.5%と上位を占めている。

全国商店街振興組合連合会による「地域商店街活性化事業成果調査」(平成27・2015年10月)においても，商店街の景況や活動状況等について同様の内容がうかがえる。地域商店街活性化事業は全国商店街振興組合連合会が「国からの補助金を受けて基金を造成し，これを活用して，商店街等が地域コミュニティの担い手として実施する継続的な集客促進，需要喚起，商店街等の体質強化に効果のある取り組みに対し，その必要な経費について助成を行った」というものであり，平成24(2012)年度及び平成25(2013)年度補正予算事業の採択数は合計4,296件にのぼる[8]。

平成26(2014)年度の地域商業自立促進事業を活用した取組みで効果をあげているとして,「平成26年度　地域商業自立促進事業モデル事例集〜全国商店街の挑戦〜」で近隣型，地域型，広域型，超広域型，それぞれの商店街について合計15事例が紹介されている[9]。

「はばたく商店街30選」では，人口や買回品・最寄品等の店舗数や主な顧客層などの基本データが示され，取組内容や成果等が紹介されている[10]。

「はばたく商店街30選」(平成28・2016年版)の事例の中で，中心市街地活性化基本計画に基づき商店街の再生，市の商業活動活性化に向けた取組みとして紹介されているのが，宮崎県日南市の油津商店街である[11]。商店街の衰退傾向にあって，日南市は平成25(2013)年4月に中心市街地活性化事業の一環として，商店街の再生を委託するテナントミックスサポートマネージャーを公募し,「商店街に4カ年で20店舗の誘致」を課した。イベントを繰り返し市民の関心を集め，空き店舗と空き地を活用し，新しい店舗や空間が増えた。IT関連企業も誘致された。

油津商店街のある中心市街地は油津港とJR油津駅を結ぶ導線上にあり，それぞれ中心市街地から概ね1km圏内で，この区域には鹿児島県地場の百貨店の日南山形屋，日南サピアショッピングセンターの2つの大型商業施設と3つの商店街があり，スーパーマーケットが開店し，商業集積が高まっている。

日南市はひとづくりこそがまちづくりと考え,「創客創人」をコンセプトに,市民ニーズの高い働く場の創出，商店・商店街の再生，子育て環境の充実などについて重点的に取り組んでいる。中心市街地活性化と油津商店街の事業もこれら施策のうちに位置付けられる。油津港には外国クルーズ船が来航するなど，日南市の観光入込客数は年々増加している。

3-4　商店街の活性化支援措置

商店街の活性化に向け，国の施策とさまざまな支援措置が講じられている。中小小売商業振興法や地域商店街活性化法[12]を柱に，商店街，個店，地域に対しハードとソフトの支援について多様な補助金・政策金融・税制のメニューがある[13]。

「新たな商店街政策の在り方検討会」の想定する検討内容は，商店街の必要性，求められる商店街，稼げる商店街，あるべき支援の姿となっている[14]。

平成26（2014）年度からは「商店街活動におけるPDCAサイクル活用事業」が進められている。平成27（2015）年度にはPDCAサイクル運用のためのマニュアル「商店街の将来像を考えよう～まちが変わる，商店街を変える」が作成されている[15]。同マニュアルでは現状把握や計画等の事例として，鹿児島県宇宿商店街，佐久市岩村田本町商店街，宇都宮市オリオン通り商店街が紹介されている。

平成26（2014）年度成果はPDCA運用シートの例として佐久市の岩村田本町商店街，平成27（2015）年度成果はPDCAサイクル活用のモデル実証として栃木県宇都宮市の宇都宮オリオン通り商店街振興組合，滋賀県大津市の石山商店街振興組合，山口県下関市の長府商店街協同組合の取組みをあげている[16]。

4　高松丸亀町商店街の再開発

4-1　丸亀町商店街のシャッター街化

商店街の再開発・活性化の成功事例として評価されているのが，香川県高松市の丸亀町商店街である。高松市は人口約42万人，商圏人口約55万人の四国の政治経済の中心地であり最大都市圏となっている。都心には百貨店の三越と５つの商店街で構成された北部商店街，瓦町駅ビルと３つの商店街で構成された南部商店街があり，丸亀町商店街は高松市のメインストリートに位置するその中心的な商店街である。高松城の完成（天正16・1588年）と同時に開町したといわれており，430年を超える歴史を有する。

丸亀町のまちづくりは駅ビルや郊外の大型ショッピングセンターの開業に対して，昭和58（1983）年に始まったが，本州と四国を結ぶ瀬戸大橋や高速道路の開通により近畿圏（神戸，大阪）時間距離が大幅に短縮されて都市間競争も余儀なくされ，中小都市の商店街として生き残りが難しくなった。さらに，バブルの崩壊が追い打ちをかけ，いわゆるシャッター街となっていった。丸亀町という都心の一等地の商店でも売上が激減していった。商店主はバブル時にマンションの建設や新たな土地購入で土地を担保に銀行から融資を受けるも，バブルがはじけて担保の地価が10分の１程度にまで下がり，銀行が融資回収に及び，廃業するにも土地が競売にかけられるので，廃業もできない状況となった。

4-2　土地の所有と使用の分離

このような中，この土地問題の解決こそが必須と考えたのが，現在，高松丸亀町商店街振興組合理事長を務める古川康造氏をはじめ丸亀町の地権者である。採った手法は，「土地の所有権と使用権の分離」である。この丸亀町商店街再開発の最大の特徴である土地の所有権と使用権の分離という事業スキームでは，

図表９-２　定期借地権を活用した再開発の仕組み

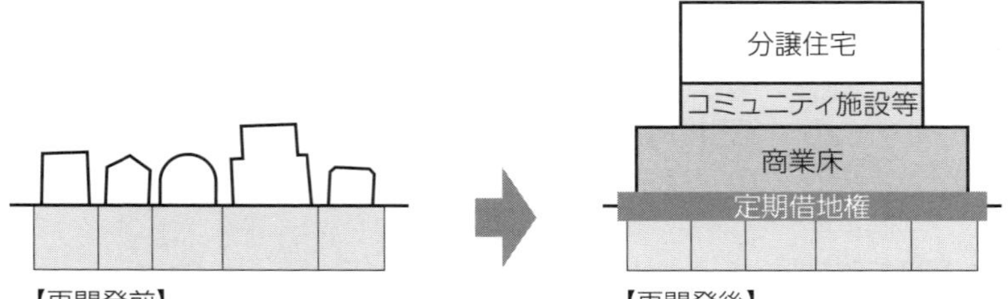

出所：高松丸亀町商店街振興組合資料

街区ごとに商店の地権者が出資して作ったまちづくり会社がすべての地権者と定期借地権契約を結んで，その使用権を取得し，同社が建物を整備し所有する。同社が適正なゾーニングとテナントミックス（業種の再編成）を行うので，その使用については地権者であっても現状位置にこだわらず，ゾーニングに従うことになる。再開発にありがちな利害調整に手間取ることなく，テナントミックスを行うことができる。

同社はテナントの家賃収入から銀行への借入金の返済や建物の管理費用などを差し引いた金額を地代として地権者に支払う。これを「オーナー変動地代家賃制」と呼んでいる。あえて地代を劣後とすることで，テナントの売上の良し悪しによりオーナー（地権者）の収入が増減するので，テナントとオーナーが協力して売上向上に努めることになり，管理・運営するまちづくり会社にも協力するようになる。自分達のまちを自分達で個人補償をはじめ自らリスクを負い，自治権をもって運営していこうという，新しい自治組織の形成である。

本事業は居住者が増えることによって，商店街が活性化することをねらっている。住んでみたいという安全で安心なまちづくりとライフインフラの再整備を重視している。事業費には市等からの公費・補助金が投じられるが，地域に投じられた税金に対して，地域が固定資産税等の増加により税金で市へ返すというビジネスモデルとなっている。

平成25（2013）年６月には，第２期高松市中心市街地活性化基本計画が策定されている。

4-3　テナントミックスと医・食・住

丸亀町商店街はＡからＧまでの街区に分かれ，それぞれのコンセプトに沿って，テナントミックスと居住整備が行われる。居住は特に高齢者を想定している。ドームで知られるＡ街区（壱番街）は，三越高松店と協力し，四国一グレードの高いファッションストリートであった丸亀町の地位を回復させている。１階には海外の高級ブティックが並び，２階には550坪の書店，４階には丸亀町フレッツホールとカルチャー教室がある。

ドームの広場では毎週末のようにコンサートなどイベントが催される。エリア売上高約11億円が約26億円に大幅に増加し，三越高松店本体も同時に実施し

図表9-3　ドームとブリッジ

出所：同前

図表9-4　高松丸亀町商店街エリア図

出所：同前

たリニューアル効果もあって売上を増加させている。商店街と百貨店の相乗効果が認められる。

階上はすべて分譲マンションで高齢者が多く住み，地権者は半数近くが入居している。

Ｂ街区（弐番街）とＣ街区（参番街）はセレクトショップと飲食を中心とした構成で，上層階はメディカルモールとマンションとなっている。Ｇ街区（丸亀町グリーン）には高松では最大級のホテル（190室）とマンション，駐車場がある。D・E・F街区は今後の再開発として，介護施設や総合医療モールを計画している。

このように丸亀町商店街再開発は，医・食・住をコンセプトにエリアマネジメントとして，進められている。このエリアマネジメントを具体化していくのが，昭和63（1988）年に設立された高松丸亀まちづくり株式会社で，95％が商店街振興組合，５％が高松市の出資となっている。高松市が出資し株主となるも，５％に留まり，行政が関与するも，あくまで民間主導となっている。市の出資により補助金等が得られやすくなり，補助金による再開発の投資効果として税収増になるという資金の好循環となっている。

A街区の再開発事業費は約70億円で，そのうち国土交通省の補助金が約28億円，残りが保留床の売却で，地権者が買い取る保留床の資金は経済産業省の補助金を中心とした中小企業基盤整備機構の高度化事業による借換えが７割強であり，銀行からの借入れは２億6,000万円となっている。

A街区からC街区の建物の固定資産税の評価額は400万円～430万円であったのが3,600万円～3,700万円へと，約９倍に増えている。

C街区にある診療所の名称は美術館北通り診療所で，ホテルのフロントを思わせる入口と受付で，ゆったりとしたソファがあり広くきれいな空間となっている。振興組合の要望に基づき，内科，整形外科，眼科，ペインクリニック，リハビリセンターなど７つの診療科がある。特に求められたのは，往診と回診で，上層の入居者，特に高齢者の利便性を図っている。現在は個人経営であるが，将来的には振興組合立又は自治会立として，郊外から通勤する商店街や市街地就業者の子供達の診療も行う予定になっている。

G街区には地元資本のスーパーが入っているが，地産地消の生鮮市場の「丸まるマルシェ」があり，地産地消とオーガニック食材が売りのレストランもある。

4-4 公道の課題克服

A街区にはベンチや植栽が置かれている。道路交通法上では公道へのベンチや植栽の設置は認められない。そこで，建物を1.5mずつ下げ，セットバックし，地権者の土地を提供する形で道路を広げる見返りに，高松市から許可を得た。

東西の建物を空中階でつなぐブリッジも公道上にかかるので規制されるが，建物間を容易に移動できるという防災上の利点利便性や，事業費が抑えられるというメリットから，市との交渉により実現した。

業績によって，テナントの入れ替えの仕組みもあり，再開発とともに，商店街も常に進化するよう，同組合と同社は経営努力し，地域住民は自らまちづくりをする意識をもっている。

再開発事業では第５弾となるＧ街区（参番街）で東西に隣接する２つの町区域の計画が平成28（2016）年９月にまとまり，高松市議会での承認も得られた。医療福祉機能と生活利便性の向上をキーワードに，マンション，医療施設，食料品市場，駐車場などを一体的に整備する。街路整備を含め，総事業費は約60億円で，平成30（2018）年度から順次着工し，平成31（2019）年度に商業等，2021年度に分譲・賃貸マンション等の完成を見込んでいる。賃貸部分には年金生活者が居住できるよう家賃を月額５万円以下に抑えようとの考えもある。

丸亀町商店街再開発事業は定期借地権設定にみるように，20年の投資，20年の回収，20年の儲けと収支は20年先を見通し，完成形は60年の長期にわたるものである。

高松市の他の商店街は丸亀町商店街のようには取り組んではいない。一方，市としては丸亀町にばかりに集中することはできない。市は丸亀町の取組みを支えるというスタンスであろう。

規制緩和や中心市街地・商店街活性化は国土交通省・経済産業省など11府省にまたがる政策であり，国・市の縦割りの弊害もある。商店街と地域住民の主体的な取組みのほか，土地の所有と使用の分離の制度設計など，政策上の課題もある。

古くからのコミュニティを受け継ぎ，医・食・住をコンセプトに，時代の要請に応え，丸亀町商店街の再開発事業が進んでいる。

4-5 高松市のコンパクトシティ

高松市は平成16（2004）年度の市街化区域と市街化調整区域を区分する線引き制度を廃止後，旧市街化調整区域へ居住・商業施設等の立地が進展し，田園地帯である郊外部での宅地化が進んだ。そこで，第５次高松市総合計画に基づき，平成20（2008）年12月に策定した都市計画マスタープランを踏まえ，支所や鉄道駅周辺などの集約拠点への都市機能の集積と市街地の拡大抑制によるコンパクトな都市構造「多核連携型コンパクト・エコシティ」の推進に取り組むこととなった[17]。そして，郊外部への都市機能の拡散に歯止めをかけ，田園環境を保全し，さまざまな都市機能が集約拠点にコンパクトに集積し，誰もが暮らしやすい持続可能なまちを目指して，平成23（2011）年12月に，郊外部の土地利用規制の見直しを柱とする新しい都市計画制度を施行した[18]。集約拠点は中心市街地の広域交流拠点と８つの地域交流拠点と８つの生活交流拠点からなる。

4-6　地域活性化総合特別区域

同市は高松丸亀町まちづくり株式会社，高松丸亀町商店街振興組合，特定非営利活動法人農幸生活とともに，地域活性化総合特別区域に係る「中心市街地と田園地域が連携する高松コンパクト・エコシティ特区」を申請し，12事業が平成24（2012）年７月に国の第２次指定を受けている[19]。総合特区の申請は「柏の葉キャンパス（公民学連携による自律した都市経営）特区」のほか，民間事業者・商店街が申請者になっている例はなく，丸亀町商店街再開発事業が商店街自らの主体性とともに，同市地域活性化で高く位置付けられていることがわかる。

総合特別区域は高松市全域で，個別の規制の特例措置等の適用を想定している区域は丸亀町商店街の再開発区域であり，計画期間は平成24（2012）年度から平成28（2016）年度までとなっている。この総合特区は中心市街地と田園地域の連携による地域産業の再構築，コンパクト・エコシティの推進，コミュニティの再生を目標とし，丸亀町商店街再開発事業の「定期借地権を活用したまちづくり会社方式」をさらに進化させることもあげている。

規制の特例措置としては，特定農業者による特定種類の製造事業（酒税法）や農地取得の下限面積の40アールから20アールへの変更（農地法施行規則第20条の緩和）などがある。

地域において講ずる措置として，地域独自の税制・財政・金融上の措置，地方公共団体の権限の範囲内での規制の緩和や地域独自ルールの設定などが示されている。また，道路上空使用の特例，任意再開発に伴う除去費等の減価償却算入の特例などの新たな特例措置等の提案がなされている。

評価指標と数値目標は，都心部の居住人口割合が平成22（2010）年度実績の26.8％から平成28（2016）年度に28.0％へ，中央商店街１階空き店舗率が同14.1％から同10.0％へ，新規就農者数が同７人から同15人へ，商店街に出荷した農家数は同８人から38人へとなっている。

平成27（2015）年度地域活性化総合特別区域評価書でその定性的・定量的な進捗状況がわかる[20]。評価書にある「総合特区計画の目指す目標」が次のように記されている。

「各地域で育まれた産業を活性化する内発型まちづくりの観点に立ち，中心市街地と郊外田園地域との連携により，農業，小売業など地域にとって最も基本となる産業の再構築と地域活性化を図る。特に中心市街地では，エリアマネジメントの考え方に基づき，賑わいや魅力創出に資する事業を住民等が提案・実施し，商業の活性化及び定住人口の増を目指す。

また郊外田園地域では，中心市街地再生のノウハウを用い，農業やコミュニティの再生に資する事業に取り組み，新規就農者の増を図ることを目標にする」

キーワードは内発型のまちづくり，中心市街地と郊外田園地域とその連携，エリアマネジメント，農業，小売業，コミュニティであり，同市の地域活性化の目標とその進め方が表わされている。

目標値に対する実績値は，都心部の居住人口割合に関しては，平成22（2010）年度の26.8％を平成28（2016）年度の28.0％（10年前の値）に対して，平成27（2015）年度の目標値27.5％には実積値26.5％で進捗度は21％としている。進捗度に関して，減少傾向（トレンド）にある評価指標で増加させる数値目標を設定しているので，平成26（2014）年度以降の進捗度はトレンドの数値との差を計算することにより詳細な評価を行うこととしたという。

趨勢値は平成25（2013）年度は26.39％，平成26（2014）年度は26.31％，平成

27（2015）年度は26.23％，平成28（2016）年度は26.16％で，進捗率＝(実績値－趨勢値)／(目標値－趨勢値）で，計算され，平成27（2015）年度の進捗率は21.3％となる。進捗率は一般的には，目標値に対する実績値で計算されるが，趨勢値を考慮していることは，より現実的に進捗を評価しているといえる。自己評価では「市街地再開発事業の実施直後は，その直接効果と波及効果により居住の都心回帰の傾向が見られたが，その後は微増状態である。すでに郊外化が進んだ本市において，都心部の需要を短期的に高めることは難しく，今後とも効果のある施策に粘り強く取り組んでいく必要がある」とし，居住都心回帰は容易ではないと知ることができる。D・E街区再開発事業については，隣接する街区（大工町・磨屋町地区）の再開発の合意が得られ，計画が進むことになった。

関連事業の総合生鮮市場事業については，平成27（2015）年６月にオープンしている。中央商店街１階空き店舗率については，平成27（2015）年度目標値11.0％に対して実績値は11.7％で，趨勢値を踏まえた進捗度は89％となっている。新規就農者数については，平成27（2015）年度目標値12人/年に対し実績値は21人/年で進捗度は175％であるが，既存制度を活用した取組みや職業選択の多様化によるものと考えられるとしている。また，どぶろく製造販売事業が進展している。中央商店街に出荷した農家数は，平成27（2015）年度に追加された指標である。平成22（2010）年度実績値の８人/年を平成28（2016）年度には目標値38人/年とし，平成27（2015）年度目標値33人/年に対し実績値20人/年の進捗率は61％となっている。

「規制の特例措置を活用した事業の実積及び評価」では「地産地消型ショップ導入事業（濁酒製造販売事業)」について，事業実現の上，さらにグリーンツーリズムなどにより地域活性化を図る旨の自己評価がなされ，規制所管府省(財務省）による評価は製造販売から２年ほどしか経過していず，製造量の増加も認められず，現時点での評価は時期尚早としている。

「国との協議の結果，現時点で実現可能なことが明らかとなった措置による事業の実積及び評価」では「国の補助を受けて整備した民間施設で新たに賑わい・交流創出事業の実施」が国土交通省との協議により実現可能なことが明らかになったとしている。

平成27（2015）年度の総合特別区域評価・調査検討会における評価結果［まちづくり等］の総合評価は，５点満点で3.4点となっている。

4-7 商店街活性化の論点

商店街のあり方を論じるには，日本の流通の歴史，ライフスタイル，消費者の志向，コンビニエンスストアやネット通販の技術や仕組みを考究する必要がある。

セルジュ・ラトゥーシュが「大規模供給システムが創出する新規雇用一人分は，近隣商業の雇用五人分を破壊する」[21]と述べたように，郊外の大型ショッピングセンターが商店街の衰退と雇用の減少を招く。そこで，大店法による規制がなされる。

しかし，商店街の衰退の要因を郊外の大型ショッピングセンター，さらにはネット通販に求めてよいのであろうか。商店街に魅力がなければ，買い物客は訪れない。商店街が住民のニーズを満たさなければ，郊外の大型ショッピングセンターが選ばれることになる。シャッター街は商店主のやる気のなさと空き店舗を節税に利用し投資物件とした結果ともいわれる。

商店街の活性化は小売業のそれぞれの機能をふまえ，地域における商店街の意義をとらえ直すことから始まる。

また，活性化の主役としては起業家と若手が望まれる。「はばたく商店街30選」の平成30（2018）年版ではインバウンド対応等のほか，特に若手による組織と活動の活発化が注目されている[22]。

すでにふれた青森市，また，津山市の再開発事業の失敗は甘い事業見通しに基づく再開発ビルの建設による。過大な再開発ビルへの幻想は捨て，補助金に頼ることなく自立した経営で，地域経済循環率が高まる商品とサービスを提供することこそが，商店街の大きな役割となる。観光客の一見をねらうのではなく，地元住民のリピートで賑わうよう商店主と商店街が自ら努力し，地域住民が共に商店街をつくり上げていくことによって，商店街は再生する。

〈注〉

1　Cox.R,C.S.Goodman and T.C.Fichabdler『高度経済化の流通問題』（中央経済社）

2　総務省「地域活性化に関する行政評価・監視〈調査結果に基づく勧告〉」平成28年7月

http://www.soumu.go.jp/menu_news/s-news/106278.html

3　第1期青森市中心市街地活性化基本計画最終フォローアップ（平成24年6月）及び平成27年度認定中心市街地活性化基本計画のフォローアップに関する報告（平成28年3月）

4　青森市資料「新生アウガを目指して（案）平成28年5月2日修正版」より，アウガに関しては主に同資料による。

5　平成27年度「商店街実態調査報告書」

6　平成27年度中小企業庁「平成27年度商店街実態調査報告書」平成28年3月

7　最寄品とは「消費者が頻繁に手軽にほとんど比較しないで購入する物品。加工食品，家庭雑貨など。」で，買回り品とは「消費者が2つ以上の店を回って比べて購入する商品。ファッション関連，家具，家電品など。」（平成27年度商店街実態調査報告書）とされる。

8　平成24年度補正予算事業の採択数は1,533件，平成25年度補正予算事業の採択数は2,763件となっている。

9　平成28年2月8日公表，平成26年度　地域商業自立促進事業モデル事例集「全国商店街の挑戦」経済産業省中小企業庁編

10　平成28年5月25日公表「はばたく中小企業・小規模事業者300社」及び「はばたく商店街30選」中小企業庁編。

www.chusho.meti.go.jp/.../syoutengaibassui_menu2018.html

11　「はばたく商店街30選」（2016年版）と日南市資料及び同商店街に関するウェブ掲載資料に基づく。

12　商店街の活性化のための地域住民の需要に応じた事業活動の促進に関する法律

13　第2回「新たな商店街政策の在り方検討会」資料1「第1回の議論と検討の方向性について」（平成29年1月18日）に記載の「商店街に関連する主な施策」を参照。

14　資料2「新たな商店街の在り方検討会の開催について」平成28年12月19日・経済産業省・中小企業庁商業課

15　「商店街の将来像を考えよう～まちが変わる，商店街を変える～」中小企業庁

www.chusho.meti.go.jp/shogyo/shogyo/2017/download/170116shoutenshousai.pdf

16　資料3「新たな商店街政策の在り方検討会（第2回）「商店街活動におけるPDCAサイクル活用事業」について2017年1月18日株式会社三菱総合研究所

17　高松市「多核連携型コンパクト・エコシティ推進計画」より

18　高松市「新しい都市計画制度（平成23年12月1日施行）」パンフレットより

19　高松市等「地域活性化総合特区の指定申請書」より。平成24年7月25日指定，平成25年3月29日認定，平成25年6月28日一部変更。

20　内閣府地方創生推進事務局ウェブサイト
http//www.kantei.go.jp/jp/singi/tiiki/sogotoc/toc_page/t31_takamatsu.html掲載の「中心市街地と田園地域が連携する高松コンパクト・エコシティ特区」評価書等より

21　セルジュ・ラトゥーシュ『経済成長なき社会発展は可能か？』（作品社）p257

22　中小企業庁「はばたく商店街」2018年版
http://www.chusho.meti.go.jp/keiei/sapoin/monozukuri300sha/2018/bunya/syoutengaibassui_menu2018.html

第10章

公民連携

1　官と公共

1-1　官僚制

PPP/PFIの実績が蓄積され，政府の成長戦略としても位置付けられ，諸政策・支援策，地域プラットフォーム形成等が講じられている。高度経済成長期に整備された公共施設等の老朽化問題は，財政の厳しい今日，その対処，公共施設等の更新・維持管理・運営にPPP/PFIが期待されている。一方，PPP/PFIが円滑に進まず，さまざまな課題も指摘される。本章のはじめにあらためて，公共について考察する。

ウォルター・バジョットは1867年に（日本は慶応３年である），『イギリス憲政論』を著し，官僚制について，「およそ官僚政治が，人間の活動力を自由に発揮させることを任務とせず，むしろ官僚の権限，業務，人員を増大させることを任務と考えるのはたしかである。それは，政治の質を悪化させるのはいうまでもなく，政治の量をも過大にするのである」と論じている[1]。官僚制の弊害と肥大化について述べている箇所であるが，バジョットはまた，民衆を愚鈍，無知，粗暴であるとみなす官僚は，事務の本質ではなく事務の形式を重んじ，事務手続きを手段ではなく目的と考え，事務の手続きの適用に専念し，精巧な機構の一部となり，それを威厳の源泉とし，その機構を厳然とした不動のものと考えるという。

しかし，バジョットは「しかし複雑な社会においては，今日の悪は，明日には別のものになる。昨日最も役に立った手段自体が，明日になると最大の障害になる可能性が十分にある。すなわち明日違った仕事をしようと思って，昨日の仕事に役立ったものを全部保存しておいても，新しい仕事の障害にしかならない場合もありうる」と述べる。官僚制の事務とともに官僚の意識の問題は，官僚に限らず組織全般に見られるものであるが，官僚は統治機構であるがゆえに，問題は深刻になる。

官僚制の作用形態に関して，伊藤大一氏は「日本では，行政計画というものが，計画行政の手段というより，むしろ，民間の事業組織—これ自体，多かれ少なかれ官僚制的に編成されている—を行政体系の一環に組み込み，行政事業を代行させるという組織変換の手段として用いられているという事情である」と述べている[2]。伊藤氏はまた，行政指導に関連して，「これら強制の契機は，実は実務官僚自身の発想に基づいて始動するというより，むしろ，彼らの背後にあって，あるいは彼らと結託して，その発動を期待し，支持する民間人の明示的ないし黙示的要請に基づいて始動する」という[3]。

日本ではNew Public Management の世界的な行政経営の潮流を踏まえ，官と民の役割分担が論じられ，行政のアウトソーシングやPFIが制度化され，その加速が図られている。地方自治体については，佐々木信夫氏が「政策官庁」に変えようと提言しているが，「「パブリック（公)」な仕事は，必ずしも「ガバメント」(官)」が独占するものではない」，「「公」と「官」を混同してはならない。欧米では公共の仕事の中で「民間」が対応しきれないものを「官」が担うという発想にある。民を補完するのが官の役割という訳だ。しかし，日本では公の仕事は「官」が独占するものという意識が目立つ。官を補完するのが民だという発想から抜けきれない」と述べている[4]。日本では明治以来，公イコール官とし，公は官が担うものと，官も民もそのように考え，そのように公が官に委ねられてきた歴史がある。

1-2 信任論

株式会社の統治論ではエージェンシー理論が唱えられ，株主をバレエに由来するプリンシパル（主役・主体・本人)，経営者・取締役をエージェンシー

（エージェント，代理組織・代理人）に例える。公民連携の経済学でも，エージェンシー理論を援用する。

岩井克人氏は「ヒト・モノ・法人」論で信託から派生した「信任」関係を論じている。信任関係とは信任受託者は信任預託者に対して，「忠実義務」を負うことをいう。善管注意義務について，民法第644条は「受任者は，委任の本旨に従い，善良な管理者の注意をもって，委任事務を処理する義務を負う」と定める。取締役の忠実義務について，会社法第355条は「取締役は，法令及び定款並びに株主総会の決議を遵守し，株式会社のため忠実にその職務を行わなければならない」と定める。岩井氏によれば，忠実義務とは「一方の人間が他方の人間の利益や目的のみに忠実に一定の仕事をする義務」とされる[5]。

地方公共団体も法人であり，地域住民は信任預託者で，地方政府の首長と議員は信任受託者ととらえることができる。

ジョン・ロックは『市民政府論』において，「立法権は，ある特定の目的のために行動する信託的権力に過ぎない」，「ある目的を達成するために信託された一切の権力は，その目的によって制限されており，もしその目的が明らかに無視され違反された場合にはいつでも，信任は必然的に剝奪されなければならず，この権力は再びこれを与えたものの手に戻され，その者はこれを新たに自己の安全無事のために最も適当と信ずるものに与え得るわけである」[6]，「彼らの権力（筆者注，立法府）は，その究極の限界としては，社会の公共の福祉に限定されている」[7]と述べている。

ロックは立法府について述べているが，地方自治についていえば二元代表制であり，ロックの立法府を地方議会と首長で構成される地方自治体と言い換えてよく，信託受託者である地方自治体の権能は公共の福祉に限定され，公共の福祉とは効果的で効率的な行政の実現にほかならない。地方政府の権能は委託者であり納税者でもある地域住民に基づき，地域住民は地方政治のまさに主体である。PPP（Public Private Partnership）におけるPublicはAgency of Publicと理解すべきである。

日本ではPPP/PFIが遅れ，今なお普及に抵抗があり，民間活力の活用ではなく，PFIよりも設計施工分離の官主体の公共工事の方にメリットがあるとする議論が絶えない[8]。

地方自治法第１条には「地方公共団体における民主的にして能率的な行政の確保」とあり，地方公務員法第１条にも「地方公共団体の行政の民主的かつ能率的な運営」と記されている。地域住民にとっての地方政治は財政負担軽減を目指し，効率的・効果的であるべきで，PPP/PFIは行政経営の原則となる。

1-3 公民連携の意義と効果

PPP/PFIの意義と効果は，公共施設と土木インフラに係る資金調達，建設，維持管理，運営をバンドリングして，ライフサイクルコストを削減することにある。要求水準に基づく性能発注によって，品質とサービスの維持と向上が図られる。リスクは最適な応能者が負担すべきで，リスクに応じたリターンが想定される。PPP/PFIでは官と民の間で適切にリスクが分担され，公共工事では納税者がほとんどすべてのリスクを負担する。このように，PPP/PFIでは民間にリスクが移転され，効率性向上が図られる。

PPP/PFIには民間ファイナンスによる金利上昇分のプレミアムというデメリットがあるとの指摘に対しては，政府機関の追加的な非効率性をあげ，受益者負担金ファイナンスが税金によるファイナンスよりも優れているとの説明がある[9]。

信任論，リスク移転と効率性向上，サービスの維持と向上の観点から，インフラマネジメントにおいては公共工事よりもPPP/PFIが民主的で効果的であるが，後述するPPP/PFIの優先的検討規定によって制度的に促されている。

2 PPP/PFIの諸政策

2-1 民間提案制度

PFI法（民間資金等の活用による公共施設等の整備等の促進に関する法律）の平成23（2011）年の改正では，大きな３つのポイントがあげられる。対象施設の拡大と，本節で取り上げる民間事業者による提案制度と公共施設等運営権の導入である。

PFI法第６条第１項で「特定事業を実施しようとする民間事業者は，公共施設等の管理者等に対し，当該特定事業者に係る実施方針を定めることを提案することができる」とされたが，第２項では「前項の規定による提案を受けた公共施設等の管理者等は，当該提案について検討を加え，遅滞なく，その結果を当該民間事業者に通知しなければならない」と公共施設等管理者等の応答義務を定めている。

「PFI事業実施プロセスに関するガイドライン」では，「PFI法に基づかない任意の提案（発案）についても，民間提案と同様，積極的に対応することが望ましい」[10]とされ，また，「民間提案が実施方針の策定に寄与した程度について提案内容の先進性等を勘案し，公平性・透明性・競争性の確保に留意しつつ，当該提案に対し加点評価を行うなど，適切に評価する」[11]とあり，提案者がただちに事業者に選定されるわけではないが，PFI法に基づかない民間提案も合わせ，加点評価等の適切な評価が求められており，提案者に実質的な優位性があるものと認められる。

同ガイドラインでは，「民間事業者の提案に係る受付，評価，通知，公表等を適切に行うため，窓口の明確化や庁内体制を整備していく必要がある」，「民間からの提案を積極的かつ効率的に受け付けるため，管理者等から，今後事業として実施できる可能性のある事業一覧を短期計画や長期計画として公表することも考えられる」と，「管理者等の情報提供・体制整備」の必要性が記述されている。後述する福岡市，横浜市，さいたま市等がこのような先進的な取組みを行っている。

2-2 PPP/PFIの類型

内閣府のPPP/PFI推進アクションプランの各類型によれば，公共施設等に関するPPPについて，「公共施設等の建設，維持管理，運営等を行政と民間が連携して行うことにより，民間の創意工夫等を活用し，財政資金の効率的使用や行政の効率化等を図るもの」としている。PFIについては，「PFI法に基づき，公共施設等の建設，維持管理，運営等を民間の資金，経営能力及び技術的能力を活用して行う手法」とし，４つのPPP/PFIの類型をあげている[12]。

類型Ⅰ：公共施設等運営権制度を活用したPFI事業（コンセッション事業）

類型Ⅱ：収益施設の併設・活用など事業収入等で費用を回収するPPP/PFI事業（収益型事業）

類型Ⅲ：公的不動産の有効活用を図るPPP事業（公的不動産利活用事業）

類型Ⅳ：その他のPPP/PFI事業（①サービス購入型PFI事業，②包括的民間委託）

PPP/PFI推進アクションプラン（平成29・2017年６月９日民間資金等活用事業推進会議決定）では，2013年度から2022年度までの10年間で事業規模は従来目標の10〜12兆円から21兆円に引き上げられ，公共施設等運営権制度（コンセッション）型が７兆円（関空・伊丹空港の約５兆円を含む），収益施設の併設・活用型が５兆円，公的不動産の有効活用型が４兆円，その他のPPP/PFI事業が５兆円となっている。

「未来投資戦略2017」「経済財政運営と改革の基本方針2017」（平成29・2017年６月９日閣議決定）では，事業規模目標の21兆円への拡大，PPP/PFIの推進が記されている。

PPP/PFI推進アクションプラン（平成29・2017年改定版）では，「公的不動産における官民連携の推進」が明記され，平成30（2018）年度改定版では改正PFI法で創設のワンストップ窓口制度や助言制度等の円滑な運用による国の支援強化，実施主体の経験や実情に応じた支援・負担軽減策の検討等を通じた実施主体の裾野拡大，コンセッション事業等の重点分野に公営水力発電・工業用水道の追加があげられている。

コンセッション事業等の重点分野としては，空港６件・道路１件は目標達成，下水道（具体的検討６件達成，実施方針目標６件，〜平成31・2019年度），公営住宅（６件，〜平成30・2018年度），水道（６件，〜平成30・2018年度），文教施設（３件，〜平成30・2018年度），クルーズ船向け旅客ターミナル施設（３件，平成31・2019年度），MICE施設（６件，〜平成31・2019年度），公営水力発電（３件〜2020年度），工業用水道（３件，〜2022年度）となっている[13]。

2-3　公共施設等運営権制度

公共施設等運営権制度はコンセッション方式と呼ばれ，「利用料金の徴収を行う公共施設について，施設の所有権を公共主体が有したまま，施設の運営権を民間事業者に設定する」PFIで，下記のように概要が図示される。

図表10-1　コンセッションの概要

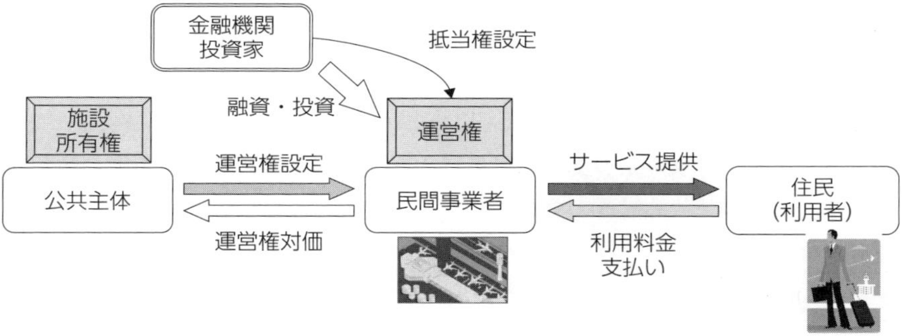

出所：内閣府ウェブサイト

公共側は当該施設の所有権を有したまま（民間は所有のリスクは負えない），運営リスクを民間に移転し，運営権対価で施設への投資と諸費用を早期に回収できる。

民間企業はその創意工夫によって事業を効率的に運営し，利用者の利便性を高め，利用料金を収入として収受し，投資に対する収益を得ることができる。

金融機関・投資家のメリットとしては，抵当権設定が可能となり，金融機関の担保が安定する。運営権が譲渡可能となり，投資家の投資リスクが低下するということがあげられる。運営権が譲渡され，運営権売買の市場ができ流動性が高まると，コンセッションに対する事業と投資の魅力が増し，コンセッションが盛んになると考えられる。

住民は民間事業者による自由度の高い運営で，低廉で良好なサービスを享受できるようになる。

公共施設等運営権の設定が可能とされるのが（別途，各事業法に基づく許可等を受けることが必要とされる施設も含む），重点分野の既述を含め，下水道，道路，賃貸住宅，鉄道（軌道を含む），港湾施設，空港，浄化槽，水道施設，医療施設，社会福祉施設，漁港（プレジャーボート収容施設），中央卸売市場，工業用水道事業，熱供給施設，駐車場，都市公園となっている。

2-4 優先的検討規定

平成27（2015）年12月に，内閣府及び総務省から「「多様なPPP/PFI手法導入を優先的に検討するための指針」について（要請）」が発出され，人口20万人以上の地方公共団体は平成28（2016）年度末までに当該指針を踏まえ，優先的検討規定を策定することになった[14]。

同指針は，PPP/PFI手法導入が適切かどうかを，従来型手法に優先して検討するもので，対象事業の基準は事業費の総額が10億円以上，単年度の事業費が１億円以上の公共施設等の整備等で，新規建設，改修のみならず運営・維持管理を含んでいる。

平成30（2018）年３月末時点で都道府県47団体数のうち44団体（93.6％），政令市20団体のうち20団体（100.0％），人口20万人以上の市区114団体のうち80団体（70.2％），人口20万人未満の市区町村1,607団体のうち32団体（2.0％）が

図表10-2　優先的検討プロセス

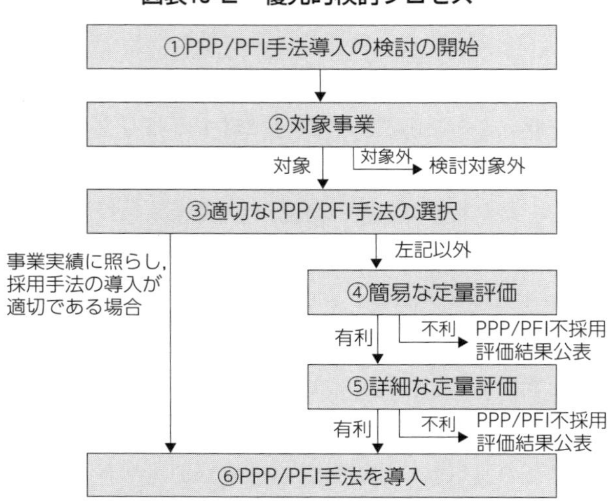

出所：内閣府ウェブサイト

策定している。

また，平成29（2017）年度の運用状況については，都道府県の簡易検討が13団体，詳細検討が8，PPP/PFI手法を採用しない場合その旨を公表した団体が1，政令市で同11，同10，同1，人口20万人以上の市区で同24，同19，同1，人口20万人未満の市区町村で同13，同6，同1となっている[15]。

2-5　PPP/PFI導入検討の要件化

公営住宅，下水道，都市公園の補助金採択・交付金実施の際には，PPP/PFI導入検討が一部要件化された。公営住宅については地域居住機能再生推進事業におけるPPP/PFI導入手法の導入（平成29・2017年度は三大都市圏での要件化），下水道については下水処理場等の改築（事業費10億円以上）におけるコンセッション導入検討や汚泥有効利用施設の新設（事業費10億円以上）におけるPPP/PFI手法導入検討，人口20万人以上の自治体が行う公園施設整備におけるPPP/PFI手法導入検討等が示されている。

2-6　PPP/PFI推進の課題とボトルネック

平成27（2015）年度国土交通省アンケートによれば，PPP/PFI推進を図る上での課題・ボトルネックとしては，「官の専門家が少なく，PPP/PFI事業に伴うリスクを敬遠（行い慣れた従来方式への執着）」，「官民でそれぞれ取るべきリスク・責任の整理が不十分」，「官業を長期間・包括的に受発注することに伴うリスクを敬遠」，「PPP/PFI事業の履行評価（モニタリング）が困難」といった情報・ノウハウ，「案件形成に時間や費用を要し，先行投資が回収可能か不透明」という時間・費用，「地元企業の受注機会の確保（地域外の企業による受注への抵抗感）」，「議会や住民との関係」があげられている。

このような課題・ボトルネックに対しては，情報・ノウハウの不足についてはマニュアル・ガイドラインや事例集等の作成，ブロックプラットフォームの開催，PPPサポーター，PPP協定，時間と費用については先導的官民連携支援事業による財政的支援と自治体プラットフォームによる体制整備といった措置が講じられている。

2-7 国の支援制度

平成30（2018）年度のPPP/PFI推進に資する支援措置は地域プラットフォーム形成支援，優先的検討運用支援，民間提案活用支援，新規案件形成支援，高度専門家による課題検討支援となっている。

国土交通省は先導的官民連携支援事業と地域プラットフォーム支援のほか，下水道事業におけるコンセッション推進のガイドラインを作成している[16]。

厚生労働省は平成26（2014）年３月に「水道事業における官民連携に関する手引き」を作成し，平成28（2016）年12月にはコンセッションを追記している[17]。水道事業におけるコンセッションの導入に向けて，平成30（2018）年12月に改正水道法が成立した[18]。

このような支援策，ガイドライン，事例集等でPPP/PFIが推進され，先進的な取組みもなされている。

2-8 官民対話

PPP推進においては，行政サイドは民間から有意義な提案がなされるよう民間にインセンティブを与えたい一方，公平性・公正性の確保に留意する必要があり，民間サイドでは提案には時間と費用というコストがかかり，提案が「ただ取り」されたのでは割に合わないという懸念がある。そこで，「PPP事業における官民対話・事業者選定プロセスに関する運用ガイド」が作成され，インセンティブがあり得ることを提案募集の前に明示し，事業者選定にあたっては中立的な第三者を活用するというプロセスが示された[19]。

対話方式としては，マーケットサウンディング型（横浜市のサウンディング調査），提案インセンティブ付与型（さいたま市の提案型公共サービス公民連携制度），選抜・交渉型（我孫子市の提案型公共サービス民営化制度）があげられる。

また，サウンディング型市場調査の実施件数が増えてきていることを踏まえ，「地方公共団体のサウンディング型市場調査の手引き」が作成されている[20]。

2-9 地方公会計と固定資産台帳

地方自治体の財政の把握，情報開示，予算編成への活用，財政の健全化のため統一的な基準による地方公会計の整備が促進されている[21]。固定資産台帳の整備と発生主義・複式簿記の導入による統一基準の地方公会計によって，財務書類のデータがより正確になり，財政状況を多角的に分析できるようになる。資産形成度，世代間公平性，持続可能性（健全性），効率性，自律性といった分析の視点で，さまざまな指標が得られる。特に事業別・施設別セグメント分析は，公共施設マネジメントに有効なものとなる。

このような地方公会計は整備の段階から活用の段階へ移行しているが，適切に固定資産台帳を更新し，財務書類を作成することが前提となっている[22]。

固定資産台帳の情報は公共施設の効率的なマネジメントや公有財産の有効利用等へ活用できる[23]。固定資産台帳の内部利用の例としては，固定資産台帳の情報に基づいた公共施設等の維持管理・修繕・更新等に係る中長期的な経費の見込みの算出によって，公共施設等総合管理計画や個別施設管理計画を充実・精緻化することなどがあげられている。外部利用の例としては，固定資産台帳の公表により民間事業者によるPPP/PFIに関する積極的な提案を促進し，資産の売却可能区分等を公表することにより民間事業者における買収等の検討を促進し公有資産の有効利用を図ることがあげられている。

活用にあたっては，固定資産台帳が適切に更新されていること，民間事業者等のユーザーにとって必要な情報が公表されていることが望まれる。

内閣府民間資金等活用事業推進室による「PPP/PFI推進アクションプラン」の平成29（2017）年改定版では，公的不動産における官民連携の推進に関して「公共施設等総合管理計画・固定資産台帳の整備・公表による民間事業者の参画を促す環境整備」が加えられた。

未利用資産の有効活用の観点から，固定資産台帳の公表が望ましい記載事項としては，用途，売却可能区分，時価等，減価償却累計額などがあげられている。

地方公会計と固定資産台帳はPPP/PFIによる財政健全化と地域経済のための基礎資料であり，整備の促進とさらなる充実が求められる[24]。

2-10 都市公園法改正

都市公園に関して，都市公園法の改正により公募設置管理制度（Park-PFI）が創設された。本制度は園路・広場等の公園施設整備を一体的に行うことを条件に，設置管理許可期間の10年から20年への延伸，建蔽率の２％から12％への緩和，占有物件の追加という３つの特例のインセンティブによって，飲食店・売店等の収益施設の設置と園路・広場等の公共部分の整備を一体的に実施する民間事業者を公募により選定する制度である。民間がカフェ等の収益施設を公共部分と一体的に整備するにあたり，公共部分の整備費は従前は公的資金によったが，新制度では民間の収益を充当するほか，公園管理者が一部負担することも可能で公的資金には国の補助がなされる。

本制度の活用によって，神奈川県平塚市が海岸エリアの龍城ヶ丘ゾーン公園の整備を，名古屋市が久屋大通公園の再整備を始める。

平成29（2017）年８月には「都市公園の質の向上に向けたPark-PFI活用ガイドライン」も公表された[25]。また，都市緑地法の改正によって民間による市民緑地の整備を促す制度が創設された。都市公園の占有を認めることができる施設として，保育所その他の社会福祉施設が追加された。

2-11 公園の新たな手法

公園の運営については，大阪市が大阪城公園及び他５施設の運営を大阪城公園パークマネジメント事業として指定管理者制度を導入し，園地と施設の管理運営のほか，魅力向上事業の提案を求めた[26]。市は「民が主役，行政はサポート役」という基本的な考え方で，本事業では指定管理料は支払われず，管理経費は施設の利用料金収入等で賄われ，魅力向上事業で整備した施設は市へ寄付することになり，また，基本納付金と変動納付金を市に納めることが義務付けられている。

株式会社電通関西支社が代表者で，讀賣テレビ放送株式会社，大和ハウス工業株式会社大阪本店，大和リース株式会社，株式会社NTTファシリティーズが構成員の大阪城パークマネジメント共同事業体が選定され，事業期間は2015年４月１日から2035年３月31日までの20年間にわたる。本事業では，事業者は複数施設を一体的に管理運営し，既存施設を活用し，自主事業で収益を上げ，市へ納付金を納め，市の財政にも貢献する。

事業開始後，大阪城公園の売店のリニューアル，大阪城の内濠を約20分で巡る大阪城御座船，大阪城公園内移動交通システムロードトレインなどの新たなサービスも実施され，平成29（2017）年６月には大阪城公園の新しいエントランスとしてカフェやレストラン等からなる「JO-TERRACE OSAKA（ジョー・テラス・オオサカ）」が開業した[27]。

共同事業体の平成28（2016）年度事業報告書では大阪城天守閣の来館者は255万人を超え過去最高の入場者数を２年続けて更新し，公園施設の美化と光熱水の削減に取り組み，バス駐車場を増設し，既存建物の活用による大阪迎賓館のレストラン事業を開始したことなどが説明されている。事業全体の売上高は約20億6,700万円，営業損益は約８億2,000万円，大阪市への納付金を差し引いた税引前当年度損益は約５億7,500万円となっている[28]。市への基本納付金が２億2,600万円，変動納付金が約2,800万円となっている。

市の施設管理評価シートでは，収入７億4,719.8万円に対し支出は５億8,833.9万円で，「収入確保に努め，経費削減の努力もなされており，大阪市へ納付金を納めることができた」とあり，外部専門家等の意見として「収入および利益が増加しており，大阪市へ納付金も納め，評価できる」とされる[29]。

東京都豊島区の南池袋公園は同区が公園を再整備し，区が複合施設の躯体整備費を負担し，民間がカフェ・レストランの内装費用を負担し運営している。事業者は地域還元として売上の一部を関係者で構成する「南池袋公園をよくする会」に地域魅力向上のために寄付する。

滋賀県大津市の大津湖岸なぎさ公園は公園の一部エリアを同市が再整備し，同市が出資する株式会社まちづくり大津（同市は20.8％出資，大津商工会議所が10.4％出資）が飲食施設を整備・運営し，同社が飲食施設のテナントを公募している。このように，公民連携で公園の再整備が進められている。

2-12 公的不動産（PRE）

公的不動産（Public Real Estate）の活用に向けての施策も進められている。国土交通省は「土地総合情報ライブラリー」で公的不動産（PRE）ポータルサイトを開設し，地方自治体等の不動産の売却等の情報を掲載している。また，地方自治体に対して「民間活力を導入した公的不動産（PRE）活用調査事業」を募集し，不動産証券化手法等の導入を推進している[30]。

2-13 官民インフラファンド

日本では，インフラに対してリスクマネーを供給する本格的な市場が形成されていなかった。そこで，PFI法第65条に基づき，平成25（2013）年10月に独立採算型等のPFI事業のリスクマネーを拠出するため，政府と民間70社の出資により，民間資金等活用事業推進機構が設立された[31]。

図表10-3　民間資金等活用事業推進機構スキーム図

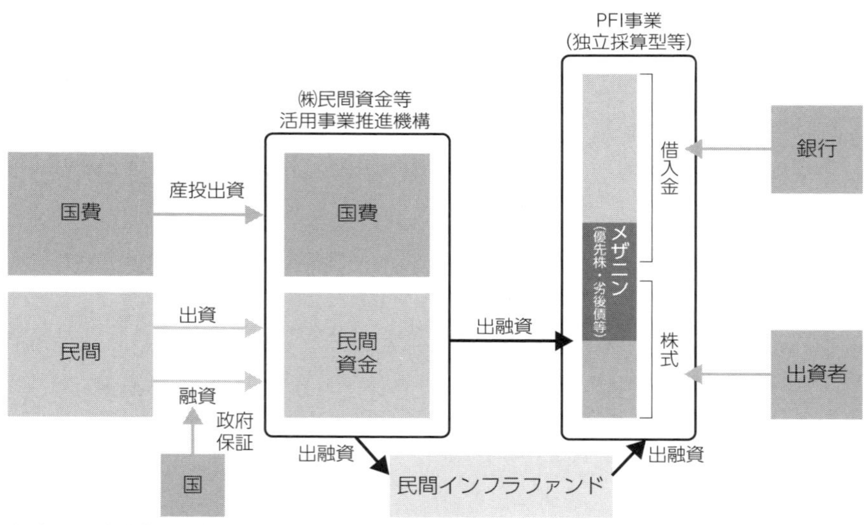

出所：民間資金等活用事業推進機構ウェブサイト

同機構による支援は，関空・伊丹空港コンセッションや地方自治体のPFI事業等，平成30（2018）年３月現在で26件となっている。

第５期（平成29・2017年度）の事業報告では対処すべき課題として，各分野における先導的案件の組成，地方自治体との連携強化，地域における担い手の育成があげられている[32]。同機構は15年間（2028年末）を目途に業務を終了予定で，PFI事業に係る資本市場の整備に向け，民間インフラファンドの組成が待たれる。

3　シティ・マネジメント

3-1　米国のシティ・マネジャー制度

企業経営のすぐれた経験を有する人材を除き，首長は経営・行政経営に秀でているわけではなく，議員も概ね同様である。

米国では1930年代から行政経営の専門家によるシティ・マネジャー制度が普及している[33]。シティ・マネジャーは市長と議会のビジョンを達成するため，政策立案の支援と行政運営にあたる。シティ・マネジャーは政治・選挙活動から距離を置き，政策立案のために必要な課題の明確化，複数の代替案の立案とそれぞれの影響の分析，予算の編成，実施計画や日程の編成，市民意見の提供等を行う。シティ・マネジャーの成功要因としては，プロのリーダーシップ，戦略的思考，内部的思考，業績評価とパフォーマンスマネジメント，市民の参加があげられている。

3-2　バランス・バジェット

米国のシティ・マネジメントを支えるのが，バランス・バジェット（歳出入均衡）であり，バジェット・オフィサーが実行する。バジェット・オフィサーは，予算不均衡の発生の原因の解明，予算均衡のための選択肢を考える。予算均衡のための６つのステップは，下記のようになっている。

ステップ１：予算の不均衡額とその理由の認識
ステップ２：予算均衡化のための，既存支出の削減，歳入の増加，基金の取り崩しや積立の中止という３つの選択肢と，３つの選択肢の実施で影響を受ける政府の分野の考慮
ステップ３：３つの選択肢を実施するための戦略の立案
ステップ４：市民，産業，コミュニティの特性の認識と，各戦略がそれぞれ

にもたらす影響の認識
ステップ5：予算均衡化のプロセスの市民参加
ステップ6：職員はすべてを考慮し，予算均衡を実施する

米国では自治体ごとの格付けが資金調達に大きく影響する。公債費は予算の10％程度であるが，日本の自治体は30％にも達する。

米国では連邦破産法（Bankruptcy Code）の第9章（Chapter 9）で，地方自治体の再建型倒産処理手続きが定められ，貸し手責任も問われる。デトロイト市が破産したことが知られている。日本の「地方公共団体の財政の健全化に関する法律」（健全化法）は，自治体を破綻させず，貸し手責任も問われない。

米国のシティ・マネジメントとバジェット・バランスは，科学的，合理的，客観的，定量的で，自治体を経営たらしめ，行政の責任を明確にし，その責任を果たさせる。失敗すれば，自治体は破産し，市民は通常の行政サービスを享受することはできない。米国との地方法制度の違いもあるが，日本の首長，議会，行政には経営の意識が乏しい。

4　サンディ・スプリングス市

4-1　民間が運営する都市

米国はシティ・マネジメントやバランス・バジェットですぐれた自治体経営を行っているが，ジョージア州サンディ・スプリング市は「民間が運営する都市」として高く評価されている[34]。

人口約10万人のサンディ・スプリングス市はジョージア州フルトン郡にあり，2005年12月に住民投票で設立された。

設立以前は郡が公共サービスを提供していた。設立後は，CH2M Hill-OMI社へ包括民間委託し，設立当初の公務員は4人であった。

市長と6人の議員はパートタイムで，議会は毎週火曜日の夜6時から開かれる。市の政策決定は市長と議会であるが，市の経営と政策実施はシティ・マネジャーの役割りとなっている。公務員はシティ・マネジャー，2人の副シ

図表10-4　サンディ・スプリングス市の位置

出所：東洋大学PPP研究センター資料

ティ・マネジャー，財務担当責任者，文書管理責任者，裁判担当責任者等の8人を数えるに過ぎない。職員は，民間企業（5社）の社員約140人である。

4-2　民間委託の効果

民間委託の効果としては，次のようにあげられる。コスト縮減に関して，同規模の市の運営費が約5,000万ドルに対して，CH2M社への委託費は約2,400万ドルで，約半分に縮減できた。このため，固定資産税は周辺都市に比べ低い。公務員の退職金・年金・福利厚生等が不要になった。事業所免許登録数が倍増するなど税収も増加し，コスト縮減と税収増で社会資本投資のための基金積立が可能になった。

コールセンター（24時間・365日で，ボイスレコーダーではなく全てオペレータが対応する）等，サービス品質が向上し，高い市民満足度となっている。また，許認可手続きの簡素化・迅速化といった業務スピードの向上，業務のピークに合わせた人材の活用，委託による高度な専門性の確保，業務の革新等の効果も認められる。

2011年からの第2期では，契約モデルの変更がなされている。これまでCH2M社が受託していた業務をコールセンターを除き7部門に分割し，財務と

ITは独立して発注し，財務とIT以外の５部門は個別又はまとめて応札（提案）できる。

図表10-5　民間委託の業務内容

業務内容	当初	現在（2011年～）
財務	CH2M Hill OMI社	Severn Trent Services社
IT		InterDev社
裁判所		Jacobs Engineering Group社
レクレーション・公園		
コミュニケーション		Collaborative社
コミュニティ開発		
公共事業		URS Corporation社
コールセンター	CH2M Hill OMI社	CH2M Hill OMI社

出所：同前

包括委託を提案する場合は，個別業務の提案額が他者の提案額を下回らなくてはいけない。このような分割契約の結果，CH2M社時代が年間2,400万ドルから2,900万ドルの委託費であったのが，1,700万ドルに低減できた。抑制できた予算は，「生活の質を上げるための配当」（Qualty of life dividend）であるコミュニティへの還元に用い，地域開発の投資的経費に充てている。

サンディ・スプリングス市の民間委託は周辺都市へ広がっている。フルトン郡のジョンズクリーク市（人口約7.5万人）・ミルトン市（同３万人）・チャタフーチーヒルズ市（同2,500人），ディカルブ郡のダンウディ市（同4.5万人）が相次いで独立し，フルトン郡の各市はCH2M社へ包括委託し，ダンウディ市は３部門に分けて委託している。

既存の自治体運営とアウトソーシングのどちらがコスト効率が高いかは明らかであろう。同市のシティ・マネジャーのジョン・マクドーナー氏は，アウトソーシングの２つのメリットをあげている。最大の利点の１つは，長期債務を自治体が抱え込まないことである。

もう１つが，周辺の他自治体との連携である。同市は緊急通報システムを立ち上げ民間委託しているが，システムは周辺の４つの自治体と共同で運営している。このことによって，自分たちだけでは実施できないようなサービスを安く実施している。

CH2M社がいくつかの自治体の同様の業務を受託しマルチタスク・シフトでコストを削減し，また，情報システム等は複数自治体で共有し運営を委託する，このようなシェアード・サービスが極めて有効なことがわかる。

4-3 市役所機構の目的

サンディ・スプリングス市は富裕層が作る自治体として貧困層との分断を図るものとの批判がなされるが[35]，そのような批判に対し，ジョン・マクドーナー氏は，「どんな自治体であれ，重要なのはその自治体の優先事項に沿ってどれだけ効率的に自治体を経営するかという視点です」，「市役所機構が，公共サービスを提供するという本来の目的の為ではなく，単に雇用を生むことだけを目的に漫然と存在しています。サンディ・スプリングス市が目指しているのは市民の税金をできるだけ効率的に使い，質の高いサービスを提供することです」と述べている[36]。

同市のシティ・マネジメントは市民の税金を市民のために効果的・効率的に用いる取組みで，上述の批判は的を得ていない。どのような自治体でも取り組める，取り組むべき，民間による市民のための自治体経営にほかならない。

サンディ・スプリングス市のPPPに関するウェブサイトのはじめには，次のように書かれている。

> 誠実で，効果的で，責任を有するということは，市の中心的な業務に統合されている指導原理です。サンディ・スプリングス市は政府の機構と機能に関する輝ける航跡です。政府職員に何百人も雇うのではなく，PPPモデルを活用し，その結果，住民に対する市職員数は，州の中で１人当たりの割合では最も低くなっています[37]。

日本の自治体は，財政が米国に比べはるかに厳しいもかかわらず，職員数が多く，非効率で，税金を効果的に使わず，市民のための行政を行っているとは言い難い[38]。公権力行使を伴う行政事務については，決定と行政処分のあり方について再考することによって，問題は生じない。公務員の処遇は配置転換や民間への転籍等で対処し，市民のための地方自治体の実現が早急に望まれる。

5　PPPへの多様な試み

5-1　福岡市

福岡市は地域企業のPPPへの事業参画の促進を図る福岡PPPプラットフォームを設置し，PPP/PFI民間提案等ガイドブックを作成している。同市では「将来的にPPPによる事業実施の可能性が見込まれる施設整備を伴う事業リスト」のPPPロングリスト，「事業の具体的な検討が始まり，事業手法に関する調査等の予算が措置された事業リスト」のPPPショートリストを公表している。この２つのリストによって，民間企業はPPP事業の可能性・具体性を知ることができ，提案・参画の準備をすることができる。

また，PPPの適用要件について「民間ノウハウ・資産の活用可能性があること」，「一定の事業規模があること，施設整備費が10億円以上，または，管理運営費が年間１億円以上」とされている。選定基準は「VFMが０％以上ある」，「民間企業の参画意向がある」，「整備スケジュールに制約がない」とされ，全てに該当すればPPPで事業化することになる。VFMが０％以上とは，コストが行政が直接実施する場合と同じでもサービス提供レベルが上回れば（例えば，図書館の開館時間が延び年間開館日数が増えるなど），VFMが認められ，定量的にはたとえ０％でもよい。同市のPPPへの積極性がうかがえる。

5-2　福井県の行政営業

福井県の恐竜博物館は平成12（2000）年の開館以来，展示内容の充実に努め，平成26（2014）年には屋外恐竜博物館を開館し，恐竜全身骨格44体を展示するなど，世界レベルの恐竜博物館となっている。平成27（2015）年度の年間入館者は93万人で16年間で４倍となり，県外が91％（近畿：36％，東海：24％）となっている。平成30（2018）年１月30日には開館以来の通算入館者が900万人を超えた。

同館は後述するフィリップ・コトラーのミュージアム・マーケティングの手法を参考に，公式ブランド「Juratic」を確立し，来館者サービス，展示，企画，グッズの販売，ウェブサービス，県外の巡回展，パブリシティの強化を図り，恐竜王国福井・恐竜博物館のPRのため，県として行政営業を積極的に行っている。また，多様な公民連携プロジェクトを実施し，株式会社ユニクロとのコラボレーションによる子供向けの恐竜博物館Ｔシャツを作成し，ユニバーサル・スタジオ・ジャパンとの連携によるイベントを開催している。同館には営業推進課があり，営業の推進・企画，誘客促進，博物館情報の管理運営にあたっている。

第２恐竜博物館（仮称）の構想が進められているが，整備にあたっての両館の基本理念を「子どもから大人まで誰もが楽しみながら学べる「世界一のエデュテイメント博物館」」としている。新たな施設の整備・運営手法（例）については「県が自ら整備し運営する従来の手法に加え，民間活力の導入も選択肢のひとつ」としてとらえ，整備・運営手法の具体化にあたって留意すべき事項として「民間事業者と連携しつつ，県主導による運営が確保できる体制を構築」，「本物の研究成果を基礎とした恐竜博物館の魅力を損なわない運営」，「民間事業者の強みを最大限活用でき，かつ民間が意欲的に取り組める仕組みを構築」があげられている。行政目的をふまえ，民間活力を導入し，民間のインセンティブを可能にする整備・運営への考え方が示されている[39]。

福井県の部局には観光営業部があり，行政営業の活動が知られている。同部にはブランド推進課，観光振興課，広域誘客課，文化振興課があり，ブランド推進課の業務内容はふくいブランドの創造・発信，恐竜渓谷100万人構想に関すること，「Juratic」の商品開発・販路拡大，ふくい食ブランドの創造・発信，「食の國福井」に関すること，「幸福日本一・福井」の新ブランド戦略となっている。Juraticは福井県の公式恐竜ブランドでキャラクターが作られ，公式ホームページとフェイスブックで情報発信がなされている。

本書の産業クラスターの記述で紹介したように，福井県は産業育成，企業支援，地域経済の活性化に，行政として積極的に取り組み，その成果が福井モデルとして注目されている。

5-3 小規模自治体

小規模な自治体でも，後述する岩手県紫波町のように，PPP/PFIに積極的に取り組む動きがある。岡山県鏡野町は民間事業者による提案内容に基づきPFI手法で地域情報通信施設整備運営事業を実施し，平成27（2015）年４月から全世帯がサービスを享受している。千葉県睦沢町はPFI法第６条に基づく民間提案を募集し，応募企業の提案内容を採用し，PFIによる「むつざわスマートウエルネスタウン拠点形成事業」を平成28（2016）年９月30日に特定事業に選定した。

6 コンセッション事例

6-1 空港コンセッション

国管理の仙台空港は平成28（2016）年７月１日より，東急・前田建設・豊田通商グループが設立する仙台国際空港株式会社によってコンセッション事業が

図表10-6　仙台空港の民営化後の運営体制

従前	運営主体	第３セクター		地元自治体・経済界	㈶空港環境整備協会	国	
	事業内容	貨物ビル 国際航空貨物取扱	旅客ビル 商業施設運営 ビル管理 空港広告	エアライン誘致 空港利用促進	駐車場運営	国交省航空局 着陸料収受 滑走路等の運営	管制 CIQ
民営化後		仙台国際空港 議決権比率：東急グループ54%，前田建設工業30%，豊田通商16%					国

※エアライン誘致・利用促進活動は，今後も地元自治体・経済界と協働

出所：宮城県・仙台国際空港「民営化空港の取組の現状と今後に向けて」

始まった。これまで，国，自治体，第３セクターが別々に行ってきた空港運営業務に関し，空港管制・CIQ（税関・出入国管理・検疫）業務を除き，滑走路の管理，着陸料の収受なども含め一体的に運営するもので，事業期間は30年（延長によって最長65年）となる。

本事業はコンセッションによって，東北全体の活性化や震災復興に貢献することがねらいで，格安航空会社（LCC）の新規就航や東北ブランドの物販や商業店舗の拡充などが図られている。旅客数目標は平成28（2016）年の旅客324万人を2020年度に410万人，2044年度に550万人にするもので，着陸料については搭乗率が低い場合には値下げする変動制とし，新規就航時等には割引するなどしてLCC の新規就航が続き，コンセッション導入前と比べ大幅に増え，第３期の国内線旅客は前年度比22万人増加の315万8,000人，国際線旅客は同５万4,000人増加の28万人となった。

仙台空港から仙台まで鉄道が３往復増便され，会津若松と直結する高速バス路線開設など，空港アクセスも拡充され，さらに空港からの地上交通ネットワークの利便性向上に取り組んでいる。ピア棟（LCC用の搭乗施設）の新設や旅客ターミナルビルの改修など，空港の機能維持を目的とする設備投資に195.1億円，空港活性化を目的とする設備投資に146.7億円と，30年間に総額341.8億円が投資される。

平成29（2017）年度の売上高は51億5,500万円（前期は45億9,400万円），営業利益は6,700万円（同9,900万円の損失），当期純利益は１億900万円（同800万円の損失）であり，コンセッション開始後，増収増益となっている[40]。コンセッション導入前の平成27（2015）年度の航空系事業と非航空系事業を合わせた営業収益は33億1,300万円で，営業収益は10億9,900万円の赤字，経常損益は２億4,200万円である[41]。

地方自治体が管理する空港として全国初の取組みでは，但馬空港ターミナル株式会社が平成27（2015）年１月より兵庫県立但馬飛行場の空港運営事業及び空港航空保安施設運営事業並びにターミナル事業等を行っている。これまで，兵庫県が滑走路などの空港基本施設等を管理・運営し，指定管理者である但馬空港ターミナル株式会社がターミナルビル施設及び駐車場等の空港周辺施設を管理・運営していた。このように別々に管理・運営してきたものを，一体的に効率的に運営する事業となる。運営権者の但馬空港ターミナル株式会社へは，兵庫県（32.47%），豊岡市（25.88%），日本航空（12.99%），新関西国際空港株式会社（3.25%），養父市（2.73%），朝来市（1.88%），その他民間企業等が出資している。事業期間は2015年1月1日から2020年3月31日までの5年間となっている。同社の平成28（2016）度の第24事業報告によれば，運営権に伴う補助金収入により売上高は前期比5,074.1万円増の4億1,357.4万円で，営業利益は同270.5万円増で413.3万円となっている[42]。

関西国際空港・大阪国際空港がオリックス/ヴァンシ・エアポートグループによるSPCにより平成28（2016）年4月にコンセッション事業を開始した。また，高松空港のコンセッションは平成29（2017）年10月にビル施設事業が開始し，平成30（2018）年4月に空港運営事業が開始した。神戸空港は関空・伊丹との一体経営で平成30（2018）年4月に事業が開始している。2019年4月頃には静岡空港と福岡空港，2020年4月頃に熊本空港が事業開始を予定し，そのほか，北海道内の空港等が検討している。

6-2 下水道コンセッション

下水道については，浜松市が平成30（2018）年4月からコンセッション事業

図表10-7　利用料金の構成

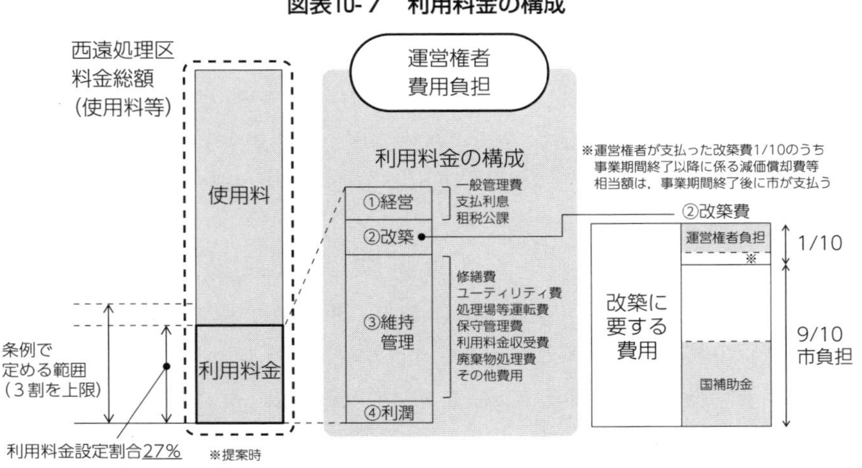

出所：浜松市資料

を開始した。平成28（2016）年４月に西遠流域下水道事業が静岡県から移管され，市内処理水量の約５割を占める最大の処理区となっている。経営の効率性向上を図る必要と，県職員20人工配置のところ同市では職員の大幅増員は困難なことから，官民連携手法の検討を行い，コンセッションの導入となった。

事業対象は西遠処理区のうち西遠浄化センターと２ポンプ場で，管きょは他の処理区と一括して市が管理する方が効率的であることから対象施設外となっている。運営権者は20年間にわたり，土木・建築物の改築を除き，対象施設の維持管理と機械電気設備の改築更新等を実施する。運営権対価は25億円で，ヴェオリア・JFEエンジニアリング・オリックス・東急建設・須山建設グループが優先交渉権者となり，運営権者となった。

使用者は浜松市と運営権者に料金を支払い，市内同一料金・支払手続きはこれまで通りで，総額の27％が運営権者に支払われる。

改築費の10分の９は市の負担で，10分の１は運営権者の負担となるが，事業期間終了以降に係る減価償却費等相当額は事業期間終了後に市が支払う。市負担の改築費には国庫補助金が支出される。

VFMは14.4％で，市が自ら実施する場合の予定事業費総額（PSC）が600億4,700万円に対して，運営権者が実施した場合の予定事業費総額（PFI-LCC）が513億9,000万円であり，86億5,600万円のコスト削減効果がある。職員配置に関しては，静岡県管理では職員20人工の配置であり，包括的民間委託では７人工が必要であり，コンセッションでは３人工の配置となり，職員の増員抑制効果が認められる[43]。

下水道コンセッションは大阪市，奈良市，三浦市等が検討を進めている。

6-3　道路コンセッション

道路コンセッションについては，愛知県道路公社が平成28（2016）年８月に前田建設工業株式会社等による愛知道路コンセッション株式会社と事業契約を締結し，同年10月から事業を開始している。対象路線は同公社が管理する知多４路線をはじめとする８路線で，対象路線の維持管理・運営業務，改築業務（知多４路線），付帯事業・任意事業を最大約30年間にわたり実施する。運営権対価は1,377.0億円（税抜）であり，うち一時金は150.0億円（税抜）となっている。同公社の予定最低価格は1,219.77億円（税抜）で，うち一時金は150.0億円，運営権対価は予定最低価格を約157億円上回っている。

コンセッション事業者は利用料金の低廉化を図り，インターチェンジやパーキングエリアの新設等の新たな施設の整備と改築を行う。付帯事業としては各パーキングエリアで地域の情報発信施設の増設や地域産業や文化を体験するための物販施設や飲食施設の設置，季節マルシェの運営等を行う。道路区域外の任意事業としては大型商業リゾート施設の整備，中部臨空都市に整備される国際展示場の計画地内にインターナショナルブランドホテルの誘致を行う。

同社の第２期（平成29・2017年４月１日～平成30・2018年３月31日）の事業報告によれば，通行台数は合計6,765万台で前期比2.9％増，通行料金収入は155億3,100万円で前期比2.6％減となっている。売上高は第１期の75億1,100万円から156億5,900万円となり，当期純利益は１億3,600万円から３億3,100万円となっている[44]。

7　八尾市立病院運営型PFI事業

7-1　運営型PFI

八尾市立病院におけるPFI事業（維持管理・運営事業）は，建築は公共事業として行い，維持管理・運営のみをPFIで行うわが国で初の運営型PFIであり，平成16（2004）年５月から平成30（2018）年度末までの約15年間のPFI事業として取り組まれ（契約期間は平成16・2004年３月26日から平成31・2019年３月31日まで），公民連携による病院運営の成功事例として知られる。PFIの運営主体はSPCの株式会社ニチイ学館を代表企業とする八尾医療PFI株式会社で，SPCは病院の組織（診療局，看護部，事務局）と同列に位置付けられ，各協力企業も病院組織の一員として位置付けられている。

事業の目的は，医療サービスの向上，患者サービスの向上，コストの縮減であり，事業範囲は病院施設・設備の一部整備に対する改善提案業務，建設・設備維持管理業務，病院運営業務（医療法に基づく政令８業務から患者搬送業務を除く業務），その他病院運営業務となっている。平成14（2002）年度の特定事業選定時のVFMは現在価値換算後で約6.3％，平成15（2003）年度の事業者選定時で同約12.7％となっている。同院が直接事業を実施した場合の財政負担額（PSC：Public Sector Comparater）は584億7,000万円，PFI方式の場合の財政負担額（PFI－LCC）は515億7,400万円（契約額は税込みで544億371.4万円）で，財政負担削減額は71億6,600万円である。平成21（2009）年度に事業検証が行われ，平成22（2010）年度より事業収益が好転し，平成23（2011）年度に黒字に転じている。平成27（2015）年12月には２回目となる「八尾市立病院PFI事業検証業務報告書」（平成27・2015年12月・株式会社病院システム）が公表されている[45]。

7-2　良好な経営状況

経営状況に関しては平成23（2011）年度以降は黒字（純利益）計上しており，平成25（2013）年度の状況を類似病院等と比較すると経常損益・経常収支比率のいずれも良好で，草加市立病院，日野市立病院，公立阿伎留医療センター，公立福生病院，町田市民病院，橋本市民病院が赤字の一方，同院と茅ヶ崎市立病院が黒字で，同院の経常収支比率は101.8％となっている。院内ヒアリングによれば，長期契約によって，人員の計画的な配置と育成ができ，業務のスキルが上がり，サービス水準を向上させることができているなど，長期契約のメリットがあげられ，信頼関係が構築できる，他の協力企業との連携がしやすいなどの点もあり，協力企業側からはマイナス面が聞かれない。

また，医薬品・診療材料の調達価格の改善は確実になされ，定期・随時モニタリングは適切に行われ，個別業務の質の向上が図られており，モニタリングによる業務改善勧告・命令等に対しては，その取組みは適切になされているとしている。

7-3　インセンティブとサービス対価

性能発注によるPFIにおいては，事業者の自発的な創意工夫と継続的な業務改善には，事業スキームとサービス対価の支払いにおけるインセンティブが有効であり，同院では平成26（2014）年度から制度化されている。「病院の健全経営達成に対する貢献」が評価され，純利益の１％以内（上限300万円）の範囲でモニタリング委員会により決定されるインセンティブとして，平成26（2014）年度に90万円，平成27（2015）年度に94万円，平成28（2016）年度に249万円，平成29（2017）年度に169万円が付与されている。

サービス対価の支払いに関して特徴があり，定額制のタイプＡ，需要変動制のタイプＢ，従量制のタイプＣの３タイプにわかれ，それぞれ27.5％，16.7％，55.8％を占め，固定的に支払われる業務に分類されるタイプＡの割合が低い。タイプＢに関しては需要の多寡に応じた係数を用いて支払われ，運営業務についても一定額の支払いではなく患者数等により支払額を変動させ，病院の業務量と連動した支払いが可能となっている。医事や滅菌消毒に対しても出来高払いしている病院はなく，病院運営の実態に即した支払いになる工夫がなされている。

平成26（2014）年度の支払いに関しては，タイプＡが101億1,641万円（税抜），タイプＢが70億7,664.8万円（同），タイプＣが203億9,540.9万円（同）で，計画額に対する実績額の比率の平均は104.6％となっている。タイプＢは病院機能の向上とそれに伴う業務量の増加により計画額を上回り，増加傾向にある。タイプＣは医療サービスの向上に合わせ，医薬品や診療材料の購入が増加している。

7-4 PFIの効果

先に特定事業選定時のVFMについてふれたが，実績と事業期間の増収分をふまえた「想定支い払額から全事業期間を通じた当院の財政的な効果の予測」は，8.8％と確認されている。このような財政的効果が見込まれる一方，支払いの増加による債務負担行為の限度額の引き上げが必要とされている。

同院のPFIでは同院職員とSPCとの間に醸成された信頼関係とパートナーシップ，VFMのほか，運営上のさまざまな効果が確認されている。一方，課題としては調達コスト妥当性の経過観察とともに，PFI事業終了後に向けてのPFI担当職員の不足，債務負担行為の限度額の変更，大規模修繕業務の進め方の検討があげられている。

PFI事業終了後に関しては，PFIの継続，指定管理者制度への切り替え（病院事業では株式会社のSPCを指定管理者とすることはできない），PFI事業の終了のいずれかとなるが，現在の効果的な運営状況をふまえると，PFIの継続が最も適切と思われる。

公立病院の経営は不採算とされる小児科や救急救命センター等を設置しているので赤字となるといういわば言い訳がなされ，一般財源からの繰り入れを当然に運営されているのが実態である。固定資産税を支払い黒字となっている，すぐれた経営の民間の総合病院もある。公立病院は人件費や薬品費・診療材料費等のコスト削減とともに，医療サービスと患者サービスの向上を図ることが大きな課題となっている。八尾市立病院の運営型PFIは公立病院の経営とPFIの先進的な事例として評価されており，事業スキームと業務内容は公立病院の経営改革の指針となる。

本事例は「地方公共団体におけるPFI手法導入よる課題とその対処方法に関する事例研究調査報告書」(平成29・2017年３月・総務省地域力創造グループ地域振興室）において，「事業状況のモニタリング手法とその実施結果」の観点から取り上げられている。

8　紫波町の公民連携によるまちづくり

8-1　紫波町オガールプロジェクト

紫波町は盛岡市と花巻市の中間に位置し，農業を基幹とする人口約３万3,000人の町である。平成12（2000）年には「新世紀未来宣言」を発表し，循環型のまちづくりに取り組み，近年は公民連携手法を活用した紫波中央駅前都市整備事業「オガールプロジェクト」を推進している。

同町は平成19（2007）年を「公民連携による新たな視点でのまちづくり元年」と位置付け，平成９（1997）年に28.5億円で取得した10.7haの紫波中央駅前町有地の活用と役場庁舎の建て替え，図書館の建設に取り組むこととし，平成21（2009）年２月には各種調査をふまえて公民連携基本計画をまとめた。公民連携手法により，財政負担を最小限に抑えながら，町民の資産である町有地を活用し，役場や図書館の建設のほか，町有地を活用した経済開発の方向性を示したものである。また，国土交通省に都市再生整備計画が認定され，まちづくり交付金による社会インフラと情報交流館の整備の事業化が決まったことにより，民間投資の誘導を図る環境を整えた。

平成21（2009）年6月には，町の代理人として事業を推進するオガール紫波株式会社を設立した。また，オガール・デザイン会議を設置し，本事業のマスタープランと美しい街並みの維持を目標としたデザインガイドラインを策定した。

8-2 フットボールセンターと官民複合施設オガールプラザ

平成21（2009）年9月には，同町と岩手県サッカー協会，オガール紫波が覚書を取り交わし岩手県フットボールセンターを誘致した。同町は交流公園条例を制定し，岩手県サッカー協会は利便性の高い紫波中央駅前への本部移転を決め，オガール紫波は公民連携手法（RFQ・RFP方式）による整備事業者の選定を担い，日本サッカー協会の助成金を得て，平成23（2011）年4月に日本サッカー協会公認のフットボールセンターがオープンした。

次に取り組んだ事業は公民連携手法を活用した官民複合施設の整備で，本事業のためオガール紫波はSPCであるオガールプラザ株式会社を設立した。資金調達は民都機構のまち再生出資と市中銀行からのプロジェクトファイナンスにより行われた。テナント誘致を先行させた上で，設計・建設事業者はRFQ・RFP方式により選定し，オガールプラザを整備した。完成後，町はオガールプラザから中央棟にある図書館と地域交流センターからなる情報交流館を買い取った。事業用定期借地権の設定による民間事業棟部分の賃料と固定資産税を

図表10-8　オガールプラザ全体スキーム

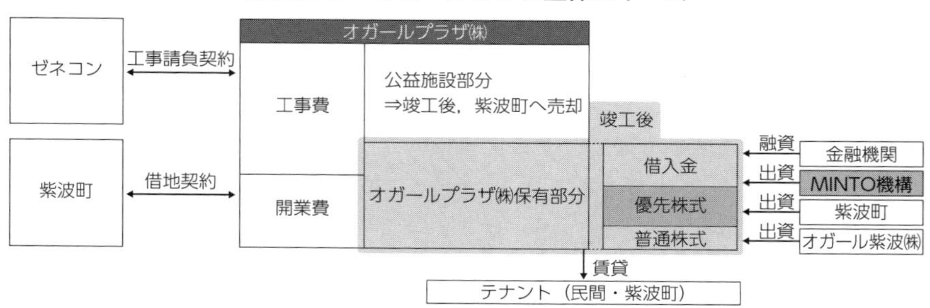

出所：MINTO Vol.43

得て，情報交流館の維持管理費の一部に充てる仕組みであり，本事業スキームは稼ぐインフラとして高い評価を得ている。

8-3　民間複合施設「オガールベース」

事業用定期借地権で町有地を活用する事業提案者を公募し，事業が採択されて整備されたのが民間複合施設「オガールベース」である。全56室のホテルとバレーボール専用体育館，商業テナント等が入居し，平成26（2014）年７月にオープンした。施設整備に合わせて，バレーボールとサッカーのアカデミー事業を実施し，スポーツを通じた人材育成を行っている。

8-4　新庁舎整備PFI事業

平成27（2015）年５月には，これまで４カ所に分散していた庁舎機能を１つにまとめ，BTO方式のPFIにより新庁舎が整備され開庁した。新庁舎はオガールエリアの中心となるオガール広場に面し，オガールデザインガイドラインに基づき，周辺施設との一定の統一感と多様性を持たせ，木質感を全面に表現しながら広場との調和を図ったものである。

本事業にあたっては地元企業を主体としたSPCの紫波シティホール株式会社が設立され，本事業は同町の大きな政策である「循環型まちづくり・協働のまちづくり・公民連携によるまちづくり」を具現化し，町産木材を活用した木造化・木質化による木質資源の循環を目的とするリーディングプロジェクトとして取り組まれた。構造材にはカラマツ材，外装材には杉材，内部床フローリングには圧密杉材が使用され，伐採から製材・加工まで，ほぼ岩手県内事業者が担った。資金調達においては地元金融機関との連携が図られ，出資金（代表企業の橘建設株式会社が51%を出資），地元金融機関からのシンジケート・ローンによる外部借入，株主劣後ローンの３種類にて行われた。

庁舎の冷暖房は民間事業者が行うエネルギーステーションからの空調熱源供給によりまかなわれている。町産材をチップにして500kwのボイラーで燃焼させ，庁舎とオガールベースやオガール保育園，オガールタウンにそれぞれ暖房，冷房，給湯のサービスを供給している。

8-5 子育て支援エリア

平成29（2017）年４月，民設民営のオガール保育園が開園している。社会福祉法人が整備した定員150名を迎える木造の保育園は，老朽化していた町立保育所を廃止し，待機児童の解消も兼ねて機能移転したものである。

この整備と合わせて，保育園の東側に平成28（2016）年11月にオープンしたのが官民複合施設オガールセンターである。町がオガール紫波に市場調査を依頼し，調査結果を基に，オガールプラザと同じ代理人方式によりオガールセンター株式会社が設立されて整備された施設である。テナントとして，小児科と病児保育施設といった安心の子育て環境と，アウトドアショップやパン屋，スポーツジム，美容院と暮らしを豊かにするコンテンツが入居している。町はここを子育て支援エリアと位置付け，子育てに悩む保護者や，学校などで悩みを抱えている子どもたちへの支援を目的に「こどもセンター」を設置している。

8-6 域内経済循環

オガールタウン日詰二十一区は，同町が直接宅地分譲している。岩手県景観条例の初となる景観協定や，紫波型エコハウス基準を設定し，建築条件付土地売買により町内指定事業者13社の施工が条件となっている。上記の大規模施設３棟とオガール保育園，オガールタウンの住宅は地域の木材で造られ，それら全てを町内建設事業者が施工している。このような循環型まちづくりは，域内経済循環を実現している。

オガールプラザの紫波マルシェには，朝採り野菜等が並び，地元のワインや日本酒等も販売するなどして，年間約5.4億円を売り上げている。

同町は盛岡市から電車で約20分の岩手県のほぼ中央に位置し，県内移動の利便性が高く，商圏人口は隣接する盛岡市や花巻市を合わせると60万人を数える。オガールエリアへの来訪者は推計で年間95万人であり，紫波中央駅を中心に定住人口も増加している。また，250人の雇用も生まれている。

9　スポーツの成長産業化

9-1　スタジアム・アリーナ改革

政府は日本再興戦略2016（平成26年６月２日閣議決定）において，「スポーツの成長産業化」を官民戦略プロジェクト10に位置付け，スポーツ市場規模を2015年の5.5兆円から2025年までに15兆円に拡大するとの目標を掲げた。また，スポーツによる地域・経済の活性化，スポーツの成長産業化への転換していくための取組みが推進されている[46]。

そして，スポーツ施設のスタジアム・アリーナのあり方を検討し，平成28（2016）年11月に「スタジアム・アリーナ改革指針」を公表し，平成29（2017）年６月には「スタジアム・アリーナ改革ガイドブック」を作成した。平成29（2017）年５月には「スタジアム・アリーナ整備に係る資金調達手法・民間資金活用プロセスガイド」を公表している[47]。

スタジアム・アリーナとは，「野球，サッカー，バスケットボールをはじめとする集客力を有する「観るスポーツ」の価値や潜在力を最大限化させるための舞台であり，定期的に数千人から数万人を集めるイベントを開催できる集客施設」をいう。

日本政策投資銀行は「周辺のエリアマネジメントを含む，複合的な機能を組み合わせたサステナブルな交流施設」であり，「特にスタジアム・アリーナ等に着目した多機能複合型交流施設」を表すスマート・ベニュー®という概念を提唱している[48]。

スタジアム・アリーナはスタジアム内の経済効果，飲食・宿泊・観光等周辺産業への経済波及効果，スタジアム・アリーナ内外での雇用創出効果を生み出し，新たな産業集積を創り出す可能性を有し，地域活性化に大きく貢献できる成長産業としての潜在力が高いとされる。また，賑わいの創出，スポーツ機会の増加，地域の社会課題の解決という地域への波及効果，地域のアイデンティティを醸成し地域の不動産価値を向上させる地域の持続的成長という効果ももたらすといわれる。

スタジアム・アリーナ改革に向けては経営の持続性を具体化する要件として，収益モデルの確立とプロフィットセンターへの変革，民間活力を活用した事業方式，多様な資金調達方式が示されている。スタジアム・アリーナの成功は，多くの人数を集客し観客席を埋めることができるホームチームの存在，初期投資を回収し施設運営・維持管理費を上回る運営収入を確保できる年間の稼働率に依っている。

9-2 スポーツ施設の収益性

スタジアム・アリーナの官民連携の事業方式としては千葉マリンスタジアムや広島市民球場の指定管理者制度，わが国初のPFI手法としてミクニワールドスタジアム北九州スタジアム，負担付寄付型の吹田サッカースタジアムが知られている。スタジアム・アリーナで成功事例として取り上げられるのが，東京ドームとゼビオアリーナ仙台である。

日本政策投資銀行の「スポーツを核とした街づくりを担うスマート・ベニュー®～地域の交流空間としての多機能複合施設～」（以下スマート・ベニュー®報告書という）によれば，収益性が見込める国内既存スタジアム・アリーナ等の４つのポイントとして収入源の多様化，興行の活発化，利用用途の多様化，利便性の高い立地戦略をあげている。収益改善の手法としては民間運営，運営者と利用者が一体となった経営，複合施設化をあげ，アリーナ型の方がスタジアム型よりもスポーツイベント以外の興行が開催できたり，ダブルフランチャイズ化できる可能性が高く収益改善幅が大きいとしている。また，補助助成制度の充実もあげている。

スタジアム型はもとよりアリーナ型であっても，設備投資と運営・維持管理費に見合う集客ができるプロスポーツとコンサートを開催できるかが課題となる。観客を動員できるホームチームの有無が経営を左右する。

9-3 GDSP

GDSP（Gross Domestic Sports Product：国内スポーツ総生産）はスポーツ関連市場規模を試算したものであり，早稲田大学スポーツビジネス研究所が実施した試算手法をもとに，日本政策投資銀行が平成24（2012）年基準のGDSP

を試算している[49]。試算によれば，スポーツ関連市場と経済波及効果では公共施設を主とするハード（建設投資と施設の運営・維持管理）とスポーツ用具・用品販売の割合が大きい。スポーツ産業による経済波及効果は商業や医療・福祉と同程度見込まれるとされている。

また，日本政策投資銀行と同志社大学によって，「わが国スポーツ産業の経済規模推計～日本版スポーツサテライトアカウント～」が公表されている[50]。本推計によって，平成26（2014）年のスポーツ産業GVA（Gross Value Added：粗付加価値）は6.7兆円で，雇用者数は103万人とされ，スポーツ産業成長率は100.9％という。また，英国との比較で日本は全産業に占めるスポーツ産業割合の拡大余地があると考えられるという。

9-4 地域密着型によるスポーツ振興

プロスポーツチームの運営については，大手企業が株主・スポンサーである場合は，観客動員や収入が安定していることが多い。一方，地域の住民や企業の活動が発祥の場合，スタジアムの整備をはじめ，運営にさまざまな工夫と努力が求められる。

ヴァンフォーレ甲府はクラブ発足当初より経営は厳しく，地元メディアの山日YBSグループが筆頭株主であるところ，山梨県，甲府市，韮崎市が出資し，運営の強化が図られた。資本金３億6,700万円のうち，山日YBSグループが9,000万円（24.5％），山梨県が8,000万円（21.8％），甲府市が4,000万円（10.9％），韮崎市が2,000万円（5.4％）を出資し，その他は企業・団体が80企業，個人が267人となっている。

平成12（2000）年度には累積損失が４億3,000万円に上り経営危機に陥ったが，県民への広報活動やホームスタジアム使用料減免等，甲府市・韮崎市が市営グランドの優先的貸与や使用料減額等を行い，支援体制を整え，ホームタウン両市を含む32市町村もクラブをバックアップし，県民のサポートを得て経営再建が図られた。４年連続のJ1残留の後，平成29（2017）年度はJ2に降格したが，ホームゲームで総観客入場者数は18万4,331人で前年比増であり，営業収入は約17億2,700万円で，当期純利益を約1,900万円計上し，経常利益ベースでは再建以来17期連続で黒字となっている[51]。

地域密着型のサッカーチームとしては長野県の松本山雅FCやアルビレックス新潟，ガイナーレ鳥取等が知られている。ガイナーレ鳥取はふるさと納税と似たスキームで県内外からの支援金を募り，返礼には境港の海産品等を送り，同クラブの運営資金を確保するとともに，地元特産品のPRと地域経済活性化に貢献する取組みとなっている[52]。

新潟県三条市の三条パール金属スタジアム（三条市民球場）は地元企業による指定管理で運営され，プロ野球のファーム戦の誘致をしている。ファーム戦には地元の企業が協賛している。サッカーや野球以外，岩手町のホッケーや岡山県美作市の女子サッカークラブ岡山湯郷Bell（ベル）など，地域がチームを支え，スポーツによるまちづくりが進む事例が各地で見られる。地方都市でのスポーツ振興やクラブ運営は観客動員数や施設整備・維持管理費において，大都市圏に比べ，条件的に不利な状況にあるが，地域の住民と企業，行政の連携によって経営を軌道に乗せることができる。

〈注〉

1　ウォルター・バジョット『イギリス憲政論』（中公クラシックス）p240
http://socserv2.socsci.mcmaster.ca/~econ/ugcm/3ll3/bagehot/constitution.pdf

2　伊藤大一『現代日本官僚制の分析』（東京大学出版会）はしがき p viii

3　同前，p23

4　佐々木信夫『自治体をどう変えるか』（ちくま新書）p23～p25,

5　岩井克人『経済学の宇宙』（日本経済新聞出版社）

6　ジョン・ロック『市民政府論』（岩波文庫）p151

7　同前，p137

8　東京都の世田谷区は約400億円の事業費となる庁舎の建替えにあたっての基本構想において，設計・施工分離発注の従来型公共工事事業方式を採用した。事業構想では設計・施工分離発注（従来型公共工事事業方式）について，「設計と施工を分離発注し，運営は発注者が行う方式で，公共工事で一般的に採用されてきた方式である。設計と施工の各段階ごとに検証・確認が可能であり，安定性や確実性があるとされる方式とされる」と肯定し，コスト高となり事業期間も長くなるデメリットにはふれていない。一方，民間活用（PFI事業方式）については，「行政目的以外に供しうる床面積が相当に確保し得るなど，民間事業者にとって収益性の高い事業採算性があることが事業導入の可能性の要になる」，「事業実施段階でほぼ全てを民間に委ねることとなるため，事業プロセスの公開性や柔軟性，区民意見の反映等にはつながりにくい傾向もあり，この観点からも本事業で主体的に民間事業者を活用する方式を採用することは低いと考えられる」などと否定している。世田谷区本庁舎等整備基本構想検討委員会報告書（平成28年８月８日）及び第６回検討委員会議事録並びに世田谷区本庁舎等基本構想（平成28年12月）を参照。PPP/PFIに関する誤った理解と否定であり，約400億円の大きな事業費にも関わらず，簡易的なVFMについての試算も公表されていない。千葉県市川市の「現庁舎の建て替えにかかるPFI導入検討報告書」は庁舎等の建て替えの事業手法の比較検討に参考となるが，PFIについてはやはり余剰床を必要としている点と，金利設定のほか，総事業費のうち，「その他」を適切に判断する必要がある。総事業費のうち「その他」が，公共直接が11億円に対し，PFIが56億円とされているが，PFIの「その他」はサービス対価と思われる。サービス対価はSPCの配当（利益），モニタリング費用・監査費用，人件費，税金等に相当するが，公共直接のいわば事務管理費の約1.1倍から1.2倍程度とするのが望ましく，公共直接の約５倍は過大と言わざるを得ない。PFIにおける事業費のうちの民間資金の導入割合は最近の事例では20％から25％程度で，現在の低金利においては民間資金導入の金利をさほど気にする状況にはない。PFI/SPCのサービス対価を公共直接よりも高く設定する根拠はなく，高く設定すれば，そもそもPFIは成り立たない。なお，必ずしも地域住民の意向ではない行政の意向をより反映させたいとするなら，設計・施工分離の従来型公共工事，基本設計先行型DB（Design Build）または基本設計先行型PFIが採用される。

9　Eduardo Engel /Ronald D.Fischer/Alexander Galetovic『インフラPPPの経済学』（一般社団法人金融財政事情研究会）p160

10　PFI事業実施プロセスに関するガイドライン「ステップ１－２　民間事業者からの提案」

11　PFI事業実施プロセスに関するガイドライン「ステップ４－１　民間事業者の募集，評価・選定（13）」

12　内閣府「PPP/PFI推進アクションプラン（概要）
http://www8.cao.go.jp/pfi/actionplan/pdf/actionplan1.pdf
国土交通省「下水道における新たなPPP/PFI事業の促進に向けた検討会の資料について」
http://www.mlit.go.jp/mizukokudo/sewerage/mizukokudo_sewerage_tk_000382.html
上下水道コンセッション事業の推進に資する支援措置

13　内閣府「PPP/PFI推進アクションプラン（平成30年改定版）
http://www8.cao.go.jp/pfi/actionplan/action_index.html

14　内閣府「PPP/PFI優先的検討指針」

http://www8.cao.go.jp/pfi/yuusenkentou/shishin_index.html
策定の手引き
http://www8.cao.go.jp/pfi/yuusenkentou/sakuteitebiki/pdf/sakuteitebiki.pdf
運用の手引き
http://www8.cao.go.jp/pfi/yuusenkentou/unyotebiki/pdf/unyotebiki_01.pdf

15 内閣府「優先的検討規定の策定・運用状況の概要」
http://www8.cao.go.jp/pfi/yuusenkentou/sakuteizyoukyou/sakuteizyoukyou.html

16 国土交通省「PPP（官民連携）/PFI」
http://www.mlit.go.jp/sogoseisaku/kanminrenkei/index.html
国土交通省水管理・国土保全局下水道部「下水道事業における公共施設等運営事業等の実施に関するガイドライン（案)」平成26年３月
http://www.mlit.go.jp/common/001034198.pdf
国土交通省水管理・国土保全局下水道部「下水道事業におけるPPP/PFI手法選択のためのガイドライン（案)」平成29年１月
www.mlit.go.jp/.../mizukokudo_sewerage_tk_000491.html－キャッシュ

17 厚生労働省「水道事業における官民連携に関する手引き」
https://www.mhlw.go.jp/topics/bukyoku/kenkou/suido/houkoku/suidou/140328-1.html

18 「水道法の一部を改正する法律案」
http://www.shugiin.go.jp/internet/itdb_gian.nsf/html/gian/honbun/houan/g19305049.htm－キャッシュ

19 「PPP事業における官民対話・事業者選定プロセスに関する運用ガイド」平成28年10月内閣府・総務省・国土交通省
https://www.mlit.go.jp/common/001150188.pdf

20 国土交通省「地方公共団体のサウンディング型市場調査の手引き」平成30年６月４日
http://www.mlit.go.jp/report/press/sogo21_hh_000082.html

21 総務省「統一的な基準による地方公会計の整備促進」平成27年１月23日
http://www.soumu.go.jp/menu_news/s-news/01zaisei07_02000110.html

22 「地方公会計の活用の促進に関する研究会報告書」平成30年３月30日
http://www.soumu.go.jp/menu_news/s-news/01zaisei07_02000207.html

23 総務省自治財政局財務調査課「固定資産台帳の公表のあり方について」平成30年１月23日
www.soumu.go.jp/main_content/000528984.pdf

24 地方公会計の研究・実務・提案に関しては一般社団法人地方公会計研究センター

https://www.lprc.or.jp/及び株式会社パブリック・マネジメント・コンサルティング http://public.ac/を参照。

25 国土交通省「都市公園の質の向上に向けたPark-PFI活用ガイドライン」
www.mlit.go.jp/common/001197545.pdf

26 大阪城公園パークマネジメント事業者公募関連資料
http://www.city.osaka.lg.jp/keizaisenryaku/page/0000271008.html

27 大阪城パークセンター
http://www.osakacastlepark.jp/index.html

28 大阪城公園パークマネジメント事業平成28年度事業報告書
http://www.city.osaka.lg.jp/keizaisenryaku/cmsfiles/contents/0000020/20226/28_03houkoku.pdf

29 平成28年度施設管理に対する評価シート
http://www.city.osaka.lg.jp/toshiseibi/cmsfiles/contents/0000409/409124/hyouka28.pdf
http://www.city.osaka.lg.jp/keizaisenryaku/page/0000020226.html

30 国土交通省「土地総合情報ライブラリー」公的不動産（PRE）ポータルサイト
http://tochi.mlit.go.jp/pre-portal-site/preportalsite
国土交通省「平成29年度　民間活力を導入した公的不動産（PRE）活用調査事業の募集」
http://www.mlit.go.jp/report/press/totikensangyo05_hh_000126.html
http://www.pref.fukui.lg.jp/doc/brandeigyou/kyouryuu/sinkousou.html

31 民間資金等活用事業推進機構ウェブサイト
http://www.pfipcj.co.jp/

32 民間資金等活用事業推進機構「第３期事業報告」（自平成27年４月１日　至平成28年３月31日）

33 本節は東洋大学PPP研究センター編著『公民連携白書2012～2013』（時事通信社）第Ⅱ部第１章「専門家による自治体経営」（国際シティ/カウンティ・マネジメント協会専務理事ロン・カーリー）及び第２章「均衡予算編成のマネジメント」（元全米バジェットオフィサー協会会長グレン・ロバートソン）を参考に依拠している。

34 本節はオリバー・W・ポーター著/東洋大学PPP研究センター訳・解説/根本祐二・サム田渕監修『自治体を民間が運営する都市　米国サンディ・スプリングス市の衝撃』時事通信社，東洋大学「サンディスプリングス市との遠隔講義を実施」における同市のシティ・マネジャーのJohn Mcdonough氏の講義（http://www.pppschool.jp/site/pppschool/34423.html），東洋大学PPP研究センター難波悠氏による『「民間が運営する都市」の現在　ジョージア州サンディ・スプリングス市』（2013年１月29日）を参考に依拠している。（http://www.toyo.ac.jp/uploaded/attachment/11719.pdf）

35　NHKクローズアップ現代「“独立”する富裕層～アメリカ　深まる社会の分断」(2014年４月22日放送)
http://www.nhk.or.jp/gendai/articles/3488/1.html
36　注33掲載のJon Mcdonough氏講義
37　サンディ・スプリングス市のPPPに関するウェブサイト
〈http://www.sandyspringsga.gov/government/city-history-and-culture/public-private-partnership〉
に「Honest,Efficient and Responsive are the guiding principles integrated within the City's core operations. The city of Sandy Springs is a trailblazer in government structure and function. Rather than hire hundreds of government employees, the City utilizes a Public-Private Partnership model, resulting in the state's lowest per capita ratio of municipal employees to residents.」とある。
38　注34掲載の『自治体を民間が運営する都市』第Ⅲ部「日本への応用可能性」第１章ではサンディ・スプリングス市と千葉県四街道市の比較が示されている。
39　恐竜博物館ウェブサイト及び第２恐竜博物館（仮称）に関する基本構想
https://www.dinosaur.pref.fukui.jp/
http://www.pref.fukui.lg.jp/doc/brandeigyou/kyouryuu/sinkousou.html
40　仙台国際空港株式会社決算公告
https://www.sendai-airport.co.jp/company/profile/
「民営化空港の取組の現状と今後に向けて」2016年12月19日宮城県・仙台国際空港
41　国土交通省「空港別収支の試算結果について《平成27年度》」
http://www.mlit.go.jp/koku/15_bf_000181.html
42　但馬空港ターミナル株式会社「第24期事業報告及び計算書類等（自平成28年４月１日至平成29年３月31日）」
http://www.tajima-airport.jp/download/accounts/h27-jigyouhoukoku.pdf
43　本項は公共ファイナンス研究所発行「公共施設マネジメント」14号「浜松市における下水道事業へのコンセッション方式導入について」(浜松市上下水道部上下水道総務課官民連携グループ副主幹北嶋敏明）等浜松市資料に基づく。
44　愛知県「愛知県有料道路運営等事業（有料道路コンセッション）について」
http://www.pref.aichi.jp/soshiki/douroiji/concession.html
及び愛知道路コンセッション株式会社ウェブサイト
https://www.arcc.jp/newsrelease/2018/06/05/3643.htmlより引用。
45　八尾医療PFI株式会社ウェブサイト
http://www.hospital.yao.osaka.jp/department-section/section/yao-medical-pfi-

company/
八尾市PFI事業検証ウェブサイト
http://www.city.yao.osaka.jp/0000005422.html
46 スポーツ庁ウェブサイト
http://www.mext.go.jp/sports/b_menu/sports/mcatetop09/1371880.htm
47 経済産業省ウェブサイト「スタジアム・アリーナ改革ガイドブック」
http://www.meti.go.jp/press/2017/05/20170531003/20170531003.html
本ガイドブックは「スタジアム・アリーナ改革指針」「スタジアム・アリーナ整備に係る資金調達手法・民間資金活用プロセス」に，国内外のスタジアム・アリーナ事例，収益拡大への取組事例をまとめたものとなっている。
http://www.meti.go.jp/press/2017/06/20170615003/20170615003.html
48 スマート・ベニュー研究会/日本政策投資銀行地域企画部「スポーツを核とした街づくりを担うスマート・ベニュー®～地域の交流空間としての多機能複合施設～」2013年8月
www.dbj.jp/pdf/investigate/etc/pdf/book1308_01.pdf
49 株式会社日本政策投資銀行地域企画部「2020年を契機とした国内スポーツ産業の発展可能性および企業によるスポーツ支援～スポーツ通じた国内経済・地域活性化～」2015年5月
www.dbj.jp/pdf/investigate/etc/pdf/book1505_01.pdf
広瀬一郎「スポーツの産業統計値（GDSP）確率の意味について」2004年2月10日掲載
独立行政法人経済産業研究所ウェブサイト
http://www.rieti.go.jp/jp/columns/a01_0116.html
50 日本政策投資銀行・同志社大学，スポーツ庁・経済産業省監修「わが国スポーツ産業の経済規模推計～日本版スポーツサテライトアカウント～」2018年3月
https://www.dbj.jp/ja/topics/dbj_news/2018/html/0000030091.html
51 ヴァンフォーレ甲府ホームタウンレポート2017
www.ventforet.jp/club/pdf/htr2017.pdf
山梨県/第31回ヴァンフォーレ甲府経営委員会資料「事業報告（平成29年2月1日から平成30年1月31日まで）
http://www.pref.yamanashi.jp/kenmin-skt/vfk_31keieiiinnkai.html
52 ガイナーレ鳥取「野人と漁師のツートッププロジェクト」
http://www.gainare.co.jp/free/yajin-project17/index/

第11章

文化芸術

1　文化芸術振興

1-1　文化芸術資源

「文化芸術の振興に関する基本的な方針－文化芸術資源で未来をつくる－（第４次基本方針）」（平成27・2015年５月22日閣議決定）が策定された[1]。2020年オリンピック・パラリンピック東京大会を踏まえた2015年度から2020年度の概ね６年間を対象期間とするもので，前文で「文化芸術資源で未来をつくり，「文化芸術立国」へ」と記され，文化芸術立国中期プランで2020年までの期間を「国力」である文化力の強化期間としている。「文化芸術関係の新たな雇用や産業が現在よりも大幅に創出」とあるように，文化芸術を資源としてとらえ，2020年オリンピック・パラリンピック東京大会を見据えつつ，経済社会の活性化に向けた文化芸術政策のアクションプランとなっている。

文化芸術とは文化芸術基本法によれば，音楽や美術等の芸術，映画等のメディア芸術，能楽等の伝統芸能，講談等の芸能，茶道等の生活文化，囲碁や将棋等の国民娯楽，出版物及びレコード等，文化財等であり，平成29（2017）年６月16日改正で組踊と食文化が追加されている。

1-2　文化芸術の意義と価値

基本的な方針では，「文化芸術，町並み，地域の歴史等を地域資源として戦略的に活用し，地域の特色に応じた優れた取組を展開することで交流人口の増加や移住につなげるなど，地域の活性化を図る新しい動きを支援し，文化芸術を起爆剤とする地方創生の実現を図る」と，地方創生における位置付けも明確にされている。

また，「文化芸術は，成熟社会における成長の源泉，国家への威信付与，地域への愛着の深化，周辺ビジネスへの波及効果，将来世代のために継承すべき価値といった社会的便益（外部性）を有する公共財」であり，「子供・若者や，高齢者，障害者，在留外国人等にも社会参加の機会をひらく社会包摂の機能を有している」とし，「文化芸術は，もとより広く社会への波及力を有しており，教育，福祉，まちづくり，観光・産業等幅広い分野との関連性を念頭において，それら周辺領域への波及効果を視野に入れた施策の展開」が必要と，社会への波及効果について言及している。

平成29（2017）年６月21日には文化芸術振興基本法の改正法案が国会で成立した。今回の改正は，法律の題名を「文化芸術基本法」と改め，文化芸術の振興にとどまらず，観光，まちづくり，国際交流，福祉，教育，産業その他の各関連分野における施策を法律の範囲に取り込むとともに，文化芸術により生み出されるさまざまな価値を文化芸術の継承，発展及び創造に活用しようとするものである[2]。

1-3　文化GDP

文化プロデュースによる地域振興が唱えられ，また，文化産業の経済波及効果も議論され，文化芸術資源を活用した経済活性化（文化GDPの拡大）に関する施策も推進されている[3]。

文教施設に公共施設等運営権制度を導入する動きも見られる[4]。独立行政法人国立女性教育会館が導入し[5]，法務省は旧奈良監獄保存活用事業に導入し，重要文化財である旧奈良監獄の耐震改修・公開活用のための設備整備・資料館運営を行い，付帯事業では文化財リノベーションホテル・新設ホテル・簡易宿泊型ドミトリーが提案されている[6]。

地方自治体では文教施設への導入はまだないが，（仮称）大阪新美術館や（仮称）京都スタジアムが検討している。文化芸術拠点としての図書館，美術館，公共ホール（劇場・音楽堂）は地域の文化芸術の発展に寄与し，地域活性化の役割を担う。

2　図書館

2-1　武蔵野プレイス

地域活性化で図書館が果たす役割は大きい。図書館は図書の貸出だけではなく，多様な機能を持ち得る一方，施設・設備の老朽化や利用率が低いなどの問題を抱えている図書館も少なくない。そのような中，図書館としてすぐれ，地域の活性化に貢献している事例として，武蔵野市の図書館が知られている。

JR中央線で新宿から約20分の武蔵境駅南口を出れば，人々が憩う緑に囲まれた公園をはさんで白い特徴的な建物が現れる。図書館を含む複合施設の「ひと・まち・情報　創造館　武蔵野プレイス」である。かつて旧農林省の食糧倉庫であった国有地を買収し，市民参加を経て，この土地の活用に，図書館をはじめとして，生涯学習支援，市民活動支援，青少年活動支援という４つの機能を併せ持った複合施設とし，平成23（2011）年７月にオープンした。

施設名称の「プレイス」＝「場」には，複数の機能を積極的に融合させ，図書や活動を通して，人々が出会い，それぞれが持っている情報を共有・交換しながら，知的な創造や交流が生まれ，まちの活性化が深められ，地域社会の魅力を高める期待が込められている。そのために，プレイスにはハード面，ソフト面でのいろいろな仕掛けがなされている。

施設は２つの条例による。１つが施設全体を公の施設として位置付ける武蔵野プレイス条例で，設置目的を多様な活動と学習の場の創出，市民文化の振興と定めている。もう１つが図書館条例で，プレイスの図書館としての機能を位置付けている。図書館は市内駅勢圏ごとに３つあり，武蔵野市中央部に位置する中央図書館が本館であり，吉祥寺図書館とプレイス図書館は分館の位置付けで，両館は公益財団法人武蔵野生涯学習振興事業団が指定管理者となって（平成30・2018年４月時点），特にプレイスでは多機能を一体的に運営している。

プレイスの敷地面積は2,166㎡，地上４階・地下３階建て，延床面積約9,800

㎡であり，開館時間は午前９時30分から午後10時までとなっている。建物は空間のかたち，音，光，色，空気によってゆったりと人を包み込むように空間設計されており，内部はルームという人のスケールになじむ空間となっており，壁と天井が曲面でシームレスにつながっている。ルームの回遊性は，プレイスが思わぬ出会いや発見で，活動が活動を呼ぶような「場」となるように意図している。

１階には新着・返却資料棚やマガジンラウンジ等とカフェがある。２階には料理・健康・子育てといった日常生活に関するテーマライブラリーとこどもライブラリー等が配置されている。３階は市民活動フロアで，４階は会議室やワーキングデスクが配置され公園に面しデッキテラスがある。地下１階は一般図書のメインライブラリーとなっている。

青少年活動支援機能は地下２階にある。アート＆ティーンズライブラリーは芸術系の図書約１万5,000冊と十代の関心に応える図書が約7,000冊と雑誌約20タイトルをそろえる。スタジオラウンジはフロアの中央のじゅうたん敷きのスペースで，終日青少年専用で，人生ゲーム・モノポリー・将棋・囲碁等の玩具やテーブルサッカーがあり，飲食もできポットにお湯が用意されていてカップ麺を食べている学生もいる。ボルダリングもできるオープンスタジオ，バンド練習のできるサウンドスタジオ，ダンス・演劇の練習ができるパフォーマンススタジオ，芸術や工芸・お菓子づくりのクラフトスタジオもあり，青少年の居場所，創作活動の場となっている。

カフェは１階の中央に設けられ，本や雑誌の持ち込みができ，17時以降はアルコール類も提供される。

当初80万人ほどと見込んだ年間来館者は平成29（2017）年度で195万人を超えている。ビジネスパーソンも利用しやすく，幅広い世代が来館し，特にターゲットとしている中高生の居場所となっている点が武蔵野プレイスの評価されるところであり，図書館，生涯学習支援，市民活動支援，青少年活動支援の４つの機能で，地域活性化に貢献している[7]。

2-2 徳島市立図書館

徳島市立図書館は昭和56（1981）年建築の老朽化が進む中央公民館の一部に

設置され，立地が悪く狭隘で，耐震改修が必要であった。徳島市は徳島駅前の商業ビル（アミコビル）を所有する徳島都市開発株式会社に出資しているが，徳島市の郊外にショッピングモールができ，テナントのそごうデパートが撤退するというおそれが生じた。同ビルの裏面にあるホテルの宴会場も古い。

そこで，図書館は同ビルの５階と宴会場のスペースとなっていた６階に移転し，平成24（2012）年４月に開館した。床面積は約3,400㎡で旧図書館の３倍で，蔵書は約50万冊で同じく２倍となっている。リニューアル費用は約10億円である。貸出者数と貸出冊数は，平成22（2010）年度の12万6,279人と69万2,468冊から平成29（2017）年度は27万,789人と111万9,066冊へ大幅に伸びている[8]。

図書館の移転で，そごうは撤退をやめ，図書館の影響で売上・客数は伸びたともいわれる。徳島都市開発はそごうの撤退が避けられ，テナントを失わずに済んだ。ホテルは宴会場部分の賃借料を支払わなくてもよくなり，ランチの営業が伸びたともいわれる。

このように，図書館の同ビルへの移転によって，図書館の稼働率が上がり，徳島都市開発，百貨店，ホテルにも大きなメリットが生じた。同ビルには書店がテナントとして入っており，図書館で作家の講演会が開催される時には，書店はその作家の本を用意するなど，書店と図書館の連携が図られている。ホテルの宿泊者はルームキーで図書を借りることができる。

老朽化した図書館が駅前商業ビルへ移転し，図書館の機能と利用状況が向上し，中心市街地が活性化し，駅前商業ビルの経営が改善された。

2-3　武雄市図書館

武蔵野市や徳島市の図書館にみるように，図書館は地域を活性化させる。武雄市は指定管理者制度と行政財産使用許可（目的外使用）の２つの制度で，TSUTAYA・蔦屋書店を展開するカルチュア・コンビニエンス・クラブ株式会社（以下，CCC）を図書館運営の指定管理者とし，平成25（2013）年４月に新しい武雄市図書館（武雄市図書館・歴史資料館）として全面改装し運営が始まった[9]。

新図書館は年中無休で朝９時から夜９時まで開館し，文具販売はなされていないが，20万冊の開架で，館内にはスターバックスと蔦屋書店が併設され，図書館利用カードに選択制でＴカード・Ｔポイントが導入されている。

リニューアルオープン後３カ月で利用者は約26万人と，旧館時の年間25万5,000人を超え，貸出冊数も約２倍近くで推移する。リニューアルによる新しい図書館構想で図書館の稼働率が上がり，近隣の飲食店が賑わい，武雄温泉を訪れる人が増えた。「2016年武雄市図書館・歴史資料館　利用者アンケート調査結果報告書」では，「現在の図書館について」は85.5％の利用者が満足し，「図書館スタッフのサービスについて」は85.5％が満足と回答している[10]。

公益社団法人日本文藝家協会は５項目からなる「図書館業務の民間委託についての提言」を公表し，「貸出に際してポイントサービスなど営利企業のシステムを持ち込まない」としている[11]。一般社団法人日本書籍出版協会は「指定管理事業者であるCCCが書店を併営する」ことと「Ｔカードを貸出カードと併用する」ことについて，疑義を示し同市市長へ質問書を送っている[12]。

日本図書館協会は，Ｔカードなど６項目にわたり疑問を示し，武雄市の新図書館に否定的な意見を述べている[13]。

図書館とは図書館法第２条の１で，「図書，記録その他必要な資料を収集し，整理し，保存して，一般公衆の利用に供し，その教養，調査研究，レクリエーション等に資することを目的とする施設」とされるが，一般論で抽象的な表現に過ぎない。

武雄市図書館は指定管理者制度・行政財産の目的外使用・図書館法に基づく運営がなされ，選択制のＴカードは地域での利用を奨励すれば地域活性化に資する。

図書館のコスト内訳は建物の維持管理と人件費で約９割を占め，図書購入費は１割程度に過ぎないとも試算されている。１冊当たり貸出コストは自治体によって異なるが，およそ500円から1,000円といわれる。1,000円とすると，1,000円のクーポンを配り，街の書店で購入してもらう方が，図書館を建設し運営するよりも，効率的で経済波及効果が大きいともいえる。

図書館協会の「公立図書館の指定管理者制度について－2016」では，「地域の事情から施設の複合化や集約化を効果的に構築したり，結果として集客や賑わいが生まれることは望ましいことと言えますが，集客や賑わいを求めることが第一の目的ではありません」というのは妥当ではなく，「公立図書館は，地方公共団体が直接運営することが基本であり，本来，図書館の管理を他の者に行わせることは望ましいことではありません」との見解は合理的ではない。そして，「図書館本来の機能の充実を踏まえてさらなるサービスや機能の拡充をめざすことが望まれます」というよりもむしろ，図書館本来の機能を捉え直し，図書館の機能の充実と集客・賑わいの双方を目指すことこそが望まれる。

武雄市図書館は「図書館と代官山蔦屋書店ですが，うまく融合している」とも評価され，「これまでの図書館のモノサシで測れないし，測ってもいけない」とも指摘され，「市立図書館というよりは公設民営のブックカフェ」と捉えることもできる[14]。

公設民営のブックカフェとも評される武雄図書館は図書館の機能を果たしつつ，地域の活性化に資する新たな試みであろう。

平成28（2016）年12月には青森県八戸市の中心市街地の複合ビルの１階に市営書店「八戸ブックセンター」がオープンした。「本のまち八戸」を目指し，「本を通した市民交流及びまちづくりの拠点」としても位置付けられ，計画された[15]。自治体による公設公営の書店として注目されている。

3　公共ホール

3-1　劇場と音楽堂の活性化

文化芸術振興基本法の基本理念に則り，平成24（2012）年６月27日に「劇場，音楽堂の活性化に関する法律」が施行された。本法前文で「劇場，音楽堂等は，文化芸術を継承し，創造し，及び発信する場であり，人々が集い，人々に感動と希望をもたらし，人々の創造性を育み，人々が共に生きる絆（きずな）を形成するための地域の文化拠点である」とされる。また，「さらに現代社会においては，劇場，音楽堂等は，人々の共感と参加を得ることにより「新しい広場」として，地域コミュニティの創造と再生を通じて，地域の発展を支える機能も期待されている」とある。

3-2 公共ホールの建設と運営

平成２（1990）年の水戸芸術館の開館以来，芸術文化の創造と振興を目指した公共ホールが全国で開館したが，さまざまな課題が指摘される[16]。貸館事業が主たる活動になっており，自主制作公演事業・人材育成事業・普及啓発事業を実施している公共ホールは少ない。地方の公共ホールの大ホールの公演スケジュールを検索すると，貸館や買取型の公演が見られても，稼働率は高いとはいえない。予算と人材の制約が，多様な事業展開を難しくしている。

高く評価されている公共ホールの事例としては，可児市文化創造センターala[17]や兵庫県立芸術文化センター[18]が知られる。

世田谷パブリックシアターは約600席で（他に約200席のシアタートラムがある），演劇・ダンス中心のホールとして，その設備と運営が参考にされる。音楽ホールの杉並公会堂と舞台芸術の座・高円寺（杉並区立芸術館）はすぐれた施設整備と運営で評価が高い。杉並公会堂は公共ホールとしては，わが国初のPFI事業である。

人口約５万5,000人の長野県茅野市が地域の交流拠点としての文化複合施設である茅野市民館を建設し，平成17（2005）年10月に開館した。マルチホールが780席，コンサートホールが300席で，茅野市美術館とともに構成され，市が全額出資の株式会社地域文化創造が指定管理者として運営にあたる。

人口約34万7,000人の福島県いわき市のいわき芸術文化交流館アリオスは，1,705席の大ホール，687席の中劇場，233席の小劇場，200席の音楽小ホールを有する。アリオスは，芸術文化の拠点，市民の交流・コミュニティ空間であり，中心市街地の賑わいづくりや交流人口の拡大にもつながるよう計画され，事業手法はPFIが導入され，平成21（2009）年５月にグランドオープンした。

人口約30万人の久留米市はまちなか広場と百貨店の跡地の再開発として，久留米シティプラザを建設し，平成28（2016）年４月にオープンした。シティプラザは1,514席のザ・グランドホール，399席の演劇・舞踏等の久留米座，144席のＣボックス，六角堂等からなる。

公共ホールの性格については集会施設の公会堂から，多目的ホール，そして専用ホールという歴史的な大きな流れがある。地域社会における公共ホールの目的は芸術文化の伝統から，芸術文化の創造と振興，市民の参加・交流，中心市街地活性化・地域の賑わいの拠点へと変遷している。

費用対効果の面では，ホールの使用のありかたによって，大きく異なってくる。貸館の場合，全国巡回の興行イベンターにとっては，1,500席あるいは2,000席が必要とされる。

音響や照明等は東京標準の高性能なものが求められる。このような大ホールの建設・維持管理は多大な財政負担となり，また，年間のこのような公演の供給と需要も容易には確保できない。音楽系と演劇系では，ホールの仕様と規模も異なる。自主事業の実施が課題となる中，ミュージカルやオペラの制作には相当の費用を要する。行政，市民，音楽家や演劇家や専門家，建築士等，さまざまな関係者がいて，時に利害も対立する。

公共ホールの建築には多額の税金が投じられている。減価償却費のほか，維持管理費と音響や照明等設備の更新費用もかかる。

芸術文化の創造と振興，地域の活性化に向けての公共ホールの意義が大きい一方，コストと稼働率も課題となる。公共ホールは広域的施設であり，隣接する自治体で立地・建設・運営を考える時代となっている[19]。

4　美術館

4-1　金沢21世紀美術館

金沢21世紀美術館は「新しい文化の創造」と「新たなまちの賑わいの創出」を目的に，現代美術を中心に扱う美術館として，平成16（2004）年に開館した[20]。金沢市の施策における位置付けは「金沢の都市の魅力を高め，世界に向かって文化を発信」，「歴史性と現代性の対比を実現し，新たなまちづくりを推進」とされ，「世界の「現在（いま）」とともに生きる美術館」，「まちに活き，市民とつくる，参画交流型の美術館」，「地域の伝統を未来につなげ，世界に開く美術館」，「子どもたちとともに，成長する美術館」という４つのミッションが掲げられている。

美術館のある土地には，かつて金沢大学の付属小学校・中学校があり，市内郊外へ移転することになり，金沢市街から金沢大学も移転しており，石川県庁の移転も予定されていた。金沢の中心市街地の衰退が懸念され，人が集まり，憩いと賑わいをもたらす場として，美術館が構想された。

金沢は加賀藩前田家の城下町として栄え，伝統工芸や伝統芸能が受け継がれてきた。この歴史と文化には，革新的な技能が加えられてきた。「新しい文化の創造」が美術館のメッセージとして打ち出されている。また，市民に開かれた美術館も目指され，同館の設置を推進した当時の山出保市長の「建物の敷居をもっと低くして，普段着姿の人が気軽にたずねられる庶民派美術館にしたい」という象徴的な言葉がある。

加賀前田家ゆかりの古美術や近代名画は，同館から徒歩で約15分程度の石川県立美術館に所蔵・展示されており，金沢21世紀美術館は現代美術に焦点を合わせた。県立美術館と市立美術館の役割と機能が分担されている。

敷地は兼六園と金沢城址公園に隣接し，北陸一の繁華街である香林坊・片町に近く，３方向を道路に囲まれている。周辺環境に調和し，まちや市民と一体となった，近現代の多様な表現形式による今日的な美術館を目指し，世界的に著名な建築家の妹島和世＋西沢立衛/SANAAの設計による円形でガラス張りの「まちに開かれた公園のような美術館」の建物が完成した。建物の特徴としては，表と裏のないアートサークルで４カ所の入り口，入館料のいらないフリーゾーンの設置，開かれた円形デザインという多方向性，街のような広がりを生み出す各施設の配置という水平性，出会いと開放感の演出という透明性があげられる。

全体事業費は約200億円でそのうち，建築費が約113億円，用地費が約78億円となっている。当初年間入館者目標を30万人としていたが，平成17（2005）年度は約135万人，平成26（2014）年度は約176万人が来館し，金沢市の人口約46万人の３倍を超える来館者となっている。美術館は金沢市の観光スポットとなっており，美術館を目的に金沢を訪れる観光客もいる。平成27（2015）年３月に北陸新幹線が開通し，金沢に訪れる観光客とともに来館者が大幅に増え平成27（2015）年度は約237万人で，平成28（2016）年度は約255万人となっている。

国立新美術館の平成27（2015）年度入場者は企画展と公募展を合わせて約

229万人であり平成28（2016）年度は約286万人となっている[21]。国立科学博物館（上野本館）の平成28（2016）年度の入館（園）者数が約252万人で平成29（2017）年度は約288万人となっている[22]。ナショナルセンターの美術館・博物館と比較し，いかに多くの人が地方市にある金沢21世紀美術館を訪れているかがわかる。

同館の「来館者消費」による経済波及効果は，104.8億円とされる[23]。建設投資による経済波及効果は217.2億円，運営支出による同効果は6.1億円となっており，建設投資は建設時に一時的に発生するのに対し，来館者消費による経済波及効果は毎年生じる。同館の企画，展示，運営によって，来館者が増加し，経済波及効果はさらに大きくなっていく。

自主事業，貸し事業のほか，地域との連携事業が重視されている。サポートショップ事業「アートdeまちあるき」は周辺商店街等との連携事業で，観光客の回遊性と利便性を高めている。美術館が街を変えたともいえる。また，同館，ベネッセアートサイト直島，森美術館の３館は連携し，３館共通パスポートを発行している。

金沢21世紀美術館の平成30（2018）年度予算は，平成30（2018）年度公益財団法人金沢芸術創造財団収支予算において美術館事業特別会計の収支予算書に記載されている。予算書によれば，事業収入は８億6,593万9,000円で，そのうち指定管理料収入が４億2,414万8,000円，利用料金収入が４億1,363万6,000円，書籍等商品販売収入が700万円，グッズ等商品販売収入が900万円等となっている。事業費支出は８億8,381万4,000円で，そのうち美術館事業が１億9,084万円，プロパー職員人件費が２億4,148万1,000円，施設管理費が３億5,836万5,000円等となっている[24]。

国立新美術館の平成28（2016）年度の予算は15億6,559万6,000円（うち運営費交付金が６億3,530万9,000円，入場料収入等が９億321万8,000円，寄付金収入が2,706万9,000円）で，支出が13億4,436万6,000円（うち管理部門経費が２億2,452万円で内訳は人件費が1,174万3,000円・一般管理費が２億1,277万7,000円，事業部門経費が10億4,528万6,000円で内訳は人件費が5,985万2,000円・美術振興事業費が９億5,597万8,000円・ナショナルセンター事業費が2,945万6,000円）となっている。

国立科学博物館の平成29（2017）年度の経常費用合計は35億3,421万1,588円であり，経常収益合計は35億7,008万6,285円となっている。

金沢21世紀美術館と国立新美術館や国立科学博物館の目的と事業は異なるものの，来館者に対するコストに関しては金沢21世紀美術館の方が低く，同館の方の費用対効果あるいは便益が高いと評価できる。

4-2　島根県芸術文化センター「グラントワ」

島根県益田市は人口約４万7,000人の島根県西部の中心市で，県都の松江市から特急で約２時間の距離にある。平成17（2005）年10月８日に，益田市に石見地域を中心とした島根県の文化振興を担う島根県芸術文化センター「グラントワ」が開館した。内藤廣氏が設計し，全国的にも珍しい美術館と劇場が一体となった建物で，壁には石州瓦が用いられている。内藤氏は「建物は街に語りかけている」という。

同センターの建築と機能が高く評価され，平成19（2007）年の第48回BCS賞（建築業協会賞）から平成24（2012）年度の地域創造大賞（総務大臣賞）までいくつもの賞を受賞している。同センターは1,500席の大ホールと400席の小ホールを有する島根県立いわみ芸術劇場及び島根県立石見美術館からなる複合施設で，平成29（2017）年度の入館者はセンターが35万9,415人，美術館が６万4,806人，劇場が13万4,920人となっている。益田圏域の人口は約６万人であり，この人口規模からすると大規模な芸術文化施設としては稼働率は低くはない。大規模な芸術文化施設が地域の芸術文化の振興と地域の活性化に寄与する事例として，今後の活動と稼働が注目される[25]。

4-3　足立美術館

横山大観と日本庭園で知られる足立美術館は，必ずしもアクセスのよくない島根県安来市に位置するが，年間約50万人以上が訪れる。同館は安来市出身の実業家の足立全康が郷土への恩返しと島根県の文化の発展の一助になればという想いで，長年にわたり蒐集した美術品をもとに，昭和45（1970）年９月に財団法人足立美術館が設立され（平成23・2011年４月に公益財団法人に移行），同年11月に開館した。美術館の敷地面積は約１万坪，延床面積は2,660坪で，７つの展示室は合わせて895坪の広さとなっている[26]。

横山大観はじめ，北大路魯山人や河井寛次郎の陶芸等，さらには現代日本画等総数1,500点を所蔵している。同財団の平成29（2017）年３月末の貸借対照表によれば，固定資産のうち基本財産合計が約９億7,600万円（土地が約１億5,200万円，建物が約６億8,400万円，美術品が約１億4,000万円）に対し，その他固定資産合計約107億5,100万円のうち美術品が約92億7,600万円を占め，所蔵する美術品の質と量の高さがうかがえる[27]。

美術館を取り囲むように広がる日本庭園は後背地も含め約５万坪に及ぶ。アメリカの日本庭園誌「The Journal of Japanese Gardening」が2003年より実施している日本庭園ランキングでは，2018年まで16年連続で日本一に認定している。フランスの旅行ガイドブック「ミシュラン・グリーンガイド・ジャポン」の改訂第５版では，最高評価の「三ツ星」として掲載している。

同館は民間の美術館であり，入館料で運営されている。入館料については公立美術館が条例で上限を大人個人で1,500円と定め実際には1,000円とすることが多い中，大人個人が2,300円，大学生が1,800円，高校生が1,000円，小中学生が500円となっている（団体等の割引制度がある）。美術品の所蔵と日本庭園の維持管理，人件費等のコストをふまえた入館料の設定となっていると思われるが，所蔵作品と日本庭園で名高いとしても，地方市で50万人が来館し，独立採算で健全な経営を行っていることは，極めて高い評価となろう。

4-4 大塚国際美術館

民間の美術館でその規模と来館者数で際立つのが，徳島県鳴門市にある大塚国際美術館である。大塚製薬創立75周年事業として平成10（1998）年３月に開館し，1,000点以上の西洋名画が陶版により原寸大で再現されている。延床面積が29,412㎡（8,897坪）で，平成19（2007）年開館の国立新美術館に次いだ規模で，民間では最大であり，年間30万人以上が訪れる。

一方，徳島県立近代美術館の平成29（2017）年度所蔵作品展入館者は合計21,347人で，開館日数297日で１日当たり平均は72人，特別展入館者は12,256人で開館日数108日に対し１日当たり平均は66人となっている[28]。

4-5 京都国際マンガミュージアム

京都市は芸術文化の振興に注力している。平成5（1993）年に閉校した明倫小学校を，ジャンルを問わない若い世代の芸術家の支援・育成を目的に，京都芸術センターとして再生させた。京都国際マンガミュージアムは，元龍池小学校を活用し同市と京都精華大学の共同事業として平成18（2006）年に開設された。

同市は開館から80年以上経つ京都市美術館の再整備に向けて，事業費約100億円の半分に相当する50億円についてネーミングライツで賄うこととし，京セラが応募し，2019年のリニューアルオープンから50年間，「京都市京セラ美術館」を通称として運営される。このネーミングライツは美術館のあり方について問いかける一方[29]，老朽化した公共施設等を多く抱え財政が厳しい同市にとっては，本事業のネーミングライツは芸術文化を振興し財政負担を軽減するすぐれた手法といえる。

4-6 十和田市現代美術館

十和田市の官庁街通りは省庁再編による国の事務所の統廃合等により空き地が目立つようになった。そこで，「日本の道百選」に選定された市のシンボルロードである官庁街通りで，新しい景観を作り出し，未来に向けた新しい町づくりを目指して，アートによる町づくり「Arts Towada　アーツトワダ」計画を進めている。この取組みは，官庁街通り全体を1つの美術館に見立て，屋外空間にさまざまなアート作品を展開するもので，Arts Towada計画の中核となる十和田市現代美術館は「アートを通した新しい体験を提供する開かれた施設」として西沢立衛氏が設計した。通りを挟んだ向かいのアート広場では，草間彌生氏の作品が目を引く。アート作品は商店街にもあり，商店街との連携企画も実施される。ワークショップ等のイベントも充実している。市民図書館は安藤忠雄氏，市民交流プラザ「トワーレ」は隈研吾氏の設計による。豊かな自然に恵まれた十和田市はアートが融合し，屋内展示と屋外アート空間が交互に混ざり合ったアートの街，感動創造都市を街づくりの基本に据えている[30]。

4-7 多治見市モザイクタイルミュージアム

多治見市笠原町は施釉磁器モザイクタイルの発祥の地で，全国一の生産量を誇る。多治見市モザイクタイルミュージアムはモザイクタイルのコレクションや製造工程，最新の技術を展示し，タイルづくりを体験できる工房もあり，藤森照信氏設計による外観はタイルの原料を掘り出す粘土山を思わせる。地場産業をアートとして展示し，情報，知識，技術を発信する美術館の役割は大きい[31]。

4-8 三鷹の森ジブリ美術館

三鷹の森ジブリ美術館は負担付き寄付で整備され，指定管理者制度で運営されている。平成28（2016）年度の来館者数は56万8,972人（大人：47万108人，中高生：２万7,778人，小学生：４万2,244人，幼児：２万8,842人）となっている[32]。指定管理者である公益財団法人徳間記念アニメーション文化財団（理事長：宮崎駿）は株式会社徳間書店，日本テレビ放送網株式会社，三鷹市の出捐（出資）で設立された。平成28（2016）年度の経常収益約10億6,600万円のうち事業収益は約７億円で（他に３億6,000万円の指定正味財産からの振替額がある），経常費用約13億5,300万円のうち事業費が13億4,700万円となっている。平成29（2017）年度の収支予算書では公益目的事業の経常収益６億5,880万円に対し（事業収益６億5,760万円のうち美術館事業収入：６億1,000万円，指定管理料収入：４億6,300万円，業務受託収入：130万円），経常費用は６億7,363万円となっている。収益事業の経常収益7,113万円（図録等販売収入：6,500万円）に対し，経常費用は5,950万円となっている。入館料については三鷹市立アニメーション美術館条例第８条において「１人１回につき1,500円を超えない範囲」で指定管理者が定めるとされているが，徳間記念アニメーション文化財団は大人で1,000円としている。

4-9 グッゲンハイム・ミュージアム・ビルバオ

グッゲンハイム・ミュージアム・ビルバオの成功は，さびれかけていた工業都市が美術と建築で再生した「ビルバオ効果」として知られている。スペインのバスク自治州政府がグッゲンハイム財団と提携し，美術館に出資し，ニューヨークのグッゲンハイム美術館の分館がフランク・ゲーリー氏による設計で誕生した。スペインの一地方都市に世界中から観光客が押し寄せる観光名所になった[33]。

4-10 空想の美術館

「フォルムを様式にするものが芸術である」，「芸術作品とわれわれとの関係のなかで美術館の占める役割は非常に大きなもので」あるといったアンドレ・マルローは，「空想の美術館」を構想した。「空想の美術館」とは近代以降の公の美術館とは異なり，個人の趣向が可能となる，写真等の複製による作品を展示する美術館を意味する。現代は，コンピューター技術により，マルローの発想よりも，さらに「空想の美術館」の構想が広がる。

4-5 ミュージアム・マーケティング

先進的で成功している美術館は，設立の理念，コンセプト，企画と展示，地域での位置付け，収支計画等が明確ですぐれたものとなっている。設立と運営には，マーケティングの視点と活動が欠かせない。

フィリップ・コトラーとニール・コトラーは『ミュージアム・マーケティング』で，ミュージアム・マーケティングの原理，コンセプト，手法について豊富な事例を紹介しながら解説している。強調されているのが，「経験」である。ミュージアムの利用者は「学ぶ，行う，楽しむ」が一体となった「経験」を求め，成功しているミュージアムは「異なる顧客セグメントをひきつける幅広い経験を提供して，それぞれの利用者の異なるニーズに応えている」としている[34]。

そして，ミュージアム経験の６つのタイプとして，レクリエーション，交流・社交，学習経験，審美的経験，祝祭的・賞賛的経験，魅惑的経験をあげている[35]。ミュージアムはこれら６つの経験を提供する機能を有し，さまざまな利用者に応じて提供しなければならない。その活動も漫然としたものではなく，次のような戦略的課題に留意する必要がある[36]。

・独自の魅力的な使命を策定し，その使命と外部からの期待・需要とを両立させる現実的な解決策をみつけること
・利用者と地域社会からの強固な支援を確保すること
・ミュージアムが長期的に運営できるように十分な資金と積立金を確保すること

魅力的な経験を提供するという使命の策定とその活動にあたっては，供給サイドの視点に傾くことなく，想定しうる利用者を見据え，利用者と地域社会との関係を重視し支援を得ることが課題となる。

ミュージアムの運営と存続にあたっての最大の課題が，資金調達と収入である。魅力的な経験の提供はすぐれたハードと充実したソフトに依っているが，コストとベネフィットのバランスを考える必要がある。収入の拡大と安定はミュージアム・マネジメントの柱であるが，「いかにミュージアムの使命・ニーズと地域社会の期待との整合性をとりながら事業収入を上げるか」[37]という姿勢と施策がなければならない。

入館料，グッズの販売，飲食サービス，寄付金といった収入はミュージアムの使命に基づき，利用者と地域社会の理解と期待に沿うものであれば，適切に確保されるであろう。収入は提供物の魅力に相当したものとなる。公立美術館の事業は公益目的事業と収益事業に区別されるが，公益目的事業が主たる事業であり，入館料も条例により上限が設定されることが多く，収入に制約がある。

両コトラーが説くように，ミュージアムの収入の十分な確保と成功には，ミュージアムの特性，便益，利用者といったポジショニング戦略とマーケティングが求められる。

5　芸術祭

5-1　大地の芸術祭

３年に一度のトリエンナーレをはじめ，地方・都市，全国でさまざまな芸術祭が開催されている。アートによる地域再生として成功し，芸術祭のあり方に

ついて多くを示唆しているのが，越後妻有大地の芸術祭である。構想より20年を経て，平成27（2015）年には第6回展となり，通年の活動も充実し定着している。

越後妻有は新潟県南端の十日町市と津南町からなる面積760k㎡の地域で，東京23区よりも広い。豪雪地帯であり，棚田が美しい里山である。東京から新幹線越後湯沢駅を経由して北越急行ほくほく線で約2時間の距離にある。

大地の芸術祭は過疎高齢化が進むこの地域の合併を機に構想され，「人間は自然に内包される」という基本コンセプトに基づき，「交流人口の増加」，「地域の情報発信」，「地域の活性化」の3つを主な目的とする。平成27（2015）年7月26日から9月13日までの50日間の第6回開催では，アート作品数は378点，参加アーティストは35の国と地域から363組（うち17の国と地域から197組が継続参加），約51万人の入込者数となっている。第6回展テーマは「人間が自然・文明とかかわる術こそが『美術』」，「都市と地域の交換」であり，アートによる地域づくりを目指した大地の芸術祭は地方創生の先進的取組みとも知られている。

平成27（2015）年に関する記録集で総合プロデューサーの福武總一郎氏は，「大地の芸術祭を次世代に継承するために」と題し，大地の芸術祭の成果を次のようにあげている[38]。

第1に，アジアの国々・地域から多くの参加があったこと。
第2に，アートとともに「食」を提供することにより，地域の人たちがさらに積極的に芸術祭に参加していること。
第3に，若いIT企業家たちが芸術祭をバックアップしたこと。
最後に，大地の芸術祭や瀬戸内国際芸術祭は，観光とは一線を引くものであること。

大地の芸術祭の美術は，現代美術である。オールド・マスターとは異なり，美術としてのとらえ方が難しい，美術として受け入れられにくいともいわれる。高橋明也氏は「現代美術には同時代のさまざまな問題を鋭い美意識で浮かび上がらせる批評性が顕著です。他方，形式面から見れば，身軽さという性格が魅力的に映ります。その特徴を生かして，大規模なものから小規模なものまで，変幻自在に芸術活動を行える。そこが古典作品を扱う時には持ち得ない現代美術のフレキシブルな面白さです」と述べている[39]。

大地の芸術祭総合ディレクター/アートディレクターの北川フラム氏は「美術は自然と，文明及び人間との関係を表わす方法」であり，美術には「その作品を巡って，その土地の人々と来客，土地の人同士，お客様同士をつなげる働きがある」,「美術には，この地域環境の激変と文明の危機のなかで，人間の生理が自然，土地や文明とどう関係付けられるか問われています」という。現代美術・現代アートとは現代のさまざまな問題，地域においては自然をはじめ地域と人間との関わりを，美意識，そして，美の技術で表現するものととらえられる。北川氏は「芸術祭は，田舎で行われる，現代アートが中心のお祭りでありたい」ともいう。

過疎高齢化の１つの象徴が廃校であり，全国で少子化による学校の統廃合が進んでいる。空家・廃校プロジェクトは「あるものを活かし，新しい価値をつくる」ものであり，特に廃校は「都市と地域の交換」で新たに美術館・宿泊施設等に生まれ変わった。平成21（2009）年には旧真田小学校が絵本と木の実の美術館として再生され，同年に廃校になった旧清津峡小学校は体育館が大型の作品保管庫とギャラリーを兼ねた倉庫美術館としてリニューアルされた。旧奴奈川小学校の奴奈川キャンパスでは，校舎内外に地域・世代・ジャンルを超えた農業をベースにしたアート作品が展開され，学食スタイルの食堂がある。平成24（2012）年に閉校した旧上郷中学校は平成27（2015）年夏にリノベーションし，パフォーミング・アーツの拠点，越後妻有「上郷クローブ座」に生まれ変わった。昭和64・平成元（1989）年に閉校した木造校舎の旧三省小学校が宿泊施設の「三省ハウス」に，平成４（1992）年に閉校した旧結東小学校は秋山郷結東温泉かたくりの宿に改築されている。

運営にあたる組織体制としては，首都圏の学生や社会人を中心とした「こへび隊」が支え，前回から募集を始めた地元サポーターが長期にわたる継続的な作業やガイドや平日の人員不足に対応している。また，集落，地域住民が空家や廃校，新作の作品管理に参加している。越後妻有を応援するIT企業家たちのネットワークから広がるオフィシャルサポーターが財源獲得や広報活動などの支援をしている。

大地の芸術祭越後妻有トリエンナーレの事業全体の評価や個々の取組みの検証等が実行委員会によって，総括報告書として公表されている[40]。第６回展については，新潟県内に対する経済波及効果が次ページ表のように示されている。

経済波及効果は建設投資による波及効果と消費支出による波及効果からなり，消費支出による波及効果は主催者による消費支出と来場者による消費支出からなる。経済波及効果はまた，生産誘発効果，就業者誘発効果，税収誘発効果となる。

建設投資の対象は作品制作費，作品の舞台となった空家・廃校の改修費及び新潟県が大地の芸術祭に関連して行った道路・公園整備などの事業費である。

消費支出の対象は十日町市・津南町の芸術祭関連直接経費と運営を委託しているアートフロントギャラリー及びNPO法人越後妻有里山協働機構の県内発注額，大地の芸術祭千客万来事業実施団体の県内消費額，来場者アンケートを基礎データにした来訪者の圏域内滞在中の消費額となっている。

県内における経済波及効果は50億8,900万円であり，第５回展よりも４億3,900万円の増加となっている。初期需要額35億3,800万円のうち，来訪者が消費した支出は30億800万円で，およそ85％が来訪者による経済波及効果となっている。

経済波及効果が伸びた要因の１つは誘発倍率（初期需要額への波及効果による総合効果の伸び率）が第５回展の1.39倍に対し，1.44倍と増加していることであるが，この大きな要因は来訪者の消費単価が増えたことである。地元商業者に対するアンケートでも芸術祭効果があったと回答している。

図表11-１　大地の芸術祭第６回展の経済波及効果

単位：百万円	初期需要額	１次波及効果	２次波及効果	総合効果
経済波及効果	3,538 (3,345)	4,350 (4,030)	740 (620)	5,089 (4,650)
建設投資	331 (230)	479 (324)	92 (58)	571 (382)
消費支出	3,207 (3,115)	3,871 (3,706)	648 (562)	4,518 (4,268)

※（　）は前回展

出所：「大地の芸術祭　越後妻有アートトリエンナーレ2015総括報告書」

平成18（2006）年の第３回展では，産業部門別にみると，宿泊費や飲食費などの消費支出の効果が大きいサービス業が構成比で41.1％と最も大きく，次いで，道路の整備など建設業部門が14.5％，来場者の交通費など運輸業部門が14.4％となっている。

誘発就業者数でみると，やはりサービス業部門が54.0％と最も大きく，次いで，建設部門の12.7％，商業部門の10.6％となっている[41]。

この経済波及効果に対してのコスト，費用の投下については「財政面の検証」でふれられている。

ミュージアムと同様に，芸術祭の収入も来場者によるチケット販売だけでは賄えず，補助金と寄付金を得なければならないが，補助金と寄付金は競争もあって変動する。総括報告書に述べるよう，財源確保のための努力とともに事業費のスリム化も課題となろう。

ニキ・ド・サンファルは1978年からタロット・ガーデンの制作に打ち込み，私財をつぎ込み，自ら資金を調達した。ニキは「自分で自分の後援者となることには数々の利点もありました」，「これこそ完全な自由」と述べている[42]。

大地の芸術祭越後妻有アートトリエンナーレ2018は「均質空間への疑義」，「人間の土地に生まれるアート」，「アートを介在する人の移動」，「人類の始原

図表11-2　大地の芸術祭第６回展の費用等

項目		2013年度	2014年度	2015年度	計
市・町	十日町市	30,716	49,793	7,120	87,629
	津南町	4,284	4,284	3,803	12,371
国庫補助金		38,000	64,964	125,029	227,993
寄付・協賛金		10,126	30,426	89,049	129,601
助成金・委託料		7,700	500	500	8,700
パスポート 鑑賞券収入		−	−	145,539	145,539
芸術祭基金		0	0	11,000	11,000
その他収入	印刷物販売 販売手数料等	74	197	1,099	1,370
計		90,900	150,164	383,139	624,203

出所：同前

に還る企画展」の４つをキーワードに，７月29日から９月17日の51日間の会期で開催された。

5-2 瀬戸内国際芸術祭

瀬戸内国際芸術祭は平成28（2016）年開催で第３回を迎えた。同芸術祭は，ベネッセホールディングスと福武財団によるベネッセアートサイト直島の1980年代の活動に始まるといってよい。

同芸術祭の総合ディレクターの北川フラム氏は瀬戸内国際芸術祭2016公式ガイドブックで，「第３回目の瀬戸内国際芸術祭を迎えるにあたり，その初心を確認しておきたい。多くの人が訪れる芸術祭は，国の政策である「ふるさと創生」「観光」のモデルとなり，世界的にも認知され，現代美術の新しいあり方として評判になっている。その場限りの単なるイベントに満足するのではなく，それぞれの土地に生きてきた人々の必死の生活を寿（ことほ）ぐという，地域づくりの原点に立ち返りたいと思うのだ」と述べている。芸術祭ラッシュで，成功したと言い難い芸術祭が少なくない中，芸術祭のあり方を説いている。

また，「アーティストは土地の風景，歴史，生活の中から特徴を発見し，その場が立ち上がってくるような作品を制作する」という。アーティスト・スプツニ子！氏は，平成25（2013）年の初来島以来，何度も豊島（てしま）を訪れ，甲（こう）生地区の人々と交流する中で，「古事記」「日本書紀」の山幸彦・海幸彦神話に登場する女神，豊玉（とよたま）姫伝説に着想を得て，成瀬・猪熊建築設計事務所とともに民家を改修し，先端科学とアートのコラボレーションによる「豊島八百万（やおよろず）ラボ」を制作したという[43]。

芸術と社会について，今道友信は次のように述べている[44]。

> この技術社会が眠らせようとする人間性をそこに於いて覚醒せしめようとする機能を果たすものが芸術である，とも言えるにちがいない。かかる芸術機能は決して往古からあったものではなく，意外に響くかも知れないが，全く現代的な新しいものである。確かに人間性の覚醒は常に芸術の志向する目標のひとつであることには時代の差はないであろう。しかし，芸術のその機能は，他の諸々の時代にあっては，常にその各各の時代の社会的方位と動向を共にしてい

図表11-3　瀬戸内国際芸術祭2016の収支

1 収入　(単位：百万円)

区分	26年度決算	27年度決算	28年度決算見込み	芸術祭2016	
				決算見込み	収支計画
負担金	24	297	297	618	618
香川県	10	95	95	200	200
関係市町	14	107	107	228	228
福武財団		95	95	190	190
補助金・助成金	10	93	114	217	183
寄付金・協賛金	4	162	24	190	176
チケット・グッズ等販売収入		95	197	292	249
その他	47	3	21	71	50
小計	85	650	653	① 1,388	1,276
前年度繰越金	0	51	239	−	−
合計	85	701	892	−	−

2 支出　(単位：百万円)

区分	26年度決算	27年度決算	28年度決算見込み	芸術祭2016	
				決算見込み	収支計画
アートプロジェクト費	20	268	402	690	704
作品制作費等	20	240	314	574	538
イベント開催費		28	88	116	121
運営活動費	14	147	302	463	483
広報活動費	2	87	72	161	169
交通対策費		2	29	31	32
会場運営費等		37	169	206	216
事務局運営費	12	21	32	65	66
チケット・グッズ制作費等		47	38	85	89
小計	34	462	742	② 1,238	1,276
次年度繰越金	51	239	③ 150	−	−
合計	85	701	892	−	−

収支差額　①−②=③　150

出所：「瀬戸内国際芸術祭2016総括報告書」

たという点を見落としてはならない。芸術が各時代の文化を代表しうるようにみえるのも，それが自己の成立した社会の方位に対して肯定的な協力を果たすことにより夫々の位相での人間性の喚起を行うのが常であったからにほかならない。そしてそのような機能をそのように行うことによって実は芸術自体も自らに包含する様式上の様々な可能性を発現せしめた。

クリスチャン・ボルタンスキー氏は世界各地で「人間の生と死」をテーマにさまざまなインスタレーションを制作しているが，豊島について「豊島は人が生活している場所。それは私にとって，ユートピア的であり，神秘的な場所でもあります。（略）一方私の作品は，人間と直接かかわるもの。人間の『魂』の神秘性のシンボルなのです」と話し，豊島に新作「大切な人を想うための巡礼地」である《ささやきの森》をつくった。世界中の人の心臓音を収蔵し公開している，インスタレーションや心臓音が聞ける部屋，録音室（来館者は心臓音を録音しメッセージを残せる）からなる《心臓音のアーカイブ》（平成22・2010年7月開館）を補うものと位置付けられている。ボルタンスキー氏のインスタレーションは，今道のいうように，現代の社会的方位と動向を共にし，人間性の喚起を行い，自らに包含する様式上のさまざまな可能性を発現せしめた，とみることができる[45]。

第3回のテーマは「海の復権」で，重点プロジェクトは「海でつながるアジア・世界との交流」，「瀬戸内の「食」を味わう食プロジェクト」，「地域文化の独自性発信」であった[46]。平成25（2013）年は26の国と地域から200組，207作品，40イベントであったのに対し，平成28（2016）年は34の国と地域から226組の作家が参加し，作品数は206点，イベント数は37となっている。来場者数は春会期が25万4,284人，夏会期が40万1,004人，秋会期が38万4,762人で，108日間の総来場者数は104万50人となっている（島によっては開催日数が少なくなるなど変更がある。平成25・2013年は107万368人）。

収支状況は，総括報告書によれば，**図表11-3**のようになっている。

香川県内における経済波及効果は139億円で，直接効果は86億円，1次波及効果は29億円，2次波及効果は24億円となっている。

約8億円の行政等による負担金と補助金・助成金投入に対し，経済的効果は

139億円で，約17倍にお金の動きが誘発されたととらえられる。実体経済への好影響は，税収効果にも寄与しているものと思われる。

意見交換会とアンケートによって，芸術祭に対する島民の評価等が示されている。芸術祭開催による地域活性化については，72.1%の住民が役立ったと答え，69.5%の住民が住んでいる地域に作品が設置されて良かったと答えている。芸術祭への関わりについては，45.8%の住民が関わったと答え，49.2%の住民が作家や来場者と交流する機会があったと答えている。芸術祭開催による自らの地域に対する見方については，45.0%の住民が変わったと答え，次回芸術祭については，65.0%の住民が開催してほしいと答えている。

運営に関してはボランティアサポーター「こえび隊」ほか，大学や企業等のボランティアが芸術祭のさまざまな活動を支えた。

瀬戸内国際芸術祭の開催による影響もあり，男木島の住民約180人のうち，約40人が移住した人たちである。

6　文化と芸術の活用

6-1　文化資源

近年，文化資源という考えが提起され，地域の文化資源のあり方について論じられている。文化資源とは文化資源学会や国立民族学博物館の文化資源研究センターによると，社会と文化にかかわるさまざまな有形・無形のもので，資源化し活用することが重視される[47]。

6-2　アート・ワールド

芸術はアーティストによる作品に限られない。アーティストとアートに参加する人々との協同そのものといえる。ハワード・S・ベッカーはアート・ワールドの理論を提示し，アート・ワールドを「参加者の協同的なリンクの確立されたネットワーク」とし，アート作品とは「あるアート・ワールドに特徴的な規則を通して協同し，そのような作品を存在させるようにする，あらゆる人々の連携の産物」であるという[48]。

美術，芸術祭，音楽はこれまで考察してきたようにアーティストあるいは美術館と公共ホールが主体の作品と活動ではなく，美術・音楽をめぐる地域の人々の参加と協同によるネットワークにほかならない。

6-3 アーツ・マネジメント

1966年にウィリアム・ボウモルとウィリアム・ボウエンが実証研究に基づき，「芸術と経済のジレンマ」の問題を提起して以来，文化経済学において芸術文化の公的支援のあり方などが議論されてきた[49]。芸術文化は料金徴収による私的経済である一方，文化的な生活のための準公共財でもある。公立の美術館やホールが整備され，これら公共施設を自治体が運営・維持管理を行っている。芸術活動に補助金も投入される。国民・地域住民の文化的生活のための文化政策に公金が支出されるが，芸術と芸術政策によってもたらされる便益を適切に分析する必要がある。厳しい財政状況にあって，政策と財政支出の効果が問われる中，アーツ・マネジメントへの取組みがみられるようになった。

アーツ・マネジメントとは，芸術文化，美術・音楽におけるその目的と便益を達成するための効果的な運営と維持管理である。

7 芸術の価値

7-1 社会包摂型劇場経営

可児市文化創造センターalaは社会包摂型事業の「アーラまち元気プロジェクト」を実施している。館長兼劇場総監督の衛紀生氏は社会包摂機能は芸術本来の価値であるとし，社会包摂型劇場経営が鑑賞者開発と資金調達環境を劇的に改善すると唱えている。「アーラまち元気プロジェクト」を展開し，alaのソーシャル・ブランド化に取り組んでから，alaの収支比率が改善し，マーケティング投資収益率が上昇している。衛氏は社会包摂事業について，次のように述べている[50]。

社会包摂事業は決して収入のないプロジェクトではなく，鑑賞者を増加させ，ステークホルダーからの支持とアドボケイツを生み出し，補助金・助成金・協賛金の獲得環境を良好にする，いわば時間はかかるが「儲かる」プロジェクトです。収支を大きく改善することが見込める経営手法です。人間的な共感をベースとした強力なマーケティングを展開して強固な経営基盤を構築するものであることを多くの劇場関係者は知るべきではないかと強く思うのです。

7-2 芸術文化のSROI

衛氏は芸術文化に関する社会的投資回収率（SROI）調査にも取り組み，岐阜県立東濃高校でのコミュニケーション・ワークショップの分析では，インプットの193万円に対してインパクトは1,902万7,394円で，SROI値は9.86％と紹介している。

SROIは，公益社団法人日本劇団協議会の「芸術団体における社会包摂活動の調査研究」報告書（文化庁委託事業，平成28（2016）年度戦略的芸術文化創造推進事業ステップアップ・プロジェクト）で詳述されている。本調査研究は社会包摂に関する演劇活動が社会に与える影響に関するもので，SROI（Social Return on Investment）について，次のように説明している[51]。

> SROIは，行政機関・企業・非営利組織等の活動に対して，財務的な価値のみでは測れない，社会的な価値を定量的に測る手法である。まず，活動に関与する利害関係者を明らかにし，利害関係者ごとのインプット（投入資源），アウトプット（活動の結果），アウトカム（アウトプットがもたらす変化）とそれぞれを評価する指標の設定及び評価を行う。

報告書によれば，今回の調査では測定可能なアウトカムである「問題行動の減少」と「中退者の減少」におけるインパクトを検討し，演劇表現ワークショップにおけるインプットに対するインパクトを貨幣価値換算した結果でSROI値を算出している。また，「なお，本調査では生徒におけるインパクトのみを算出しているが，本来であれば，生徒の親や教師，講師，学校や劇団等に与える波及効果なども考慮すべきであり，これらを含めた場合，インパクトはより大きくなる可能性がある」としている。アウトカムの詳細において，指標の変化量，変化あたりの価値，変化の価値の算出について説明しているが，「変化」を社会的価値としてとらえられ，その価値を定量的に評価することに大きな意義がある。

衛氏は，岐阜県立東濃高校での，コミュニケーション能力向上を目的とした文学座の協力を得たワークショップで，毎年40名前後で推移していた中途退学者を３年間で９人に減少させることができ，社会的インパクト投資に用いられる社会的投資収益率の計算式を援用すると，概算で48億円の経済的損失をまぬがれたことになるとしている。

7-3 alaの理念と経営

alaの特徴として，「芸術の殿堂ではなく，人間の家」，「もっと市民へ！もっと地域へ！「alaまちづくり元気プロジェクト」」，「地域からの創造発信「ala Collectionシリーズ」」という考え方と活動，「チケットサービス」の充実があげられている。公立劇場としての理念と経営が高く評されているalaであるが，平成29（2017）年度の利用者数は31万6,056人となっている。諸室稼働状況は65.4％で，利用料金収入は3,120万6,554円であり，劇場稼働状況は65.4％となっている。人口約10万人の地方市としては来館者は多く，稼働率は高い。

公益社団法人全国公立文化施設協会「平成28年度　劇場，音楽堂等の活動状況に関する調査研究報告」（平成29・2017年３月）によれば，人口10万人以上30万人未満の市の最大ホールの稼働率は57.3％で，入場者数・参加者数は６万6,794人となっており，同じく1,000席以上の最大ホールの稼働状況は58.3％で，入場者数・参加者数は11万1,330人となっている。同じく２番目に大きいホールの稼働状況は67.2％で，入場者数・参加者数は３万9,660人となっており，同じく500席未満は70.0％で，同じく２万2,084人となっている。

また，10万人以上30万人未満の指定管理者による施設では，指定管理料が１億2,148.6万円，入場料等の事業収入が2000.4万円，利用料収入が5,010.4万円，公的補助金・助成金等が4,314.6万円となっており，最大ホールの1,000席以上では，同じく１億6,517.1万円，5,512.4万円，6,525.9万円，2,798.1万円となっている。

alaの指定管理者である公益財団法人可児市文化芸術振興財団の平成29（2017）年度の事業収益は５億5,961万4,867円で，事業費は５億5,383万4,926円となっている。入場料収益が3,980万5,450円，利用料金収益が3,120万6,554円，公演事業収益が2,372万321円，指定管理受託収益が４億5,000万円，受取補助金等が4,974万1,000円となっている。

社会包摂事業に行うalaは公立劇場の新たな理念とスキームを提示し，マネジメントとマーケティングでその成果を上げている。

〈注〉

1　文化庁ウェブサイト：http://www.bunka.go.jp/seisaku/bunka_gyosei/hoshin/

2　文部科学省ウェブサイト
http://www.bunka.go.jp/seisaku/bunka_gyosei/shokan_horei/kihon/geijutsu_shinko/index.html

3　文化庁「平成27年度　文化プロデュースによる地域振興に関する調査研究事業」「平成27年度　文化産業の経済規模及び経済波及効果に関する調査研究事業」
http://www.bunka.go.jp/tokei_hakusho_shuppan/tokeichosa/
文化庁「文化芸術資源を活用した経済活性化（文化GDPの拡大）」平成28年４月13日
www.bunka.go.jp/seisaku/bunkashingikai/sokai/sokai_16/.../shiryo2.pdf

4「文教施設（スポーツ施設，社会教育施設及び文化施設）における公共施設等運営権制度の可能性と導入について」平成29年３月，文教施設における公共施設等運営権制度の導入に関する検討会
http://www.mext.go.jp/b_menu/shingi/chousa/shisetu/040/gaiyou/1382968.htm

5　独立行政法人国立女性教育会館ウェブサイト
https://www.nwec.jp/about/procure/list.html

6　法務省「旧奈良監獄保存活用事業に係る優先交渉権者の選定について」平成29年５月26日
http://www.moj.go.jp/kyousei1/kyousei07_nara.html

7　公益財団法人武蔵野生涯学習振興事業団・武蔵野市立ひと・まち・情報創造館武蔵野プレイス，『武蔵野プレイス５周年記念シンポジウム報告書』2016年12月
http://www.musashino.or.jp/oshirase_place.html?no=3989&prv=top&f=2
公共ファイナンス研究所発行「公共施設マネジメント第13号」p22『「武蔵野プレイス」という複合機能施設の特徴とその運営』武蔵野市立ひと・まち・情報　創造館　武蔵野

プレイス館長加藤伸也氏寄稿を参照。

8　徳島市立図書館協議会平成26年度第1回資料，平成27年度第1回資料，平成28年度第1回資料

http://www.city.tokushima.tokushima.jp/shisei/fuzokukikan/tosho_kyougi.html

9　公共ファイナンス研究所「公共施設マネジメント」2013年夏号p12寄稿「市民生活をより豊かにする図書館をめざして」

10　武雄市「2016年度武雄市図書館・歴史資料館利用者アンケート調査結果報告書」

11　公益社団法人日本文藝家協会「図書館業務の民間委託についての提言」平成24年9月18日

http://www.city.takeo.lg.jp/information/uploads/20160929bunka01.pdf

12　社団法人日本書籍出版協会「武雄市図書館に関する質問書」2013年3月4日

http://www.jbpa.or.jp/pdf/documents/takeo20130304.pdf

13　公益社団法人日本図書館協会「公立図書館の指定管理者制度について－2016」2016年9月30日

http://www.jla.or.jp/Portals/0/data/kenkai/siteikanrikeikai2016.pdf

http://www.bungeika.or.jp/pdf/20120918_1.pdf

同協会「武雄市の新・図書館構想について」

http://www.jla.or.jp/demand/tabid/78/Default.aspx?itemid=1487

14　図書館総合展「“武雄市図書館”を検証する」全文（THE HUFFIGTON POST 2017年2月4日検索）より，慶応義塾大学文学部・糸賀雅児教授の発言。

http://www.huffingtonpost.jp/news/shiteikanrishaseido/

http://www.huffingtonpost.jp/2013/10/31/takeo1_n_4186089.html

15　八戸ブックセンターウェブサイト掲載の施設概要等及び八戸ブックセンター基本計画書（平成28年5月）参照。

https://8book.jp/

https://www.city.hachinohe.aomori.jp/index.cfm/9,95540,219,513,html

16　公益社団法人全国公立文化施設協会「平成26年度　劇場，音楽堂等の活動状況に関する調査研究報告書」

http://www.zenkoubun.jp/publication/pdf/afca/h26/h26_chousa.pdf

公益社団法人全国公立文化施設協会「平成28年度　劇場，音楽堂等の活動状況に関する調査研究報告」平成29年3月

https://www.zenkoubun.jp/publication/survey.html

17　可児市文化創造センターウェブサイト連載/『「公共劇場」へ舵を切る』『集客から創客へ』（http://www.kpac.or.jp/）及び「可児市文化創造センター事業・運営の実積及び

経済波及効果等に関する調査研究報告書」2010年６月，ニッセイ基礎研究所を参照。
http://www.kpac.or.jp/data/report/ala_report2009.pdf

18 兵庫県立芸術文化センター平成26年度事業実績
http://www1.gcenter-hyogo.jp/about/pdf/center/rep26.pdf

19 公共ホールの建設と運営に関しては，立教大学社会デザイン研究所の主催の「公共ホールのつくりかたと動かし方を学ぶ」講座と講義録に詳しい。
http://www2.rikkyo.ac.jp/web/social-design/activity/culture.php

20 金沢21世紀美術館広報室長・落合博晃「美術館と観光―金沢21世紀美術館の挑戦」博物館研究Vol50 No.9（No.567）及び来館者数等は2016年度金沢21世紀美術館年報による。
https://www.kanazawa21.jp/data_list.php?g=52&d=12

21 国立新美術館平成28年度活動報告
http://www.nact.jp/information/introduce/report/

22 国立科学博物館平成28年度及び29年度自己評価書
http://www.kahaku.go.jp/disclosure/duties/index.html
国立科学博物館平成29年度損益計算書
http://www.kahaku.go.jp/disclosure/information/futai/index.html

23 注24及び金沢21世紀美術館・秋元雅史「美術館の文化プログラムによるまちづくりと文化観光」に記述の大阪立大学大学院創造都市研究科「金沢21世紀美術館」経済波及効果に関する調査報告書（平成17年９月）による。

24 平成30年度公益財団法人金沢芸術創造財団収支予算
http://www.kanazawa-arts.or.jp/info/

25 島根県芸術文化センターについては同センターウェブサイトと指定管理者である公益財団法人しまね文化振興財団の平成29年度事業報告２と平成29年度収支予算書等による。
https://www.cul-shimane.jp/disclosure/

26 足立美術館については，同館ウェブサイトhttps://www.adachi-museum.or.jp/と足立全康『庭園日本一足立美術館をつくった男』日本経済新聞出版社，その他による。

27 公益財団法人足立美術館「平成29年３月31日現在　貸借対照表」
https://www.adachi-museum.or.jp/company

28 徳島県立近代美術館年報平成29年度
http://www.art.tokushima-ec.ed.jp/article/0007888.html

29 本件に関して月刊美術2016年12月号p31藤田一人「美術館の役割とは」に記述されている。

30 十和田市現代美術館ウェブサイト
http://towadaartcenter.com/

31　多治見市モザイクタイルミュージアムウェブサイト
http://www.mosaictile-museum.jp/

32　公益財団法人徳間記念アニメーション文化財団年報（2016－2017）

33　グッゲンハイム・ミュージアム・ビルバオ　ウェブサイト
http://www.guggenheim-bilbao.eus/

34　フィリップ・コトラー＋ニール・コトラー『ミュージアム・マーケティング』第一法規 p(4)

35　同前p45

36　同前p35

37　同前p362

38　『大地の芸術祭　越後妻有アートトリエンナーレ2015』現代企画室発行より

39　高橋明也『美術館の舞台裏―魅せる展覧会を作るには』（ちくま新書）

40　大地の芸術祭実行委員会『大地の芸術祭　越後妻有アートトリエンナーレ2015総括報告書』2016年３月31日（平成28年８月31日修正）

41　新潟県地域経済・産業分析レポート'6。なお，新潟県地域経済・産業分析レポート'12では「産業連関分析を行う上で注意すべきポイント」として大地の芸術祭の経済波及効果の推計のあり方について言及している。

42　ニキ・ド・サンファル『タロット・ガーデン』（ニキ美術館）及びニキ・ド・サンファル展（2015年９月18日～12月14日，国立新美術館）カタログ（国立新美術館・NHK・NHKプロモーション編集，NHK・NHKプロモーション発行）

43　「豊島八百万ラボ」は，アートはスプツニ子！，建築は成瀬友梨・猪熊純による。2016 JULY.「NAOSIMA NOTE」。「瀬戸内国際芸術祭2016公式ガイドブック」p18・p87。
ベネッセアートサイト直島ウェブサイト－アート－豊島－豊島八百万ラボ
http://benesse-artsite.jp/art/8-million-lab.html
スプツニ子！『はみだす力　スプツニ子！』（宝島社）

44　今道友信『美の位相と芸術（増補版）』（東京大学出版会）p252．引用文については，筆者が旧字体を新字体に変更している。

45　瀬戸内国際芸術祭2016公式ガイドブック，p14・p85・p86，ボルタンスキー東京庭園美術館図録と著書
ベネッセアートサイト直島－アート－心臓音のアーカイブ
http://benesse-artsite.jp/art/boltanski.html
同上－ささやきの森
http://benesse-artsite.jp/art/la-foret-des-murmures.html

クリスチャン・ボルタンスキー「Animitas」展（2016.9.22 -12.25，東京都庭園美術館）資料

http://benesse-artsite.jp/art/la-foret-des-murmures.html

46 瀬戸内国際芸術祭実行員会『瀬戸内国際芸術祭2016 Setouchi Triennale 2016 総括報告書』2017年1月10日

http://setouchi-artfest.jp/seto_system/fileclass/img.php?fid=press_release_mst.20170217195217a6457f2b91cb302fa36db1fae1083e73

公益財団法人 福武財団

http://www.fukutake.or.jp/art/

47 文化資源学会設立趣意書，

48 ハワード・S・ベッカー『アート・ワールド』（慶應義塾大学出版会）p39・p40

49 ウィリアム・ボウモル/ウィリアム・ボウエン『舞台芸術-芸術と経済のジレンマ』（芸団協出版部）

50 衛紀生氏エッセイ「鑑賞者開発と資金調達環境を劇的に改善する，社会包摂型劇場経営を。」2017.06.14 及び「館長の部屋」並びにコラム，平成29年度事業実績及び財務指標等に基づく。

http://www.kpac.or.jp/outline/

51 公益社団法人日本劇団協議会「芸術団体における社会包摂活動の調査研究」報告書（文化庁委託事業，平成28年度戦略的芸術文化創造推進事業ステップアップ・プロジェクト）

http://www.gekidankyo.or.jp/book/

第12章

エネルギーマネジメント

1　気候変動問題

1-1　COP21

2015年11月30日から12月13日までフランス・パリで開催された「国連気候変動枠組条約締結国会議」（COP21）で採択された2020年以降の気候変動問題に関するパリ協定が，55カ国以上が参加すること，世界の総排出量のうち55％以上をカバーする国が批准することという２つの発効条件が満たされ，2016年11月４日に発効した。パリ協定では，世界の平均気温上昇を産業革命以前に比べて２℃より十分に低く保ち1.5℃に抑える努力をするという「２℃目標」と，できる限り早く世界の温室効果ガス排出量をピークアウトし21世紀後半には温室効果ガス排出量と（森林などによる）吸収量のバランスを取る「排出と吸収の均衡」という２つの長期目標が掲げられた。日本では中期目標として,「2013年度比で26％削減」という目標が定められた。

「持続可能な開発のための2030アジェンダ」の中核となる「持続可能な開発目標」（SDGs）では，経済・社会・環境の諸問題を総合的に解決することの重要性が示され，気候変動問題は社会・環境の最大の脅威とされ，パリ協定の下，世界全体での今世紀後半の脱炭素社会に向けて，温室効果ガスの大幅削減が課題となっている。

パリ協定が掲げる「２℃目標」や「排出と吸収の均衡」の具体化と地球温暖

化対策は，コスト増加要因となる一方，再生可能エネルギーの普及に向けての投資機会の拡大につながる。

1-2 グリーン経済

経済・社会・環境の持続可能性の実現に向け，2011年11月に国連環境計画（UNEP）が「グリーン経済（Green Economy）」の報告書を公表している。2011年５月に経済協力開発機構（OECD）が「グリーン成長に向けて（Towards Green Growth）」の報告書を公表し，UNEPはグリーン経済を，環境問題に伴うリスクと生態系の損失を軽減しながら，人間の生活の質を改善し社会の不平等を解消するための経済のあり方と定義している。

OECDにおける「グリーン成長」とは，経済的な成長を実現しながら人間の暮らしを支えている自然資源と自然環境の恵みを受け続けることとされる。グリーン成長における重要な要素として，生産性の向上，環境分野の技術革新，新しい市場の創造，安定した政策への信頼，マクロ経済的な安定性，資源制約，生態系における安定性があげられている[1]。

2016年１月の国際再生可能エネルギー機関（IRENA）の報告書によれば，エネルギー消費に占める再生可能エネルギーの割合を2030年までに2010年比２倍の36％にすると，世界全体のGDPは最大1.1％，金額にして約１兆3,000億ドルが増加し，再生可能エネルギーによる雇用は，現在の920万人から2,440万人に増加すると試算されている[2]。

また，気候変動を防ぐには，世界全体で毎年2,900億ドル（約33兆円）の再生可能エネルギーへのコストが必要と試算される。一方，このコストに対し，大気汚染と二酸化炭素の削減という便益は1.2兆ドルから4.2兆ドル（約140兆円から480兆円）とされる。再生可能エネルギーへの投資は，４倍から15倍の便益を生むことになる。この投資を怠ると，４倍から15倍の損害が発生する[3]。

再生可能エネルギーの固定価格買取制度（FIT）は賦課金という国民の負担で成り立っているが，社会的便益に留意する必要がある。コストを投資ととらえ，FIT価格の低廉化に努力し適切に設定することによって，再生可能エネルギーは雇用と関連産業を生み出す。

IPCC（気候変動に関する政府間パネル）によれば，再生可能エネルギー発電は化石燃料による発電よりも外部コスト（external cost）は極めて低く，石炭火力は再生可能エネルギーの100倍以上の外部コストが発生しているとされる。外部コストは大気汚染など市場取引の外部に置かれた外部不経済であり，社会的な損害にほかならない。

再生可能エネルギーの中でも，風力発電の外部コストが最も低い[4]。

2　日本のエネルギー政策

2-1　地域エネルギー代金収支

再生可能エネルギーのエネルギー源は太陽光，風力，水力，地熱等でその土地に帰属する地域条件や自然資源であり，導入ポテンシャルは都市部よりも地方部において高くなっている。地方の各地域のエネルギー代金の収支についてみると，約８割にあたる1,346自治体では地域内総生産の５％相当額以上，379自治体では10％相当額以上の資金が地域外に流出している[5]。現在のエネルギー源の大半が化石燃料であるため，地域のエネルギー代金の支払いの多くが輸入代金として海外に流出している。東日本大震災以降，原発の再稼働が進んでいない中で，化石燃料の輸入の高まりは国富の海外流出といえ，再生可能エネルギーの導入はこのような点でも意義がある。

また，平成28（2016）年４月１日以降，電気の小売業への参入が全面自由化され，新電力の小売電力市場シェアが増加し，小売電気事業者数も増加している。

2-2　FIT制度

再生可能エネルギー特別措置法（「電気事業者による再生可能エネルギー電気の調達に関する特別措置法」平成23年８月30日法律第108号）により，平成24（2012）年７月１日から再生可能エネルギー固定価格買取制度（FIT制度）がスタートした。同法は平成28（2016）年６月３日に改正され，買取価格等の変更がなされている。

FIT制度が成立した背景の第１は地球温暖化対策，温室効果ガス排出削減という環境問題であり，第２は東日本大震災による福島第１原発事故である。原発の安全性が厳しく問われ，再稼働の是非が議論となっている。

地球温暖化対策に関しては平成11（1999）年４月に施行された「地球温暖化対策の推進に関する法律」で，国，地方公共団体，事業者，国民の責務が定められ，平成20（2008）年６月の同法改正で第20条の３第３項が新設され，都道府県や指定都市，中核都市等については実行計画の内容について，「太陽光，風力その他の化石燃料以外のエネルギーであって，その区域の自然的条件に適したものの利用の促進に関する事項」など，その区域の自然的社会的条件に応じて温室効果ガスの排出抑制等を行うための施策も定めるものとされた。自治体の地球温暖化対策，再生可能エネルギーへの取組みは，このように自治体の責務となっている。災害時のエネルギー・セキュリティも自治体に求められる。

2-3 再生可能エネルギーの発電比率

日本の平成28（2016）年度の発電電力量の構成比は，天然ガス40.4％，石炭33.3％，石油その他9.3％，原子力1.7％，水力7.5％，水力除く再生可能エネルギー7.8％となっている。水力除く再生可能エネルギーは平成23（2011）年度の2.7％から増加し，水力を含める再生可能エネルギーの割合は15.3％となっている。

主要国の2015年の再生可能エネルギーの発電比率はドイツ30.6％（水力除く27.7％），スペイン35.3％（同25.2％），イギリス25.9％（同24.0％），フランス16.3％（6.7％），イタリア39.8％（23.6％），アメリカ13.6％（7.8％），カナダ63.8％（7.1％）となっており，日本の再生可能エネルギーの発電比率は著しく低い。

平成24（2012）年７月の固定価格買取制度開始後，平成29（2017）年３月時点で，新たに運転を稼働した設備は約3,539.2万kwで制度開始前と比較して約1.7倍となっている。制度開始後，認定された容量のうち運転開始済量の割合は約33.7％で，導入量の約95％，認定量の約80％を太陽光が占める[6]。イタリアを除く主要国では主要再生可能エネルギーは風力であり，日本は太陽光に偏重している。太陽光は地域によって偏在がなく，環境アセスメントが不要で，FIT価格が高く設定されてきたことから普及が進んだ。今後は風力を中心に他の再生可能エネルギーの事業化が課題となる。

再生可能エネルギーの主なものとしては，太陽光，風力，水力，地熱，バイオマスがあげられ，温室効果ガスをほとんど排出しない。

太陽光発電は住宅用を中心に設置と管理の容易さから普及し，さらに，FITを活用した売電を目的とするメガソーラーの事業化が進んだ。

風力は大型の機器が設置可能で，安定した風が得られる立地条件が課題であるが，北海道や東北等で盛んで，洋上風力発電の研究と実用化も加速している。

急峻な山と川の多い日本では，水力，特に３万kw未満の中小規模発電が有力視されている。火山国の日本は地熱も豊富で，開発に関する規制の緩和によって，普及が期待できる。

バイオマスは木質など農林水産資源のほか，特に都市ごみ，中でも食品残渣（生ゴミ）から発生させたメタンガスによる発電プラントが増加している。

これら再生可能エネルギーの促進の視点はエネルギーの地産地消であり，地域の自然的社会的条件に応じた再生可能エネルギー，エネルギーミックスによる発電である。その際，重要なのは，再生可能エネルギーに関する地域の産業育成であり，経済振興である。再生可能エネルギーによって生み出された価値を地元にもたらす仕組みが必要となる。

2-4　買取総額と賦課金の課題

再生可能エネルギーはFIT制度で買い取られるが，買取資金は電気代へ賦課金として上乗せられている。電力中央研究所が発表した「固定価格買取制度（FIT）による買取総額・賦課金総額の見通し（2017年版）」（平成29・2017年３月）では，FIT買取総額は2030年単年で4.7兆円と推計され，これは平成28（2016）年の買取実績値2.3兆円の２倍，エネルギーミックスにおける政府想定を0.7～１兆円上回る。累積買取総額は2030年までに約59兆円，全てのFIT電源の買取期間が終了する2050年までに約94兆円に達する。

FIT賦課金総額は2030年単年で3.6兆円であり，2016年の賦課金総額の実績値1.8兆円の２倍であり，2030年までに約44兆円，2050年までに約69兆円に達する[7]。

地球温暖化対策のためのFIT制度は，国民と産業界の負担で維持され，2050

年まで続く。再生可能エネルギー事業者の収益も，国民と産業界の負担に依る。FIT制度により，どれほど温室効果ガスが減少しているのか，適切な検証がなされなければならないが，国民の負担は消費を低下させ，産業界の負担は製品のコストに転嫁され，産業界の国際競争力を低下させる。FIT制度のメリットが，再生可能エネルギー事業者と投資家に偏重せず，国民に還元されるよう，賦課金と電気代のあり方が問われている。

環境（Environment）・社会（Social）・企業統治（Governance）の３分野の取組みで企業を評価し投資先を選ぶESG投資が，世界の年金基金等の機関投資家により普及が加速している。環境の分野では再生可能エネルギーの利用状況が投資判断材料とされる。ESG投資の対象となれば，企業の成長性が評価されているととらえられる。日本では年金積立金管理運用独立行政法人（GPIF）が，平成29（2017）年にESG投資を始めている。

しかし，日本の企業の再生可能エネルギーの導入は，欧米に比べ見劣りしているといわれる。日本では世界的に高い買取価格により，再生可能エネルギーを企業に売電するよりもFITでの売電を優先させる。また，自社で再生可能エネルギー発電設備を設置するにしても，導入コストが高いことも要因となっている。再生可能エネルギーの調達が進まなければ，日本の製造業の国際競争力は低下し，投資対象にもならない。

電力中央研究所の研究によれば，太陽光発電については非住宅用のモジュール価格は欧州の約1.5倍，インバータ価格は欧州の２倍から３倍，BOS（Balance of System：モジュール・インバータ以外の費用）は欧州の約２倍であり，住宅用では同じく約2.7倍，約2.2倍，約1.1倍となっている。風力発電については，タービン価格は世界平均の約1.4倍，工事費は同じく約1.6倍となっている。コスト差の要因としては高い流通コスト，FIT価格水準に合わせた発注価格の契約で適正なスペック・設置を行うインセンティブの小ささ，土地造成や気象条件等があげられている[8]。

風力発電についてはコスト構造の分析がなされ，世界的にみてもコスト高であり[9]，特に発電事業者が支払う送電線の費用負担が大きく，発送電分離と電力市場改革が急がれる。

政府は再生可能エネルギーを主力電源にするために，高コスト構造の解消とインフラ整備が課題として，系統への円滑な受入れに向け，系統の空き容量を柔軟に活用し，一定の制約条件の下で系統への接続を認める「日本版コネクト&マネージ」の検討を行っている。

日本における再生可能エネルギーの普及についてさまざまな課題があげられるのに対して，ドイツは脱原発と再生可能エネルギーへの転換を積極的に進めている。

3　地域の主体性

3-1　コミュニティパワー

世界風力発電協会（WWEA）が，再生可能エネルギー普及のため地域で重要な役割を担うコミュニティパワーについて，3つの原則をあげて次のように定義している。

1. 地域のステークホルダー（利害関係者）が事業の全体あるいは大半を担っている。
2. 地域社会に基礎を置く組織が事業の議決権を有している。
3. 社会的，経済的な利益の全てあるいは大半は地域に分配される。

このようなコミュニティパワーという考え方に基づき，欧米では風力発電をはじめ，地域で再生可能エネルギーの事業化が進んでいる。

3-2　シュタットベルケ

ドイツでは電気代の推移が注目され，転換政策の是非が議論されているが，分散型エネルギーの普及に自治体が主体的に取り組み，ドイツのコミュニティパワーとされるシュタットベルケ（Stadtwerke）の設立が盛んになっている。シュタットベルケは自治体公社などと訳され，自治体が出資し，地域の電力やガス等のエネルギー事業を中心に，上下水道，公共交通，ごみ，通信，プール等の公共施設の運営・維持管理等を行う公益事業体であり，ドイツ全土で約

1,400に上り，電力事業を手がけるシュタットベルケは900を超える。シュタットベルケ全体の経済規模（共同組織加盟企業合計）は，電力については売上高7兆49億円・従業員数6万3,019人，ガスは3兆5,846億円・3万3,643人，熱は5,446億円・9,638人で，合計で11兆1,341億円，10万6,300人となっている。電力のうち電力小売売上は2兆円程度であり，これはドイツ小売市場全体の20%のシェアを占める。Stadwerke Duisburg AGなど直接雇用・間接雇用・誘発雇用あわせて5,600人分の雇用を創出しているといわれる[10]。

自治体の出資比率はさまざまで50%以上が多いとされ，民営化とともに再公営化の動きもある。公社であっても独立採算であり，事業性を確保しなければならない。しかし，事業目的は利益による株主価値の最大化ではなく，地域住民の「生存配慮」（Daseinsvorsorge）にある。シュタットベルケの事業と経営状況もそれぞれ異なるが，一般的にエネルギー事業の利益で，公共交通や市民プール等の赤字事業を埋め合わせ運営し，シュタットベルケ全体としては黒字を維持している[11]。

ドイツでは電力の卸売市場が発達しているので，エネルギー事業については，大手発電事業者から調達した電力の配電と小売が中心となっているが，最近では再生可能エネルギーへの転換政策により発電事業にも注力している。

シュタットベルケは自治体が出資し運営に関与することで，地域住民からの信頼を得て，住民サービスの充実によって，経営の安定が図られている。エネルギーと資金を地域内で循環させ，雇用を創出するシュタットベルケは地域電力のあり方を示唆している。

日本でも再生可能エネルギーの地産地消に向け，シュタットベルケを参考に，地域エネルギー会社が構想され，設立が進んでいる。

4　地域エネルギー事例

4-1　おひさまエネルギーファンド

市民出資で，再生可能エネルギー発電に取り組んでいるのが，長野県飯田市のおひさま進歩エネルギー株式会社であり，関連会社のおひさまエネルギーファンド株式会社が市民出資の募集会社となっている[12]。

飯田市は環境モデル都市をめざし，太陽エネルギー利用や木質ペレットによる熱供給等促進のさまざまな施策を実施している[13]。平成25（2013）年４月には「飯田市再生可能エネルギーの導入による持続可能な地域づくりに関する条例」を施行し，平成26（2014）年４月には「環境モデル都市行動計画」を策定している（第２次，平成21年３月に第１次策定)。飯田市はおひさまエネルギー進歩株式会社と連携して，同市での再生エネルギーの普及に取り組んでいる。

中山琢夫氏，ラウパッハ・スミヤ ヨーク氏，諸富徹氏は地域付加価値分析という手法で，おひさま進歩エネルギーの太陽光発電事業がもたらす2004年から2030年までの付加価値創造額の累計は17億7,800万円と試算している。現在の出資者比率でシミュレーションした2030年までの南信州地域における付加価値創造累計額は９億7,100万円に減少する。地域外からの出資に対する配当の支払いによって付加価値が域外に流出する[14]。

4-2 市民出資の小水力発電事業

小水力発電とは一般的に1,000kwから10,000kw以下の水力発電をいい，貯水池式の大規模ダムや調整池式の中規模ダムとは異なり，川の高低差と流量を利用して発電する方式が採用されている。

富山県の小早月川にある小早月発電所は，既存の砂防ダム近辺から取水し，導水管で下流の発電所まで水を導き，発電に使用した水は小早月川の約2.8km下流に戻す。地元の建設会社等が出資したSPCの株式会社アルプス発電による小水力発電事業を行っているが，立山アルプス小水力発電事業として，おひさまエネルギーファンド株式会社が市民出資の募集代行をしている[15]。

高知市北部の中山間地域の土佐山では，住民出資により土佐山高川区小水力発電が設立された（他に，地域小水力発電が出資)。過疎化で地域活動資金が減少する中，集落維持や共用施設の管理・修繕等の費用を，売電収入で賄う[16]。

4-3 小田原市のエネルギーマネジメント

ほうとくエネルギー株式会社は，小田原市の市民及び地域企業の出資や寄付で，メガソーラー事業のほか，公共施設屋根貸しソーラー事業を行っている[17]。小田原市は平成26（2014）年４月に「小田原市再生可能エネルギーの利用等の促進に関する条例」を施行し，「小田原市エネルギー計画」では「エネルギーを地域で自給する持続可能なまち」を目指すべき将来像に掲げている。同市はこのように，エネルギーの地産地消とともに，蓄電池等を組み合わせたエネルギーマネジメントとエネルギーの地域自給に取り組み，平成29（2017）年４月には小中学校42施設を対象にエネルギーの自給自足の促進に係るモデル事業の公募プロポーザルを実施している。

本事業は７施設に蓄電池設備と太陽光発電設備を設置し，合計42施設で電力需給契約を締結するものである。７施設の蓄電池を一体で遠隔制御することにより，ピークカットを行う。湘南電力株式会社が最優秀提案者に選定されているが[18]，ほうとくエネルギーは湘南電力に出資しており（資本金1,000万円のうち10%），本事業で７つの小学校に太陽光発電設備と蓄電池システムを設置し，湘南電力にリースする。

FIT制度による買取価格の下落で売電事業が難しくなる中で，地元PPS等によるリース方式で学校をはじめとする公共施設に太陽光発電設備と蓄電池を設置し，エネルギーマネジメントを行い，省エネとエネルギーの地域自給を図る意義は大きい。

産業廃棄物の最終処分場など，自治体の当面には用途のない広大な公有地は，日照条件等に恵まれていれば，メガソーラーに適している。これら公有地の有効利用として，これまでのところ売電を計画する民間事業者に賃貸することが一般的であり，自治体にとっては，公有地の賃料，固定資産税，事業税（基礎自治体と都道府県）が収入となる。

一方，自治体が自ら発電事業者となり，売電する方は，リターンが大きい。自治体が発電・売電する利点の１つに，土地を賃借する必要がないのはもちろん，電力会社に売電した際の消費税も自治体の収入となることで，今後消費増税となれば，さらに収入増となる。電力不足や計画停電時にも速やかに対応できる。

初期投資を抑えるには，太陽光発電システムをリースで設置する方法がある。福岡市は２カ所の埋め立て地で15年間のリース方式により，ともに１メガワットのメガソーラーを整備した。合わせて約420世帯分の年間電力量を発電し，20年間でそれぞれ８億3,160万円と７億7,000万円の売電収入となる[19]。

4-4 みやまスマートエネルギー

太陽光発電を中心としたエネルギーの地産地消に，自治体が積極的に関わるようになってきた。資源エネルギー庁によれば，平成28（2016）年10月11日時点で自治体からの出資を受けた小売事業者は18者あり，一橋大学と朝日新聞等による平成28（2016）年５月から７月にかけての調査では自治体が関わる新電力について30団体がすでに設立し，85団体が検討しているという[20]。

平成27（2015）年３月にみやま市，筑邦銀行，九州スマートコミュニティが資本金2,000万円のうちそれぞれ55％，５％，40％を出資し「みやまスマートエネルギー株式会社が」設立された。同市が筆頭株主の第３セクターであり，地元金融機関も出資に加わり，資金面・事業管理面で役割を担っている[21]。

同社は電力を家庭の太陽光余剰電力，同市が出資する株式会社みやまエネルギー開発機構のメガソーラー，九州電力から調達する。事業初年度は市役所本庁舎をはじめ公共施設や市内民間企業へ電力を販売し，平成28（2016）年４月より家庭向け電力小売りを行い，電力契約者にはタブレットを配布し，電力販売とセットで，見守りや減災，地域情報等の生活便利サービスを提供している。

地域・コミュニティづくりと社会貢献活動が認められ，平成27（2015）年度グッドデザイン金賞を受賞した[22]。

4-5 浜松新電力

浜松市は2011年度から2030年度までに，電力自給率を4.3％から20.3％へ，再生可能エネルギー導入量を15.5万MWhから79.5万MWhへ，電力使用量の10％削減を目標にしている。このような政策目標を定め，浜松版スマートシティの実現を目指して，再生可能エネルギーの地産地消を推進する新電力会社「株式会社浜松新電力」を平成27（2015）年10月15日に設立し，平成28（2016）年４月１日より電力供給を開始した[23]。

政令指定都市初の自治体出資の地域新電力会社であり，資本金6,000万円の出資者と出資割合は次のとおりである。

・浜松市（8.33％）
・株式会社NTTファシリティーズ（25.00％）
・NECキャピタルソリューション株式会社（25.00％）
・遠州鉄道株式会社（8.33％）
・須山建設株式会社（8.33％）
・中部ガス株式会社（8.33％）
・中村建設株式会社（8.33％）
・株式会社静岡銀行（4.17％）
・浜松信用金庫（4.17％）

同社は電力を出資者の遠州鉄道グループ，須山建設，中村建設が運営するメガソーラーの他，市内企業による太陽光発電，南部清掃工場での廃棄物発電から調達し，公共施設と市内需要家に電力を供給している。

同社のウェブサイトでは，消費電力量と地産エネルギー量，地産エネルギー比率が，毎日30分単位でグラフで表示されている。これによると，晴天など太陽光発電が稼働し電力消費の多い日中はほぼ地産エネルギーで賄われ，夜間は清掃工場が地産エネルギーを生み出している。

4-6 市民参加型ソーラーファンド

阿波・鳴門・土佐泊におけるコミュニティエネルギー事業は，地域の問題解決を目的とし，SPCを活用したスキーム組成・資金調達と市民ファンドの活用により，資金の地産地消を目指した太陽光発電を行う。

防災や環境事業のコンサルタントを手掛けるスペラディウス株式会社が主体となり，徳島県内の３カ所（阿波：約３万8,000㎡，鳴門：約２万8,000㎡，土佐泊：約２万2,000㎡）で約６メガの太陽光発電設備を建設し（阿波・鳴門：平成26・2014年５月～運転開始，土佐泊：平成26・2014年９月～運転開始），四国電力に売電している。

事業体制としては，スペラディウスが太陽光発電設備の保有を行う阿波コミュニティエネルギー株式会社，鳴門コミュニティエネルギー株式会社，土佐泊コミュニティエネルギー株式会社を地元で設立している（総称して「コミエネ社」という)。

本事業の太陽光発電設備の建設は，FIT価格での売電事業による収益が主目的ではない。スペラディウスが地域防災，地域課題，地域活性化について，地元から相談を受け，その解決方法として，太陽光発電設備を建設し，売電事業の収益の一部を各問題の解決に拠出する，というアプローチから始まった事業であり，主目的は「地域のため」となっている。

当初予定では各コミエネ社は，単年度収支は黒字であるが，当初費用にて繰越欠損が当面残る計画であり，事業開始後３年後に繰越欠損が解消した後，地域課題の解決費用を拠出することとなっていた。しかし，発電量が想定以上に好調に推移したことや，コスト削減努力等により，事業開始後２年後には繰越欠損が解消され，収入の一部で地域の緑化等に取り組む。

事業費の調達にあたっては，フィンテックグローバル株式会社が地元銀行の貸付金（プロジェクトファイナンス）に劣後し，スペラディウスや地元企業が出資する資本金より優先する「メザニン」部分の資金調達に関し，地元証券会社と協働し，市民ファンド（阿波コミュニティエネルギーファンド合同会社）の組成を行った。

本事業は徳島県の場所及び太陽光で行われ，また，FIT制度に基づく電気料

図表12-1　市民参加型ソーラーファンド全体スキーム

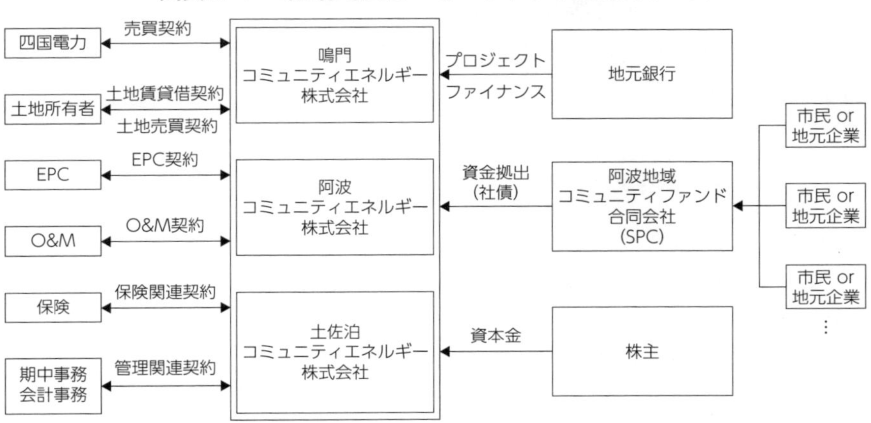

出所：フィンテックグローバル資料

金の上乗せである賦課金も，基本的には電力消費地である地元が負担することになる。今回の市民ファンドでは資金を拠出した地域の住民が，配当という形で利益を享受する。貸付金も地元銀行のみが拠出しており，まさに「金融の地産地消」となっている。また，地域課題の解決のための事業であることからも，事業対象地域の住民が出資者の市民ファンドで取り組んだ意義は大きい。

市民ファンドの募集条件については，期間５年，予想分配率２％（税引前）であったが，販売開始後わずか２週間で完売となり，57名の地域住民から約１億5,700万円の資金が集まった。住民の多くは，地域貢献のために出資している。

4-7 経済の地域循環に向けて

再生可能エネルギーは環境問題の克服，地球温暖化への対策として普及が図られてきた。FIT制度による賦課金は，いわば環境税ととらえられる。省エネルギーとともに，国民の負担によって，大気汚染と二酸化炭素の削減という社会的便益を得ることができる。賦課金の水準については税率の改定のように，今後も議論されていくであろう。高コスト構造の解決とインフラ整備に向け，政府と民間企業の努力が待たれる。

再生可能エネルギーは産業と雇用に大きな影響を及ぼす。スマートグリッドが実現される。建物が発電するようになる。農業のあり方も変える。特に地域においては，経済の地域循環の観点からも再生可能エネルギーの普及は主要な施策となる。地域の市民，起業家と企業，自治体が主体となり，事業化と国の政策を動かす取組みが，気候変動問題を解決し，地域の経済・社会を豊かにする。

〈注〉

1　https://www.env.go.jp/policy/hakusyo/zu/h24/html/hj12010102.html

2　平成29年版環境白書p65
http://www.env.go.jp/policy/hakusyo/h29/pdf.html

3　IRENA：Roadmap for a Renewable Energy Future 2016 Edition
http://www.irena.org/publications/2016/Mar/REmap-Roadmap-for-A-Renewable-

Energy-Future-2016-Edition

4　IPCC再生可能エネルギー源と気候変動緩和に関する特別報告書（2012年環境省訳）
http://www.env.go.jp/earth/ipcc/special_reports/srren/

5　同前

6　経済産業省・再生可能エネルギー大量導入・次世代電力ネットワーク小委員会（第1回）配布資料3「再生可能エネルギー大量導入時代における政策課題と次世代ネットワークの在り方」
http://www.meti.go.jp/committee/sougouenergy/denryoku_gas/saiseikanou_jisedai/001_haifu.html
認定NPO法人環境エネルギー政策研究所「日本の自然エネルギーデータ2016年度」
http://www.isep.or.jp/archives/library/9570

7　一般財団法人電力中央研究所「固定価格買取制度（FIT）による買取総額・賦課金の見通し（2017年版）」朝野賢司2017年3月
criepi.denken.or.jp/jp/serc/source/pdf/Y16507.pdf

8　一般財団法人電力中央研究所研究資料No.Y17501「2050年までの太陽光発電・風力発電の将来コストに関する考察」2017年9月

9　自然エネルギー財団「日本の風力発電コストに関する研究」2017年6月

10　総合資源エネルギー調査会電力・ガス事業分科会電力・ガス基本政策小委員会（第1回）配布資料9「電力・ガス産業の将来像～システム改革後の電力・ガス事業の在り方～」平成28年10月18日経済産業省・資源エネルギー庁
http://www.meti.go.jp/committee/sougouenergy/denryoku_gas/denryoku_gas_kihon/001_haifu.html

11　シュタットベルケ・ケルン等を参照。https://www.stadtwerkekoeln.de/

12　おひさま進歩エネルギー株式会社ウェブサイト
http://ohisama-energy.co.jp/

13　飯田市ウェブサイト
https://www.city.iida.lg.jp/site/ecomodel/project-79.html

14　諸富徹「「自治体エネルギー公益事業体」の創設とその意義」『都市とガバナンス』Vol.26，中山琢夫・ラウパッハ・スミヤ ヨーク・諸富徹「日本における再生可能エネルギーの地域付加価値創造—日本版地域付加価値分析モデルの紹介，検証，その適用—」『サステナビリティ研究』Vol.6（2016年3月）

15　全国小水力利用推進協議会ウェブサイト
http://j-water.org/result/case07.html
全国ご当地エネルギー協会ウェブサイト

http://communitypower.jp/activity/996

16　2016.10.23高知新聞，2017.5.26日経産業新聞

17　ほうとくエネルギー株式会社ウェブサイト

https://www.houtoku-energy.com/

18　小田原市ウェブサイト

http://www.city.odawara.kanagawa.jp/field/envi/energy/topics/p22790.html

湘南電力株式会社ウェブサイト

http://shonan-power.co.jp/

19　福岡市大原メガソーラー及び蒲田メガソーラー

http://www.city.fukuoka.lg.jp/kankyo/ondan/hp/megasolaropen.html

20　一橋経済学第11巻第２号2018年１月「地域における再生可能エネルギー利用の実態と課題」

http://www5.econ.hit-u.ac.jp/kankyoprj/ssk/?page_id=3162

21　みやま市及びみやまスマートエネルギーウェブサイト

http://www.city.miyama.lg.jp/info/prev.asp?fol_id=13252

http://miyama-se.com/

22　グッドデザイン賞2015ウェブサイト

https://www.g-mark.org/award/describe/43255

23　浜松市ウェブサイト

https://www.city.hamamatsu.shizuoka.jp/shin-ene/new_ene_co/start.html

株式会社浜松新電力ウェブサイト

http://www.hamamatsu-e.co.jp/

おわりに

昨年の７月から８月にかけての猛暑は危険な暑さといわれ，熱中症で小学生が亡くなった。文科省調査では公立小中学校の普通教室でのエアコン設置率は平成29（2017）年４月１日現在で49.6％であり，東京都は99.9％，神奈川県は79.0％，埼玉県は76.0％などとなっているのに対し，最も低い愛媛県は5.9％と，設置率には大きな地域差がある。財政負担が大きな要因とされるが学習環境の平等性，人命，子どもの安全に関わる問題であり，政府は今夏までに設置を進める方針であるという。

同年６月28日から７月８日頃にかけての台風７号と梅雨前線による集中豪雨，９月４日の台風21号は全国的に甚大な被害をもたらし，上下水道・道路といったライフラインも損壊し，交通障害が広範囲に発生した。気象庁はこれらの豪雨と顕著な高温を異常気象としている。

６月18日の大阪北部地震，９月６日には北海道胆振東部地震が起き，北海道では土砂崩れによって犠牲者が出て，北海道全域にわたる停電，札幌では液状化現象も起こった。

平成23（2011）年３月の東日本大震災，平成26（2014）年８月豪雨，平成28（2016）年４月の熊本地震に続き，あらためて日本は自然災害大国と思い知らされる。南海トラフ巨大地震や首都直下地震も21世紀中には発生するといわれている。もはや想定外では済まされなくなっている。

国・地域の最大の債務は，国民・地域住民の命を守ることである。防災であり，国民・地域住民の安全と安心の担保であり，さらに広くリスクマネジメントにほかならない。

リスクとはJISQ31000（ISO31000）によれば，「目的に対する不確かさの影響」をいい，リスクマネジメントとは「リスクについて，組織を指揮統制するための調整された活動」と定義される。フランク・ナイトは測定し得る不確実性をリスク（危険）といい，測定し得ないものを不確実性といい，不確実性への対応の構造と方法を論じた。

リスクマネジメントとはこれから起こるかもしれないリスクに対しての備えであり，危機管理とは目前に迫る危機あるいは今まさに起きている危機に対処することである。

未来の不確実性を踏まえ，さまざまな可能性を分析し，適応する効果的なシナリオをつくり実行するシナリオプランニングが，経営，政策において有効とされる。

リスクマネジメントに注力すれば災害等の影響は減少し，シナリオプランニングによって経営と政策はよいものとなる。

また，リスクマネジメント，防災と災害からの復旧・復興，地域活性化には多大な費用を要する一方，日本は財政破綻というリスクに直面している。

日本，地域，都市の再生と発展とはリスクへ対応し，環境，健康，社会，社会を成り立たせる経済と財政の持続可能性を実現することにほかならない。

合成の誤謬で，部分最適は全体最適とはならない。地域と地域が互いに共存し共栄する意識を持ち，それぞれ地域固有のすばらしさを自発的に活かす努力をすれば，地域と都市の再生と発展はより確かなものになろう。

本書では農山村，公共交通，地域の医療と福祉，道州制などふれられなかった課題も多い。経済情勢はじめさまざまなデータの更新は早く，法制度・政策も変わる。地域の発展と都市の再生に向けて，普遍的な考え方や手法・最新事例の紹介に努めたが，変化にはまた新たな発想や施策が必要になる。

本書の再校ゲラを見直している最中に，平成31・2019年第２回経済財政諮問会議が開催され（１月30日），同会議ウェブサイトに「中長期の経済財政に関する試算」（内閣府）が掲載されたので，昨夏の試算に基づいて執筆した内容を修正した。経済財政の見通しについて，政府は楽観視したいようであるが，現実には甘い見通しと有識者がコメントしている。ベースラインあるいはさらに下振れした場合の経済財政のリスクマネジメントとシナリオプランニングは，誰が検討し立案しているのであろうか。

同じく，千葉県野田小学校４年生の女児が父親からの虐待で死亡するという痛ましい事件が起こった。女児が父親からの暴力被害を訴える学校アンケートの写しが公表されている。本事件に関しては児童相談所の予算と人員の著しい不足という大きな問題のほか，関係機関の連携の不備などさまざまな要因が議論されているが，市教育委員会が学校アンケート回答のコピーを父親に渡したことが虐待リスクを高めたともいわれている。子供の虐待死が繰り返される。

またこの２つのことに加え，厚労省の不正統計と第三者委員会の問題が報道され，さらに，GPIFの平成30年・2018年10月～12月の運用実績が14兆8,039億円の赤字となり（短期的な運用実績・評価額増減にとらわれるべきではないとも論じられるが，果たして挽回できるか），改めて，責任ということに考え及んだ。かつて丸山真男は日本社会を無責任の体系と説いた。

本書の執筆を終えるにあたり，なかなか明るい話題が見当たらないと思う折に，東京国立博物館・平成館での「特別展　顔真卿（がんしんけい）―王羲之（おうぎし）を超えた名筆―」に出かけ，書の普遍的な美しさと魅力にふれることができた。本展の注目は王羲之の蘭亭序（らんていじょ）に比肩しうる歴史上の劇跡と称えられる，顔真卿の祭姪文稿（さいてつぶんこう）の日本初公開である。顔真卿は唐王朝に忠勤し，安史の乱で壮絶な最期を遂げた硬骨の官僚・政治家であり，また，書芸術を極めた。その美しい筆法と優品に顔真卿の責任と倫理を感じることができる。

星新一は『マイ国家』で，政府とはていさいのいい一種の義賊といい，しかも，おっそろしく能率の悪い義賊といっている。義賊とは徴税と所得の再配分の寓意であろう。本書は経済，財政，経営，行政，あるいは芸術への筆者の関心と携わってきた実務について一旦立ち止まり，まとめたものである。この度の上梓を機に，今後は街づくりに携わる一方，筆者なりの『マイ国家』を考究し，また，よく生きるための文化芸術を踏まえたリベラルアーツをテーマとしていきたい。

最後に，出版の事情の厳しい中，本書出版をご快諾いただいた株式会社中央経済社ホールディングス代表取締役会長山本継様，最初に話しを聞いてくださった株式会社中央経済社学術書編集部編集長納見伸之様に，厚く御礼を申し上げる。本書の企画から出版に至るまで，同学術書編集部の酒井隆様に大変お世話になった。心から感謝を申し上げる。

主要参考文献

第1章

ジェイン・ジェイコブズ『発展する地域　衰退する地域　地域が自立するための経済学』ちくま学芸文庫

ジェイン・ジェイコブズ『アメリカ　大都市の死と生』鹿島出版会

E・F・シューマッハー『スモール イズ ビューティフル　人間中心の経済学』講談社学術文庫

坪郷實『ソーシャル・キャピタル』ミネルヴァ書房

R.J. バロー／X. サラ-イ-マーティン『内生的経済成長論Ⅰ』第2版九州大学出版会

R.J. バロー／X. サラ-イ-マーティン『内生的経済成長論Ⅱ』第2版九州大学出版会

鈴木茂『イギリスの都市再生とサイエンスパーク』日本経済評論社

編集兼発行人藤原良雄『ジェイン・ジェイコブズの世界』藤原書店

八田達夫編『都心回帰の経済学　集積の利益の実証分析』日本経済新聞社

陣内秀信『イタリア都市の空間人類学』弦書房

橘木俊詔／浦川邦夫『日本の地域間格差　東京一極集中型から八ヶ岳方式へ』日本評論社

斯波照雄『西洋の都市と日本の都市 どこが違うのか』学文社

リチャード・ロジャース／フィリップ・グラムチジャン『都市　この小さな惑星の』鹿島出版会

リチャード・ロジャース／アン・パワー『都市　この小さな国の』鹿島出版会

エドワード・グレイザー『都市は人類最高の発明である』NTT出版

カール・ポラニー『大転換　市場社会の形成と崩壊』東洋経済新報社

フィリップ・コトラー／ミルトン・コトラー『コトラー　世界都市間競争　マーケティングの未来』中央経済社

第2章　産業集積

リチャード・フロリダ『グレート・リセット　新しい経済と社会は大不況から生まれる』早川書房

フィリップ・コトラー/ミルトン・コトラー『コトラー　8つの成長戦略　低成長時代に勝ち残る戦略的マーケティング』碩学舎

マイケル・E・ポーター『競争戦略論Ⅰ』ダイヤモンド社

マイケル・E・ポーター『競争戦略論Ⅱ』ダイヤモンド社

南保勝『福井地域学　地方創生に向けて』晃洋書房

稲継裕昭/山田賢一『行政ビジネス』東洋経済新報社

清丸惠三郎『北陸資本主義 「地方創生」の最先端モデルがここにある！！』洋泉社

税所哲郎『産業クラスター戦略による　地域創造の新潮流』白桃書房

十名直喜編著『地域創生の産業システム　もの・ひと・まちづくりの技と文化』水曜社

大木裕子『産業クラスターのダイナミズム　技術に感性を埋め込むものづくり』文眞堂
藤井大児『技術的イノベーションのマネジメント　パラダイム革新のメカニズムと戦略』中央経済社
山田仁一郎『大学発ベンチャーの組織化と出口戦略』中央経済社
清水洋『ジェネラル・パーパス・テクノロジーのイノベーション　半導体レーザーの技術進化の日米比較』有斐閣
高崎経済大学地域科学研究所編『地方製造業の展開　高崎市ものづくり再発見』日本経済評論社
樋口一清／白井信雄編著『サステナブル地域論～地域産業・社会のイノベーションをめざして～』中央経済社

第３章　農林水産業

末原 達郎・佐藤 洋一郎・岡本 信一・山田 優『農業問題の基層とはなにか　いのちと文化としての農業』ミネルヴァ書房
ジェニファー・コックラル=キング『シティ・ファーマー　世界の都市で始まる食料自給革命』白水社
馬奈木俊介編『農林水産の経済学』中央経済社
曽根原久司／西辻一真／平野俊己／佐藤幸次／南部町商工観光交流課『農業再生に挑むコミュニティビジネス　豊かな地域資源を生かすために』ミネルヴァ書房
小林哲『地域ブランディングの論理　食文化資源を活用した地域多様性の創出』有斐閣
大江正章『地域の力－食・農・まちづくり』岩波新書

第４章　定住と交流

澤渡貞男『ときめきの観光学　観光地の復権と地域活性化のために』言視舎
ジェームズ・マック『観光経済学入門』日本評論社
デビッド・アトキンソン『新・観光立国論』東洋経済新報社
大社　充『地域プラットフォームによる観光町づくり　マーケティングの導入と推進体制のマネジメント』学芸出版社
原田保／板倉宏昭／加藤文昭編著『旅行革新戦略　地域デザインとライブデザインによるコンテスト展開』白桃書房
竹内正人／竹内利江／山田浩之編著『入門　観光学』ミネルヴァ書房
中平千彦／藪田雅弘編著『観光経済学の基礎知識』九州大学出版会
日本政策銀行『観光DMO設計運営のポイント　DMOで追求する真の観光振興とその先にある地域活性化』ダイヤモンド社
吉兼秀夫他『地域創造のための観光マネジメント講座』学芸出版社
コンテンツツーリズム学会他『コンテンツツーリズム入門』古今書院

第５章　住宅産業

瀬古美喜『日本の住宅市場と家計行動』東京大学出版会

藤本典嗣『テキスト　都市地理学　都市システム論の視点』中央経済社

リチャード・フロリダ『クリエイティブ　都市経済論　地域活性化の条件』日本評論社

佐藤泰裕／田渕隆俊／山本和博『空間経済学』有斐閣

藤本隆宏／野城智也／安藤正雄／吉田敏編『建築　ものづくり論』有斐閣

清水義次『リノベーション　まちづくり　不動産事業でまちを再生する方法』学芸出版社

槇文彦『建築から都市を　都市から建築を考える』岩波書店

西嶋淳『都市の継承と土地利用の課題』お茶の水書房

団地再生支援協会　編著『進むサステナブルな団地・まちづくり　団地再生４　まちづくり』水曜社

齊藤広子『住環境マネジメント　住宅地の価値をつくる』学芸出版社

第６章　不動産投資市場

前川俊一『不動産経済学』［明海大学不動産学部不動産学叢書］プログレス

隅田和人／直井道生／奥村保規編著『都市・地域・不動産の経済分析』慶應義塾大学出版会

松田淳／村木信爾編著『ヘルスケア施設の事業・財務・不動産評価　高齢者住宅・施設および病院の価値の本質』同文舘出版

丸茂俊彦『証券化と流動性の経済理論』千倉書房

倉田剛『リバースモーゲージと住宅』日本評論社

第７章　コンパクトシティ

山本恭逸編著『コンパクトシティ　青森市の挑戦』ぎょうせい

鈴木浩『日本版コンパクトシティ　地域循環型都市の構築』学陽書房

饗庭伸『都市をたたむ』花伝社

沓澤隆司『コンパクトシティと都市居住の経済分析』日本評論社

服部圭郎『ドイツ・縮小時代の都市デザイン』学芸出版社

脱工業化都市研究会『トリノの奇跡―「縮小都市」の産業構造転換と再生』藤原書店

加茂利男・徳久恭子編『縮小都市の政治学』岩波書店

諸富徹『人口減少時代の都市』中公新書

第８章　エリアマネジメント

小林重敬編著『エリアマネジメント　地区組織による計画と管理運営』学芸出版社

小林重敬編著『最新　エリアマネジメント　街を運営する民間組織と活動財源』学芸出版社

岩田貴子『エリア・マーケティング　アーキテクチャー』税務経理協会

第９章　商店街の活性化

新雅史『商店街はなぜ滅びるのか　社会・政治・経済史から探る再生の道』光文社新書

満薗勇『商店街はいま必要なのか「日本型流通」の近現代史』講談社現代新書
久繁哲之介『商店街再生の罠－売りたいモノから，顧客がしたいコトへ』ちくま新書
石原武政／加藤司編著『商業まちづくりネットワーク』ミネルヴァ書房
矢作敏行／川野訓志／三橋重昭編著『地域商業の底力を探る』白桃書房

第10章　公民連携

松原聡『民営化と規制緩和』日本評論社
根本祐二『朽ちるインフラ』日本経済新聞出版社
根本祐二『地域再生に金融を活かす』学芸出版社
オリバー・W・ポーター『自治体を民間が運営する都市　米国サンディ・スプリングスの衝撃』時事通信社
犬丸淳『自治体破綻の財政学　米国デトロイトの経験と日本への教訓』日本経済評論社
Eduardo Engel/Ronald D. Fischer/Alexander Galetovic 著『インフラPPPの経済学』一般社団法人金融財政事情研究会
植田和男／内藤滋編著『公共施設等運営権』一般社団法人金融財政事情研究会
東洋大学PPP研究センター編著『公民連携白書　イノベーションとPPP　2017～2018』時事通信社
長峯純一編著『公共インフラと地域振興』中央経済社
石田哲也／野村宗訓『官民連携による交通インフラ改革』同文舘出版
山本哲三・佐藤裕弥編著『上下水道事業』中央経済社

第11章　文化芸術

今道友信『美の位相と藝術』（増補版）東京大学出版会
清川泰次『芸術とは何か』美術出版社
川口幸也『展示の政治学』水声社
ボリス・グロイス『アート・パワー』現代企画室
北川フラム『美術は地域をひらく　大地の芸術祭10の思想』現代企画室
鶴見俊輔『限界芸術論』ちくま学芸文庫
境新一『アート・プロデュース概論　経営と芸術の融合』中央経済社
小暮宣雄『アーツマネジメント学　芸術の営みを支える理論と実践的展開』水曜社
吉田隆之『トリエンナーレはなにをめざすか　都市型芸術祭の意義と展望』水曜社
松尾豊『パブリックアートの展開と到達点　アートの公共性・地域文化の再生・芸術文化の未来』水曜社
伊藤裕夫／中川幾郎／山﨑稔惠編『アーツ・マネジメント概論　水曜社
ハワード・S・ベッカー『アート・ワールド』慶應義塾大学出版会
中原佑介美術評論集『第八巻　現代芸術とは何か—二〇世紀美術をめぐる「対話」』現代企画室+BankART出版
タイラー・コーエン『アメリカはアートをどのように支援してきたか　芸術文化支援の創造

的成功』ミネルヴァ書房
フィリップ・コトラー／ニール・コトラー『ミュージアム・マーケティング』第一法規
川口智子／森田百合花『公共ホールのつくり方と動かし方を学ぶ　2016』立教大学社会デザイン研究所
アンドレ・マルロオ『東西美術論１　空想の美術館』新潮社
森脇善明『アンドレ・マルロー　美術史論研究―「空想の美術館」光と影―』晃洋書房
松本茂章『日本の文化施設を歩く－官民協働のまちづくり』水曜社
タイラー・コーエン『アメリカはアートをどのように支援してきたか　芸術文化支援の創造的成功』ミネルヴァ書房

第12章　エネルギーマネジメント

パーサ・ダスグプタ『サステイナビリティの経済学　人間の福祉と自然環境』岩波書店
藤井良広『環境金融論』青土社
飯田哲也『自然エネルギー市場　新しいエネルギー社会のすがた』築地書館
ウィリアム・ノードハウス『気候カジノ　経済学から見た地球温暖化問題の最適解』日経BP社
宇沢弘文／関良基編『社会的共通資本としての森』東京大学出版会
相田利雄編『サステイナブルな地域と経済の構想』御茶の水書房
加藤敏春『スマートグリッド革命　エネルギー・ウェブの時代』NTT出版
竹ケ原啓介／ラルフ・フェロップ『ドイツ環境都市モデルの教訓』エネルギーフォーラム新書
植田和弘監修『地域分散型エネルギーシステム』日本評論社
広島修道大学森林バイオマス研究会編『森林バイオマス活用の地域開発』中央経済社
バリー・C・フィールド著『入門　自然資源経済学』日本評論社
諸富徹『再生可能エネルギーと地域再生』日本評論社

索　　引

【著者紹介】

阿部　博人（あべ　ひろと）

現在　株式会社パブリック・マネジメント・コンサルティング代表取締役等を務める。
1960年　北海道生まれ
1983年　北海道大学法学部卒業，松下政経塾入塾（松下政経塾第４期塾生）
1986年　松下政経塾修塾
2010年　東洋大学大学院経済学研究科公民連携専攻修士課程修了（経済学修士）
著書に『松下幸之助の実学』（廣済堂出版），『はじめに志ありき―明治に先駆けた男　吉田松陰』（致知出版社），『君子財を愛すこれを取るに道あり―企業倫理の確立こそエクセレント・カンパニーへの道である』（致知出版），『南方熊楠を知っていますか？　宇宙すべてをとらえた男』（サンマーク出版），『ISO26000－社会的責任に関する手引き　実践ガイド』（共著，中央経済社），『緒方洪庵と適塾の門弟たち　人を育て国を創る』（昭和堂）等がある。

地域・都市再生のマネジメント

2019年３月30日　第１版第１刷発行

著　者　阿　部　博　人
発行者　山　本　　継
発行所　㈱　中　央　経　済　社
発売元　㈱中央経済グループパブリッシング
〒101-0051　東京都千代田区神田神保町1-31-2
電話　03（3293）3371（編集代表）
03（3293）3381（営業代表）
http://www.chuokeizai.co.jp/
印刷／昭和情報プロセス㈱
製本／誠　製　本　㈱

ISBN978-4-502-30021-9　C3034